JÓVENES
EN EL TERCER MILENIO

CARLOS MIGUEL BUELA

JÓVENES EN EL
TERCER MILENIO

Versión corregida y aumentada.

IVE Press
Nueva York – 2006

IMPRIMATUR
✠ **Andrea Maria Erba**
Obispo de Velletri-Segni
20 de Enero de 2006

Diseño de Tapa / Cover Design
© IVE Press

Arte de Tapa / Cover Art
© IVE Press
© Servizio Fotografico "L'Osservatore Romano"

Text / Texto
© IVE Press, New York
Institute of the Incarnate Word, Inc.

113 East 117th Street
New York, NY 10035
Ph. (212) 534 5257
Fax (212) 534 5258

Email ivepress@ive.org
http://www.ivepress.com

ISBN 1-933871-01-6

© Catalogued in the Library of Congress of the US.

Impreso en los Estados Unidos de América /
Printed in the United States of America ∞

C 12 11 10 9 8 7

ÍNDICE

PRÓLOGO

Queridos jóvenes, estamos hoy en un momento culminante de la historia de la humanidad... Estamos en una de esas etapas de "fractura", en las cuales es posible cambiar de modo radical la orientación de la vida del espíritu, de la existencia de los hombres. Acabamos pues de cruzar la frontera del tercer milenio.

Queridos jóvenes, ustedes son los que tienen que cumplir con un rol preponderante en el nuevo ritmo de la marcha que el mundo tiene que adquirir. Ustedes tienen que ser los verdaderos protagonistas de esta fase de la historia.

Nuestro mundo no anda bien. No hace falta ser demasiado sutil para advertirlo. Lo testimonian las guerras, el hambre, la miseria, la envidia, el materialismo, el interés por las cosas secundarias, la inmadurez, la depresión, la angustia, las crisis de "evasión", las inseguridades, la relativización de la verdad... Nuestro mundo no anda bien.

Y si nuestro mundo no anda bien, no podemos adoptar una postura cobarde, al estilo de los *punks*, que bajo el slogan de "El mundo está podrido... reventemos", como el avestruz esconden la cabeza ante el peligro, para no sentir la obligación de hacer frente a las circunstancias adversas. No tenemos ningún derecho a quedarnos de brazos cruzados, cuando Dios mismo ha muerto con los brazos abiertos para infundirnos confianza en la victoria.

Si nuestro mundo anda mal, eso quiere decir que no ha caminado por donde tenía que caminar. Por eso tiene que cambiar sus rumbos; *tenemos* que hacerle cambiar de rumbo.

¿Cuál es, queridos jóvenes, la nueva manera de caminar que el mundo necesita?

El mundo es un gran enigma, un gran problema. Y Jesucristo es la única respuesta y solución.

Él es el hombre que partió la historia en dos. El hombre que nadie puede verdaderamente conocer y no amar. El hombre del corazón traspasado por amor a los hombres. El hombre-Dios.

Por todo eso, queridos jóvenes, quisiera acompañarlos y ayudarlos a transitar los primeros pasos de este milenio en esta etapa tan importante de la historia; y quiero hacerlo recordando al Papa Magno, Juan Pablo II, que con su vida y con su muerte nos marcó el rumbo a seguir en el tercer milenio.

En este libro no encontrarán cosas científicas, ni demasiada literatura, ni demasiados tecnicismos. En su origen hay reflexiones muy viejas, algunas charlas que he tenido que dar, algunos sermones que he tenido que predicar... Simplemente quiero ofrecerles la frescura del mensaje de Cristo a las almas como las de ustedes, queridos jóvenes, que están llamadas a cosas grandes. En vano buscarán, entonces, muchas citas o referencias tomadas de distintos autores. Sí encontrarán un "pantallazo" de los valores y principios que deben enseñorear la vida de los que enarbolan las banderas de Jesucristo, Señor de la historia.

Quiero agradecer al P. Christian Ferraro, V.E., y al equipo de seminaristas del Instituto del Verbo Encarnado, que se ocupan de la pastoral juvenil, por la ayuda que me han prestado en la elaboración de este libro.

Que la Virgen haga fecundas estas páginas en el corazón de los jóvenes.

EL AUTOR

CAPÍTULO 1

El sentido

"Sólo Tú tienes palabras de vida Eterna" (Jn 6,68)

"Yo os pregunto:

¡Jóvenes!

¿Queréis comprometeros delante del Papa a ser miembros vivos de la Iglesia de Cristo?

¿Os comprometéis a entregar incluso vuestra vida por el bien de los demás, en especial por los más pobres?

¿Queréis luchar contra el pecado, llevando siempre el amor de Cristo en vuestro corazón?

¿Queréis emplear vuestro vigor juvenil en construir una nueva sociedad según la voluntad de Dios?

¿Queréis renunciar a la violencia construyendo fraternidad y no odio?

¿Queréis ser sembradores permanentes de justicia, de verdad de amor y de paz?

¿Queréis llevar a Cristo a los demás jóvenes?

¿Queréis ser fieles a Cristo aunque otros no lo sean?

Habéis contestado que si. Si sois fieles a este programa, con el Apóstol San Juan os repito *Vosotros habéis vencido al Maligno* (1Jn 2,14)".

(Discurso en Quito, Ecuador, 10-02-1985)

1.

EL SENTIDO DE LA VIDA

"La vida es un don que dura cierto período de tiempo,
en el que cada uno de nosotros afronta el desafío que implica:
el desafío de tener un objetivo, un destino, y luchar por él.
Lo contrario sería pasar la vida de modo superficial,
perder nuestra vida en la trivialidad (...)
Hay demasiados jóvenes que no se dan cuenta
de que de ellos principalmente
depende dar un sentido auténtico a su vida.
El misterio de la libertad humana está en el centro
de la gran aventura de vivir bien la vida".
(Filipinas, 14-01-1995) [*].

No podría comenzar estas páginas, sin antes intentar responder a una pregunta fundamental: ¿Hay "algo" que distinga al ser humano de las demás cosas que hay sobre la tierra?

O, lo que es lo mismo: ¿qué es el hombre?

La pregunta me parece muy importante porque muchas veces en nuestro lenguaje cotidiano —y ya lo decía ese gran autor que fue Gilbert Keith Chesterton[**]— pareciera que el hombre no es

---

[1*] Todos los epígrafes, pertenecen a Juan Pablo II. De ahora en más daremos simplemente la referencia correspondiente de tiempo, lugar o de un determinado documento..

[2**] Para agilizar la lectura daremos sólo las citas de la Biblia y de las estadísticas, en los demás casos las daremos si lo consideramos oportuno.

más que un "animal raro". Decimos, por ejemplo, que Juanita habla como una "cotorra", que Pedro es un "perro" en el fútbol, que José es un "burro" para el estudio... etc. O son sólo metáforas, o no hay ninguna diferencia entre Juanita y la cotorra, Pedro y el perro, José y el burro.

El hombre es semejante a los animales. Tiene cuerpo, es decir, orejas, piernas, ojos, etc., como el resto de los animales. Pero en el mismo momento en que lo queremos colocar al lado de los animales constatamos que el hombre es también superior a ellos. El hombre *piensa*, el hombre es capaz de *amar para siempre*, es capaz de *crear obras de arte*, es capaz de *ser un héroe*... Y esto, queridos jóvenes, no le viene porque tiene un cuerpo, ya que en eso es, precisamente, semejante a los animales. Esto le viene al hombre porque tiene un alma. Un alma espiritual. Un alma inmortal. Un alma que es imagen de Dios.

La realidad del alma es algo con lo cual contamos todos los días, algo que siempre está, por decirlo así, al alcance de la mano; pero también algo que, por ser tan obvio y evidente, muchas veces suele ser descuidado y dejado de lado. Cada vez que vemos una persona mayor, anciana, con una increíble energía y juventud interior; cada vez que reflexionamos sobre nosotros mismos, sobre el "yo", que, como el aire, no se ve pero está; cada vez que recordamos nuestro pasado, que, por ser *pasado*, ya no existe; cada vez que proyectamos nuestro futuro, que, por ser *futuro*, aún no *es*; cada vez que hacemos algo así, nos topamos con la realidad del alma, que es espiritual, que no está ligada a lo corporal, que no depende del tiempo y del espacio.

El alma, que en latín se llama *anima* (ánima), es lo que anima al cuerpo, lo que le da vida y movimiento, lo que lo hace *conocer* y *amar*. El hombre puede conocer y amar porque su alma tiene dos capacidades (o "facultades"), llamadas "inteligencia" y "voluntad". Conoce con la inteligencia y ama con la voluntad. Con la inteligencia "mira", "ve" lo que puede hacer, y con la voluntad "decide", "elige" hacerlo. Por eso el hombre, a diferencia de los animales, es *libre*. Un pájaro nunca se propondrá, por ejemplo, hacer un nido de tres pisos; tampoco el perro escribirá un libro sobre las cien formas de condimentar el hueso; ningún caballo dictará cursos sobre ejercicios de gimnasia para estar en forma. Siempre actuarán del mismo modo, cada uno según el impulso de su instinto, tal como se los dicta su naturaleza. En cambio el hombre, que posee libertad (por tener inteligencia y voluntad), puede progresar o degradarse por decisión personal.

✠   ✠   ✠

Esto último significa, como es fácil advertir, que el hombre es un ser capaz de proponerse fines, objetivos, metas a alcanzar. Un ser que siempre obra pretendiendo algo, es decir, con alguna intención. Un ser que será *bueno* o *malo* en la medida en que lo sean los fines que se propone y los medios que elige para alcanzarlos. Porque hay distintos tipos de fines; buenos algunos, malos otros. Si me propongo ser un gran científico para crear una bomba capaz de destruir gran parte de la humanidad, me estaré proponiendo una meta que no me dignifica. Si me propongo tener mucho dinero para darme todos los gustos sin preocuparme por los demás, estaré tomando un camino equivocado. Pero si quiero formar una buena familia, llena de fecundidad, de tal manera que sea un ejemplo para mis futuros hijos, estoy eligiendo un objetivo que verdaderamente me realizará como persona.

Todas nuestras acciones ciertamente tienen un fin. Sin embargo, el fin que más importa es aquel que da sentido a toda la vida, el *fin de los fines*, el *fin último*. Dicho con otros términos: la felicidad.

Por eso no basta con saber qué es el hombre. Es necesario saber también *para qué* es el hombre, cuál es el sentido de su paso por el mundo.

Si ahora salen ustedes a la calle y hacen una encuesta preguntando a las personas para qué hacen lo que hacen, podrán recibir miles de respuestas; pero en el fondo de ellas habrá un solo deseo: *SER FELIZ*.

¿Qué es la felicidad? Es la pregunta fundamental de nuestra existencia. La pregunta cuya respuesta personal irá realizando cada uno con el desarrollo de la propia vida. La respuesta es difícil. Pero es tan difícil como valiosa.

Queridos jóvenes, a lo largo de estas páginas intentaremos ofrecerles un amplio panorama como para responder con plena madurez y libertad. Porque nada nos hace tan libres como saber. Para que jamás nos pase lo que le ocurrió a esa actriz tan aplaudida de París, Eva Lavallière, que dijo una vez: "Tengo oro y plata y todo cuanto se puede tener en esta vida, y soy la más desgraciada de las mujeres". Sin embargo, después ella fue capaz de cambiar la orientación de su vida... En Rosario una vez, una persona muy rica me dijo: "Padre, lo tengo todo y me falta todo".

Podemos decir que en la existencia humana hay fundamentalmente dos caminos: uno difícil y uno fácil; uno que nos hace felices y otro que nos hace infelices. Para alcanzar la verdadera felicidad es indispensable optar por el camino adecuado: caminando hacia la Antártida no puedo llegar a la Luna.

El camino fácil es, desgraciadamente, el tipo de vida que llevan muchas personas. Es el camino de los que viven en esta vida porque el aire es gratis; de los que se rigen en su vida por lo que hace y dice la mayoría, sin importar si lo que dice la mayoría es malo o bueno; de los que son arrastrados por cualquier vientito, por cualquier moda, porque no tienen raíces; de los que no saben realmente por qué viven, porque, en el fondo, no saben ni de dónde vienen ni adónde van; el camino de los que no tienen juicio crítico, de los hombres "masa", que no tienen ideales altos ni anhelos de virtud; de los que no se saben divertir, sino que se la pasan riendo externamente hallándose vacíos en su interior.

Los que eligen este camino terminan resentidos, se sienten maltratados por la sociedad, se disgustan fácilmente, tienen tedio, desazón, **se cansan de la vida**; pareciera que estuvieran envenenados y buscan envenenar a los demás con sus "depresiones y pesimismos". Podrá ser por no tener la hermosura física que desearían tener, o el dinero suficiente, por tener que estudiar, por no conseguir novio o novia, trabajo, etc. Eso sí: la culpa siempre la tienen los demás. Los padres, los amigos, los hermanos, la sociedad; y, lo más grave, a veces se la cargan a Dios.

Este camino tiene una característica clave, que siempre debemos tener en cuenta: es un camino de engaño, de mentira. Un camino que promete y no cumple. Un camino que nos presentará lo imaginario como real, lo ficticio como común, lo que puede pasar excepcionalmente como si pasara a diario, de tal manera que termina distrayéndonos de lo más importante. Ejemplos de sobra los tenemos en esas telenovelas que juegan permanentemente con los sentimientos de los que las siguen, creando ansiedades, alegrías, tristezas y diversos estados de ánimo que terminan desequilibrando la afectividad de las personas con un mundo de ficciones. Pero, por otra parte nos presenta lo real como imaginario, ridiculiza la realidad o la presenta como utópica. También tenemos múltiples ejemplos para esto: entre otras cosas, nos quiere hacer creer que vivir la pureza es imposible, que para las chicas la virginidad antes del matrimonio es un ideal irrealizable, como también el respeto mutuo en el noviazgo, que la situación actual de la sociedad ya no tiene solución, o que no hay otra vida después de esta, ni un juicio en el cual tendremos que dar cuenta a Dios de nuestras acciones... En definitiva, lo que nos ofrece este camino es una existencia que prescinde totalmente de Dios, olvidándonos de Él y tapándonos los oídos para ni siquiera escuchar su nombre y su permanente llamada. Un camino en el cual se niega a Dios para justificar los errores y defectos propios que no se quieren corregir.

Pero, como dice el Apóstol San Pablo, *hora es ya de despertar de nuestro sueño*[1]. No nos debemos dejar engañar. No debemos

---

[1] *Ro* 13,11.

permitir que las mentiras que tan fácilmente circulan en nuestra sociedad nos hastíen de la vida. La vida es algo hermoso y merece ser vivida. Lo real es real; lo real es posible. Es posible vivir la vida en plenitud. Conocemos miles de jóvenes que viven, por ejemplo, la pureza en plenitud, como verdaderos cristianos, y no son anormales, ni disminuidos física o psíquicamente. Por el contrario son los jóvenes más felices que uno conoce, llenos de vida y de alegría, dispuestos renunciar a sí mismos por el bien de los demás... Son chicas o muchachos que viven ideales grandes, que no se dejan arrastrar por lo que hace la mayoría. Y de estos hay más de lo que se imaginan...

Como pueden ver, es éste el camino de los que decididamente quieren ser felices. Un camino no muy popular en la actualidad, que no tiene propagandas ni publicidad; pero tiene algo que no tienen todos los demás caminos "standard" que se nos quieren presentar: **jamás nos engañará y jamás nos dejará vacíos**.

Es un camino que exige sacrificio y renuncia, que exige alma de héroes... Que exige la fuerza de los jóvenes. Es el camino de aquellos que en medio de las ocupaciones cotidianas saben levantar la mirada y ver que hay cosas más grandes y nobles por las cuales vale la pena dar la vida; de aquellos que saben decir no a lo malo, aunque la mayoría diga que sí; de aquellos que no viven en un raviol; ni en un termo, que no se engañan a sí mismos ni buscan evadirse de la realidad, que vencen los obstáculos como un atleta lleno de energía y no se tapan los ojos como el avestruz ante la primera dificultad; de aquellos que se apasionan y enamoran de las cosas grandes, y por cosas grandes viven y mueren; el camino de aquellos que tienen "alma de príncipes", es decir, que saben vivir de principios firmes y no se dejan arrastrar por la corriente, sino que llevan hasta las últimas consecuencias las exigencias de esos principios. Se trata, en definitiva, de aquellos jóvenes que tienen un alma noble, y en cuyos ojos limpios se transparenta la frescura de un corazón enamorado de lo bueno, lo bello y lo verdadero.

Si les dijera que alcanzarán la felicidad siendo solamente buenos profesionales, les mentiría: hay muchos profesionales famosos que son infelices y desgraciados.

Si les dijera que alcanzarán la felicidad solamente sin hacerle mal a nadie, sería todavía poco... hay muchos que no le hacen mal a nadie y no son felices.

Si les dijera que alcanzarán la felicidad en el alcohol, la droga, el desenfreno, les mentiría más gravemente.

El joven está hecho para cosas mucho más grandes y nobles, luchar para conseguir cosas arduas y difíciles. El joven no está hecho para el placer sino para el heroísmo.

2.

LA GENERACIÓN HEROICA

"Una entrega es, obviamente, «para los demás»:
ésta es la dimensión más importante
de la civilización del amor".
(Carta a las familias, 02-02-1994 nº 14b).

Algunas franjas de la juventud están en una situación que ciertamente no es ni la de los mártires, ni la de los sacerdotes jóvenes que están en las misiones, ni la de nuestros militantes católicos laicos, ni la de nuestros seminaristas.

Pienso desarrollar este tema en cuatro puntos:

I.

Lo que se llama **la generación de la desazón**. Hablamos de desazón en el sentido de desabrimiento, insipidez, falta de gusto, como si dijéramos, disgusto, pesadumbre, molestia interior. Esa es la juventud, digamos nocturna –por lo menos nocturna los días sábados–, que según estudios de un sociólogo argentino, Mario Margulis, puede clasificarse de acuerdo a las propuestas juveniles que ellos reciben en cuatro grandes géneros: la discoteca, el rock, la bailanta y los modernos, que van cambiando a gran velocidad.

Dice este sociólogo: "Cada generación va construyendo señales de identidad propia. Los jóvenes se comunican, se agrupan, asumen conductas diferentes a las de los otros tiempos.

Los adultos no somos *nativos* de la cultura de la noche; nos separan barreras generacionales. Para hablar con los *nativos* hay que hacer un esfuerzo por reconocer como legítimos sus códigos. En el imaginario universal, la gente oficia su propia fiesta para liberarse de los poderes dominantes mediante la risa, lo grotesco, la máscara... (Por el contrario) La fiesta comercial, la que se vende a los jóvenes, está organizada por otros. Es un simulacro, y la liberación es relativa: los poderes están presentes de manera notoria y opresiva"[2].

a- La discoteca. En este sentido, "la discoteca, es un prototipo del simulacro de fiesta, un lugar autoritario, cargado de normas y restricciones, con criterios racistas. Son lugares de exclusión, cuyo prestigio es proporcional a su capacidad para discriminar"[3].

Por eso trae el testimonio de un joven de 22 años que a veces concurre a Pachá o Caix y no se siente cómodo en ese ambiente. ¿Por qué? Dice él: "Voy con mi novia y en grupo; ir solo es angustiante. La música es fuerte; la comunicación, nula. Es una vidriera para mirar y ser mirado, un juego histérico, narcisista, sin contacto. La gente asiste en grupos no mixtos, *cada cual en la suya*, como autistas. Se parecen a los rituales de apareamiento animal de los documentales, aunque, en este caso, no pasa nada y se presenta como un espectáculo patético".

b- Los modernos. Se identifican con la *nueva bohemia vanguardista*. Se trata de un movimiento porteño, que comenzó a adquirir identidad a partir de la Primera Bienal de Arte Joven en 1988 (Argentina). Incluye a jóvenes intelectuales y artistas, que configuran sus propios circuitos: exposiciones, bares, recitales, fiestas privadas (...). "La identidad cultural es una necesidad de los

---

[2] *Diario LA NACIÓN, Notas cotidianas,* 14-07-1995. A menos que se aclare explícitamente, las citas a continuación serán tomadas de este artículo.
[3] *Idem.*

adolescentes, y las *tribus* son formas propias de la ciudad moderna".

c- La bailanta. "Es sobre todo para clases populares, y los locales se ubican, casi siempre, en las proximidades de las estaciones ferroviarias. Pero se trata de un fenómeno social que abarca otras prácticas barriales; para ellos, la música tropical propone la forma de diferenciarse de las clases altas".

d- El rock. "El rock es itinerante, más democrático, popular y menos selectivo que otros géneros. Es el más politizado aunque su potencial contestatario se halla mitigado al convertirse en un producto condicionado por los medios y el *star system*".

Dice un integrante de una banda rock: "No me considero un rockero; es una visión muy limitada de la vida y me interesan otras cosas. *El rock ya no asusta a nadie*, dejó de ser genuino desde que el insulto, la trasgresión, la rebeldía están digitadas por el sistema. Ya *no es heroico*, no habla de una postura ante la vida". Y por eso después sigue diciendo: "*hay una gran desazón en la juventud*, y hoy, más que antes, no es fácil tener diecisiete años". *Es la generación de la desazón* disgustada con todo o casi todo.

II.

La generación deprimida. Ha ocurrido en un pueblo de Connecticut, New Mildford, semejante a lo que ocurrió, hace poco tiempo en la Villa Gobernador Gálvez, al sur de Rosario: "En un lapso de cinco días, ocho niñas fueron llevadas al hospital de New Mildford por lo que las autoridades del mismo calificaron de intento de suicidio".

Algunos testimonios de estas niñas: "*Simplemente estaba hastiada de todo, y también de vivir*" –¡sólo tiene 12 ó 13 años...!–.

Algo más grave. Según una periodista local "varias de las chicas sostuvieron que formaban parte de un pacto suicida".

"Se vio a muchos adolescentes que mostraban escritas en los brazos las frases: «La vida es un asco» o «Viva la muerte»". La mayoría de estas niñas "van a sesiones de terapia y enumeran marcas de antidepresivos como se pueden enumerar marcas de champúes. Una pelirroja de 14 años dijo que tomaba Zoloft para la depresión, Ritalin para prestar mejor la atención, –o sea ... para estar un poco más atenta– y Trasadone para poder dormir".

"Su amiga, de 15 años, comentó: «Todas las que conozco han estado en 6 West (la sala psiquiátrica para adolescentes en el hospital Danbury). No pertenecemos a la generación X, *somos de la generación deprimida*».

"Emily dijo que de las tres amigas de ellas que trataron de suicidarse, una tenía problemas familiares, otra estaba «perturbada ese día» y que la tercera «simplemente estaba en desacuerdo con todo lo que pasaba»".

Y un doctor dice: "Lo que está pasando en New Mildford no es un caso único –como vemos que también en Argentina sucede–. Esa cultura de la desesperación puede hallarse en cualquier lugar. Pero entre los adolescentes la tendencia al suicidio puede convertirse en un «virus contagioso»:"[4].

No es toda la generación pero hay amplias franjas en la juventud que está orillando en esto o han caído en aquello. Por eso, tenemos que saber que no hay que "chuparse el dedo", porque esto ocurre y a esto nosotros, con todo lo que podemos, debemos darle solución.

III.

La llamada *"generación perdida"*. Es la generación desesperada. "Desesperada, calma su ansiedad mediante la violencia: 2000 agresiones y muertes en 1994 en Los Ángeles". O

---

4 *Idem.*, p. 7.

sea, 5 por día. ¿Y cuáles son las razones o hechos que las motivan?

"En el distrito más desprovisto de Chicago, gracias al tráfico de drogas, un joven adolescente de 15 años puede tener su automóvil cero kilómetro. «¿Para qué trabajar si vendiendo un poco de *dope* en diez segundos gano tres veces más, tres veces el sueldo de un médico?», dice José de 13 años, en el hueco de la escalera de un monoblock de costo mínimo, rodeado de jeringas. El mismo: «A los 6 años uno se divierte silbando a los coches de las patrullas policiales. A los 9, se quiere demostrar a los mayores que se puede, como ellos, fumar y correr atrapando un bolso en el aire –es decir, robando–. A los 12 se quiere un arma para defenderse»".

Y no se piense que eso ocurre solamente con los marginados; hay casos en donde, evidentemente, esta epidemia de violencia irracional toca a jóvenes que pertenecen a familias de buen pasar. "Eric Smith, de once años y medio, que vivía con su familia en un barrio pudiente del Estado de Nueva York, el verano último, por alguna razón desconocida estranguló a su vecino, Derrick, de cuatro años y medio. En el juicio, que fue televisado, dijo con toda claridad que no se arrepentía de nada".

En prisión de alta seguridad de Loussiana, Marc, de 16 años, declara que finalmente comprendió que lo que estaba haciendo estaba mal. "Explica que ya no desea tener una vida «fácil». A los once años le dieron el primer revólver, se lo regaló un narcotraficante para «entregar a los clientes». Antes de su detención por asesinato reconoció que había disparado contra decenas de personas". Ahora parece que se convirtió porque dijo: "Pero ahora se acabó".

"En el norte de California, donde 250.000 adolescentes fueron detenidos en 1994, una ley prohibe a los jóvenes formar grupos con más de dos personas. O llevar una gorra al revés, pues eso indica que pertenece a una pandilla..."

"En una cultura en la que el arma simboliza la potencia, los psiquiatras coinciden en que «los chicos quieren parecerse a los héroes de la TV», a los que ven cometer un promedio de 8.000 crímenes y 100.000 actos de violencia antes de alcanzar los diez años (...) Cada semana eso produce un nuevo mártir. Tal como David Kareen, de doce años. Uno de los mejores alumnos de una escuela del Bronx. Siempre bien vestido, estudiaba la carrera para seguir ingeniería. Al salir del colegio, uno de sus compañeros le pide su cazadora –su abrigo–. Se niega, discuten y altercado. Kareen es herido con un arma blanca y muere en el patio de su casa. El asesino, de doce años y medio, explicaría que soñaba con un abrigo como ese".

Una empresaria funeraria dice: "Esta semana es mi tercer entierro de estas características", de jóvenes muertos por jóvenes. "Se manifiesta «resignada a ver estos féretros de jóvenes». Dos meses más tarde, el día en que comenzó el juicio, el niño que mató a David Kareen va a decir: «Deseaba verdaderamente esa cazadora, ese abrigo. La vida..., *¿qué importancia tiene en el mundo actual?*»"[5]

IV.

La generación del heroísmo. Frente a la generación de la desazón, deprimida, perdida... Frente a toda *pseudo* moral de derrotados, de mediocres, de perdedores, de fracasados... Nosotros tenemos que **oponer** con fuerza y con valentía *la generación del heroísmo*, de la que nos dan ejemplo los Beatos Mártires de Barbastro[6].

No bastan hoy día paños tibios. No basta hoy en día darle aspirinas a un enfermo que está con un cáncer que ha hecho metástasis por todos lados.

---

[5] *Idem.*, 13-07-1995, p. 9.
[6] Grupo de seminaristas y sacerdotes de Barbastro que dieron su vida en la guerra civil española por fidelidad a Jesucristo.

Hoy día lo único que puede dar solución a semejantes aberraciones *es la generación joven del heroísmo.*

Por eso, debemos levantar bien alto las nobles banderas de los ideales cristianos. Debe volver a resonar en el corazón de los jóvenes el incisivo mandato del Señor: *Sed perfectos como es perfecto vuestro Padre Celestial* (*Mt* 5, 48), y si Jesús lo dijo es porque la perfección, la santidad, es posible.

Tenemos que transmitir de manera convincente (no como mojigatos, no como tipos pasados por agua bendita, sino con fuerza, con valentía, incisivamente, con toda la plenitud de la juventud, tanto de los varones como de las mujeres), todos los grandes ideales que por gracia de Dios tenemos.

Tenemos que mostrar de hecho aquello que decía tan bellamente Paul Claudel: *"La juventud no ha sido hecha para el placer, sino para el heroísmo".*

Por tanto, debemos convencernos que estamos **todos** llamados al heroísmo en el puesto que Dios nos ponga: ya sea como sacerdote, religiosa, esposa, esposo, laico consagrado o no consagrado, pero comprometido en la tarea apostólica. Ese heroísmo no es solamente el máximo, como el caso de los Mártires de Barbastro. Sino que es el heroísmo de cada día, en la disposición del alma de llegar a dar la vida con tal de no claudicar la fe. En el caso de nuestros mártires, los mataron porque ellos hasta el fin quisieron usar la sotana, no solamente por el hecho material, sino porque quitarse la sotana, en esas circunstancias, significaba una apostasía en la fe.

También tenemos que estar dispuestos a eso. Si en alguna oportunidad nos tocase, es preferible dar la vida antes que renegar de la fe o poner en duda la fe. Pero para eso, sobre todo hay que prepararse a poseer las virtudes en grado heroico, no basta ser más o menos bueno (más o menos bueno termina siendo malo, y después, en una de esas, termina siendo perverso).

Hay que vivir las virtudes en grado heroico. ¿Qué quiere decir en grado heroico? Para que la heroicidad de las virtudes sea cierta se requieren cuatro condiciones:

1. La materia, objeto de la virtud, ha de ser ardua o difícil, sobre las fuerzas ordinarias de los hombres;

2. Sus actos han de ser pronta y fácilmente cumplidos;

3. Con cierta alegría, con la conciencia de estar ofreciendo un sacrificio al Señor, como lo hace el joven que en esta civilización vive la pureza. Por vivir la pureza, que es una cosa normal porque está mandado en los mandamientos de la ley Dios, pero por las circunstancias actuales es algo tan arduo y tan difícil, que está ofreciendo un sacrificio al Señor.

4. Con cierta frecuencia, o sea, siempre que la ocasión se presente.

Nos llamarán locos... ¡A Cristo lo llamaron loco antes que a nosotros!

Dirán que es mucha exigencia... ¡A Cristo le pidieron que bajara de la cruz y no lo hizo!

Gritarán que es imposible... ¡Cristo nos dice: "No tengáis miedo", con mi gracia **nada es imposible**! ¡Miremos a nuestros hermanos, los Mártires de Barbastro!

3.

EL IDEAL

*"Los hombres deben comprender que
con la adhesión a Cristo no sólo no pierden nada,
sino que lo ganan todo, porque en Cristo
el hombre se hace más hombre".
(Homilía en Roma, 15-03-1981).*

Una de las características de este tiempo que nos toca vivir es
la generalizada pérdida de los ideales. Hoy día muchos viven sin
ideales, por eso viven una vida arrastrada, aburrida, descontenta,
con el sinsabor de no saber para qué.

¿Qué cosa es el ideal? Es algo **grande, superior, digno,
valioso.**

1.   El ideal es algo **grande.** Es algo capaz de llenar una vida.
Nunca es una cosa mezquina, trivial o pequeña. No es un
pasatiempo ni un *hobbie.* Tampoco se trata de algo que sea grande
cuantitativamente, sino de algo que sea cualitativamente grande.
Algo que valga la pena. Por ejemplo, formar una familia cristiana
auténtica, donde reine el amor de Cristo, los esposos sean
mutuamente fieles, sean generosos en trasmitir la vida, eduquen a
los hijos según la escuela de Cristo... ¡Eso vale la pena! ¡Es algo
grande!

De manera particular en este tiempo. En agosto de este año, la encuestadora Graciela Römer[7], preguntó a 1.165 jóvenes universitarios de entre 18 y 25 años, acerca de sus compromisos afectivos respecto al matrimonio:

– El 10% piensa vivir en pareja y luego casarse;

– el 17% tiene idea de casarse directamente;

– el 33% piensa vivir en pareja y no casarse (cohabitar de hecho);

– el 40 % dijo no tener proyectos todavía.

Es estremecedor constatar que tan sólo el 17 % quiere casarse, y más grave aun sería la estadística si se les preguntase si piensan casarse por la Iglesia, como Dios manda.

El aumento de la cohabitación y de los divorcios muestra el temor que tienen los jóvenes a comprometerse. La cohabitación crece porque los jóvenes ven el crecimiento de los divorcios (en EE.UU., 2 de cada 3 parejas), pero, por la evidencia reunida, la cohabitación no impide la ruptura del futuro matrimonio.

2.   El ideal debe ser algo *superior, excelente, sublime* como es el ideal de formar una familia auténticamente cristiana, ser un hombre o una mujer de bien, ser un digno profesional o empresario que dé mano de obra a muchos, o un honesto trabajador. No es ningún ideal querer ser vago, ladrón, vándalo o tonto. El ideal es algo *perfecto* en su línea, de alguna manera es algo *inalcanzable,* debe estar siempre un poco más allá... Por eso enseña nuestro Señor: *Sed perfectos como vuestro Padre celestial es perfecto* (*Mt* 5,48). Es decir, *sed santos*, que finalmente "hay un solo error en la vida –como decía León Bloy–: no ser santos". Y no hay ideal más excelente que el querer ser santos, o sea, imitadores de Jesucristo.

---

[7] Cf. AGUSTINA LANUSE, Diario *LA NACIÓN,* agosto, 1995, p. 16.

3. El ideal es algo que *dignifica* al ser humano, es un *prototipo, modelo o ejemplar de perfección* hacia el cual hay que tender con todas las fuerzas del alma sin dejarse apocar o asustar por las dificultades que –con certeza– se presentarán. Es decir, el ideal debe estar necesariamente en la línea de la verdad, del bien, de la virtud. No es ningún ideal ser drogadicto, alcohólico, impuro o terrorista. En todo caso, esos tales siguen los "ideales" del diablo. Los ideales auténticos dan alegría, felicidad, convicciones profundas, seguridad y siempre están al servicio de los demás. Sirven para edificación de todos y para mal de ninguno.

4. El ideal es algo sumamente *valioso*. La mejor definición que conozco es la que dice: "*Ideal es aquello por lo cual se vive, y por lo cual también se está dispuesto a morir, si fuere necesario*". Y sólo se vive por algo *valioso*. Y, cuerdamente, sólo se es capaz de morir por algo *valioso*. Por algo que vale la pena. Así como lo que cuesta vale, se vive y se muere sólo por algo que cueste.

Y, ¿quién reúne en sí mismo estas características de ser *grande, superior, digno y valioso?* ¿Quién las reúne mejor que Jesucristo?

Jesucristo es la suma de los más altos y sublimes ideales que jamás ha llegado a imaginar la humanidad entera, ni aun sumando todos los sanos ideales de todos los hombres de todos los tiempos. Él los excede infinitamente, desbordándolos por todos los lados.

Hoy debemos convencernos de que Él es el gran e insuperable ideal al que debemos tender con todas nuestras fuerzas, si no queremos perder el tiempo y equivocarnos en el camino de la vida y de la eternidad. Para ello debemos trabajar para que Cristo reine en nuestras inteligencias por la verdad, en nuestras voluntades por el bien, en nuestra sensibilidad por la belleza, en nuestra naturaleza por la gracia. Pero no basta que reine sobre nosotros individualmente considerados, es necesario que reine en nuestras familias, escuelas, sindicatos, fuerzas de seguridad, universidades, hospitales. Es necesario que reine en el mundo de lo social, lo económico y lo político, tanto nacional como internacional. El 90% de los jóvenes encuestados no tiene participación política, pero esto no es bueno para un pueblo. Ciertamente que es porque el 78% rechaza la corrupción, y el 38% ni se interesa de la política por causa de los políticos corruptos, pero el gran trabajo consiste en formar líderes, jefes laicos, hombres y mujeres de bien, que sanamente se ocupen de la cosa pública. Si no hacemos esto le estamos haciendo el campo orégano a los corruptos, dejando que los delincuentes nos ganen. Debemos aprender a apasionarnos por las cosas grandes y por las grandes causas. Nuestros jóvenes deben aprender a salir de esta suerte de anestesia juvenil provocada por la falta de buenos ejemplos de los mayores. Alguno ha dicho "*la sangre de los jóvenes se enfrió*" y puede ser verdad, lamentablemente, en muchos casos; pero existe una juventud de reserva, silenciada por los medios de comunicación con la complicidad de muchos que detentan el poder, que se forman para ser hombres y mujeres de mente fría pero de corazón ardiente, como muchos de los jóvenes y las jóvenes que, por ejemplo, se consagran a Jesucristo, para seguirlo en el ideal del matrimonio o de la virginidad.

Por eso hoy, con toda la fuerza de mi voz, invito a todos los jóvenes –y quisiese que mi voz llegase a todos los jóvenes del mundo– que no hay ideal más grande que Jesucristo, que vale la pena seguirlo a Él, que Él nunca falla y que no se deja ganar en generosidad por nadie.

4.

LIBRES COMO EL VIENTO...
ESCLAVOS JAMÁS

> *"¡Hombre de nuestra época!*
> *Sólo Cristo resucitado puede saciar plenamente*
> *tu insustituible ansia de libertad (...)*
> *¡Para siempre!".*
> *(Mensaje Pascual, 15-04-1991).*

Dice Chesterton que las ventanas son algo fascinante. Y tiene razón, porque siempre las ventanas tienen algo de misterioso, en la medida en que nos "lanzan" hacia un "más allá", que la pared nos impide ver.

Yo puedo querer muchísimo a las ventanas. Puedo sentir tanto placer en mirar por una de ellas que podría llegar incluso a agrandar mis ventanas, para poder ver más. Y ese gozo que producen las ventanas, junto con la curiosidad que generan me podría llevar tan lejos que quisiera que mi casa fuera toda "ventana"... Vivir en una ventana significaría algo así como vivir en algo infinito, sin límites ni fronteras... Sin coacciones ni restricciones... Sin marcos...

¿Sin marcos? ¿Y sin marcos son posibles las ventanas?

Si quisiera que mi casa fuera sólo ventana, me encontraría con que ya no tendría una casa; y mucho menos una ventana...

✠　　✠　　✠

La libertad es como una ventana. A través de ella se puede aspirar el aire fresco de la vida, y, viviéndose en libertad, nuestra misma vida se plenifica y alcanza dimensiones insospechadas.

Los marcos son esenciales para que haya ventanas; también para que haya libertad.

Por eso, querido joven, ama la libertad; ama los marcos.

Dice la Sagrada Escritura: *Ante los hombres está la vida y la muerte; lo que prefiera cada cual se le dará* (*Si* 15,17). Cuando el joven decide mirar la realidad, la vida, el mundo, de espaldas a Dios, allí, en ese momento, todo, absolutamente todo, cambia de sentido o, mejor dicho, lo pierde... Lo límpido se vuelve turbio, lo certero se vuelve confuso, el día se vuelve noche.

El joven lleva siempre en sí un enorme potencial de energía, que lo suele hacer rebelde. Esa rebeldía es buena; es muy buena:

"Estar en desacuerdo consigo mismo, sentir la necesidad de destruir algo, de construir algo, de luchar, es una de nuestras más grandes riquezas morales y humanas... resignarse a estar conforme con todo no es más ni menos que enterrarse en vida"[8].

Un joven no puede ser conformista; tiene que ser rebelde. Esa rebeldía es, en el fondo, lo mismo que ese impulso originario llamado libertad. Pero debe ser bien encaminada. Hay que ser rebelde contra lo que está mal; no contra lo que está bien. Por eso la rebeldía necesita marcos. Sin marcos esa rebeldía es anarquía; sin marcos esa rebeldía no tiene nada que ver con la libertad. Sin marcos esa rebeldía es libertinaje.

El libertinaje es una libertad falsa. La libertad verdadera es lo que lanza al hombre a la consecución responsable del bien. Y el bien se fundamenta en la verdad. No puede haber una libertad verdadera si no se fundamenta en la verdad, es decir, si los bienes

[8] JUAN PABLO II, *Cruzando el umbral de la esperanza*, Ed. Plaza & Janés, Barcelona, 1994, p. 129.

que se desea conseguir no son reales, sino aparentes; si la escala de los valores que regulan el ejercicio de la libertad son falsos. El libertinaje es una esclavitud. Hace al hombre esclavo de sus pasiones, lo somete a lo inferior. Lo hace adicto a lo que está mal, a lo que es bajo y despreciable. Es como una droga del alma: bajo la excusa de una libertad "alucinante", cierra al espíritu en una noche tenebrosa y no lo deja ver. No le deja ver los límites y los marcos; y por eso lo hace chocar con la pared.

Es muy fácil dejarse engañar. De hecho, todos los hombres tenemos esa tendencia al mal que es un resabio del pecado original. Y, de hecho, son muchos los jóvenes que hoy se engañan, los jóvenes que hoy viven sin valores, sin saber adónde apuntar, viven dejando que el tiempo pase...

Es penoso ver que tantos jóvenes, que están para el "ataque", para "destrozar" al mal y al pecado, se someten ante el engaño del libertinaje y claudican impotentes ante la humillante esclavitud que una vida sin garra. Hay muchos jóvenes "adictos" a no luchar. Jóvenes que claudican ante el alcohol y la droga, que se les presentan como un "escape" a los problemas, o como una manera de mostrar que son "libres", es decir, que no aceptan "marcos"... Jóvenes que no se animan a luchar heroicamente el combate de la pureza y no saben respetar su cuerpo... Jóvenes que piensan que la violencia irracional es la manera más excelente de manifestar la fuerza de la voluntad... Jóvenes que se pasan horas ante esa niñera electrónica que es la televisión... Jóvenes que arriesgan sus vidas inútilmente pretendiendo alcanzar velocidades nunca logradas en sus vehículos... Jóvenes que no se animan a defender la verdad a muerte... Jóvenes que buscan la solución en lo "mágico", en las sectas y, a veces, en lo demoníaco.

Todas esas son formas de "huida".

Decía Juan Pablo II a los jóvenes norteamericanos el 1º de octubre de 1979, que frente a los grandes problemas actuales...

"muchos tratarán de huir de las propias responsabilidades, refugiándose en el el egoísmo,

en los placeres sexuales,
en la droga,
en la violencia,
en el indiferentismo
en la actitud de cinismo.

Pero yo les propongo la opción del amor, que es lo contrario de la huida. Si vosotros aceptáis realmente este amor que viene de Cristo, éste os conducirá a Dios... Cualquier cosa que hagáis de vuestra vida, haced que sea un reflejo del amor de Cristo."[9]

Las consecuencias de una vida no vivida en libertad son desastrosas. Las resumimos en una sola expresión que pertenece al Papa Juan Pablo II: *cultura de la muerte.* Ejemplos concretos sobran: el aborto, la eutanasia, el sida, el resentimiento, la soledad, el suicidio... Es lo que trataremos de ir presentando en los capítulos siguientes.

Decía un gran poeta romántico:

En el bosque se abrían dos caminos.
Yo elegí el menos transitado
y ahí estuvo la diferencia

¿Serás capaz de vivir tu vida en libertad? Es cuestión de jugarse. Jesucristo dijo una vez que el Espíritu es como el viento: se lo siente, pero no se sabe de dónde viene ni adónde va[10]. Así es todo joven que realmente vive en libertad.

Los grandes rebeldes de todos los tiempos fueron los santos. Fueron rebeldes frente a lo que el mundo quería, para ser fieles a Dios. Jesucristo es libertad: *El Señor es Espíritu. Y donde está el Espíritu del Señor, está la libertad (2Co 3,17).*

O te decides a ser peregrino del Absoluto, o te conviertes en peregrino de la nada. Es cuestión de animarse a elegir la senda menos transitada.

---

[9] *Discurso a los jóvenes en Madison Square Garden,* EE.UU.
[10] Cf. *Jn* 3,8.

CAPÍTULO 2

Las adicciones: "el contrasentido"

"Los suyos no lo recibieron" (Jn 1,11)

"A veces se oye:
Lo he probado todo y nada me llena
Alerta, que no es verdad.
No lo has probado todo.
Justamente te falta ir a la fuente
que puede calmar tu sed:
El que tenga sed que venga a Mí y beba,
dijo Jesús.
Todos los que lo han probado
saben que es verdad".

(Discurso en Lima, Perú 05 06 1988)

1.

¿ESCLAVOS DEL ALCOHOL?

*"El ser humano no tiene el derecho de
dañarse a sí mismo, ni tampoco puede
ni debe abdicar nunca de la dignidad personal
que le viene dada por Dios".
(Discurso a la Conferencia sobre drogadicción y alcoholismo, 23-11-1991)*

Es uno de los más grandes peligros que atentan hoy contra el joven y contra la sociedad. Es causa de grandes males y desdichas, tanto para la persona afectada como para sus amigos y familiares. La aparición de otros peligros como, por ejemplo, la drogadicción o la violencia irracional lejos de disminuir el riesgo del alcoholismo, lo han aumentado y, a su vez, el mismo alcoholismo hoy se da la mano con la droga y la violencia inhumana.

Se denomina alcoholismo a la enfermedad crónica o al desorden mismo de la conducta, caracterizados por la ingestión repetida de bebidas alcohólicas en una medida que excede lo corriente, de modo que termina perjudicando gravemente la salud del individuo y alterando el orden familiar y social.

El alcohol es una sustancia tóxica llamada "alcohol etílico" o "etanol". Paradójicamente, el alcohol etílico es un potente depresor del Sistema Nervioso Central. La euforia que desata en la intoxicación aguda se explica por este mecanismo de acción: lo que hace en realidad es inhibir los frenos morales del sujeto. A

41

altas dosis, actúa como narcótico, produciendo incoordinación muscular, delirio y coma.

Son varias las etapas y muy distintos los casos que conducen al alcoholismo. En un primer momento podemos mencionar una eventual intoxicación alcohólica aguda –la común "borrachera". Quien es un bebedor ocasional –en diversas oportunidades y cada tanto– puede llegar a convertirse en un bebedor habitual. Es el momento en que el consumo de alcohol se transforma en un hábito. De aquí se pasa casi inevitablemente a la tercera etapa, que es la del propiamente llamado "alcohólico". En este último caso el sujeto es incapaz de detenerse una vez iniciada la ingesta (pérdida de control). Si deja de beber por unas horas, aparece el síndrome de abstinencia –semejante al caso del drogadicto–.

El consumo indiscriminado de alcohol produce efectos verdaderamente nocivos: psicosis alcohólica –es decir, "delirio"–, afecciones serias al corazón, al hígado, trastornos al sistema nervioso central y al sistema nervioso periférico, amnesia, pérdida de la capacidad de concentración, dependencia psíquica –el sujeto siente que no puede estar sin alcohol–.

Esta triste amenaza no conoce ningún estrato cultural que le sea extraño. Abarca todos los estratos socio–culturales. Se da en mayor porcentaje en jóvenes y adultos (20% de la población de mayores de quince años). Luego siguen los adolescentes, las mujeres y los niños. En Argentina hay aproximadamente un millón de personas alcohólicas. Pero por la repercusión del alcoholismo en la familia y en la sociedad, el porcentaje de perjudicados directa o indirectamente asciende a unos cuatro millones.

Las causas que llevan al alcoholismo son muy variadas. Obedecen a diversas índoles:

–*Personales*: personalidad débil, sumisa, bebe por que otros lo hacen; inseguridad; sentimientos de incapacidad para resolver problemas cotidianos; pérdida del sentido de la vida, diversos fracasos.

—*Familiares*: conflictos familiares graves, disolución familiar.

—*Sociales*: desempeño en tareas que requieren manipulación de bebidas alcohólicas, lugares fríos o calurosos con mucho consumo de alcohol, fiestas, fracasos laborales o sociales.

Entre los jóvenes hay causas más particulares. La inclinación a la bebida procede, a veces, de la misma moda o del ambiente, con consecuencias nefastas. Recuerden, por ejemplo, las "competencias" de consumo de tequila que se hacían hace poco en algunas discotecas de Buenos Aires, y que terminaron con la muerte de varios jóvenes. En muchos casos detrás de un joven entregado a la bebida se halla el ansia de ser considerado como "vivo" o "más grande". Comienzan algunos queriendo "seguir el ritmo" de algunos "amigos" mayores y terminan "enganchados"...

También es una causa el ocio: estar sin hacer nada..., sin estudiar, sin trabajar... O el desconocer los grandes ideales. Al no tener un "norte" firme, al tener la "brújula fallada", el joven se queda con lo poco que le proponen otros incapaces de aspirar a cosas grandes y de ensanchar el horizonte de sus corazones.

¿Cuál es la consecuencia de todo esto? La esclavitud. La frustración. La tristeza. La incapacidad de valorar lo que de verdad tiene sentido. Para un joven alcohólico la realidad misma es un efecto insoportable de la carencia de alcohol... Es un camino a la nada.

Si queremos ayudar a un alcohólico lo primero que hay que desaconsejar son las actitudes de escarnio y de reproche, o de indiferencia y aislamiento. Esas actitudes, lejos de estimularlo, conducen al alcohólico a una profundización de su cuadro. Se siente incomprendido y humillado; en consecuencia, acentúa su tendencia a la evasión. Es muy importante considerar los múltiples aspectos que inciden directa o indirectamente sobre la génesis del alcoholismo: familiares, sociales, laborales, etc. Se ha comprobado que con la ayuda de médicos, asistentes sociales, párrocos y enfermos recuperados, se puede recobrar un 90% de los casos.

Una forma eficaz de ayudarlo es hacerle ver su condición de enfermo y la necesidad que tiene de recurrir al médico. En un primer momento, el individuo que se inicia en el alcoholismo esconde su enfermedad y oculta sus síntomas al médico. Pero si se llega a advertir el problema en su etapa inicial, la cura es más fácil de alcanzar.

Si el alcohólico ha ingresado en la etapa de dependencia, se hará desde todo punto de vista indispensable la asistencia médico-social y espiritual, el apoyo y la comprensión de los familiares, amigos y compañeros. Es necesario proponerse generar en el afectado una toma de conciencia de su enfermedad, para poder iniciar el tratamiento. Es muy importante, pues si el paciente no colabora voluntariamente, reconociendo su enfermedad, la recuperación es imposible.

Ciertamente es muy difícil liberarse de esta esclavitud; sobre todo porque el alcohólico tiene como comportamiento característico el negar su afección, ocultarla y jamás reconocerla.

Pero, precisamente, allí está el punto clave de todo tratamiento: hacer comprender al enfermo que puede enfrentar sus problemas sin necesidad de recurrir al alcohol; que el alcohol no es necesario en su vida; que es uno de los peores compañeros de viaje que podría haber elegido porque no lo libera, sino que lo esclaviza; que el alcohol es otro de los tristes paladines de la muerte.

El que padece este mal tiene que tomar conciencia de lo hermosa que es la vida; de que la vida merece ser vivida; de que no ha nacido para ser esclavo, sino para ser señor. Debe recordar siempre las palabras de la Madre Teresa de Calcuta, una mujer absolutamente libre, que consagró su vida a Dios para el bien de los demás:

¿Cuál es...
—el día más bello? Hoy
—la cosa más fácil? Equivocarse
—el obstáculo más grande? El miedo

–el error mayor? Abandonarse
–la raíz de todos los males? El egoísmo
–la distracción más bella? El trabajo
–la peor derrota? El desaliento
–los mejores profesores? Los niños
–la primera necesidad? Comunicarse
–lo que hace más feliz? Ser útil a los demás
–el misterio más grande? La muerte
–el peor defecto? El mal humor
–la persona más peligrosa? La que miente
–el sentimiento más ruin? El rencor
–el regalo más bello? El perdón
–lo más imprescindible? El hogar
–la ruta más rápida? El camino correcto
–la sensación más grata? La paz interior
–el resguardo más eficaz? La sonrisa
–el mejor remedio? El optimismo
–la mayor satisfacción? El deber cumplido
–la fuerza más potente del mundo? La fe
–las personas más necesarias? Los padres
–la cosa más bella de todas? ¡EL AMOR!

"Eso es: ¡el amor! La Iglesia, en nombre de Cristo, a los drogadictos, a las víctimas del alcoholismo, a las comunidades familiares y sociales que sufren a causa de la debilidad de sus miembros, propone como respuesta y como alternativa *la terapia del amor*. Dios es amor y quien vive en el amor, vive en comunión con los demás y con Dios. *Quien no ama permanece en la muerte* (1Jn 3,14). ¡Pero quien ama paladea la vida y permanece en ella!"[11].

---

[11] JUAN PABLO II, *Discurso a la Conferencia sobre drogadicción y alcoholismo*, 23-11-1991.

2.

¿UN "VIAJE ALUCINANTE"?

*"El drogarse siempre es ilícito porque
comporta una renuncia injustificada e irracional
a pensar, querer y actuar como personas libres".
(Discurso a la conferencia sobre drogadicción y alcoholismo, 23-11-1991)*

Evidentemente se trata de uno de los problemas más graves del mundo actual. No sólo por la extensión que este fenómeno reviste; no sólo porque, de hecho, esa extensión se verifica sobre todo en las capas más jóvenes de la sociedad. Es uno de los problemas más serios y graves por todo lo que implica, conlleva y denuncia.

Ciertamente el fenómeno de la drogadicción muestra la tristeza de aquellos que no saben dónde encontrar la paz que buscan y que tanto necesitan; por eso mismo, al mostrarse como incapaz de saciar esa paz tan anhelada, la droga manifiesta, a la vez que genera, un vacío interior realmente demoledor, que termina por consumir la vida del que circula por ese camino. Es un camino a la nada. Denuncia también, en consecuencia, que nuestro mundo no anda como debería andar, ya que la escala de valores que propone y los criterios de acción que enseña, no proporcionan a las personas las respuestas necesarias a la hora de enfrentarse con las situaciones concretas y los problemas reales que la vida nos depara.

Antes de pasar a considerar las causas y consecuencias de esta terrible esclavitud, quisiéramos presentar, al menos breve y esquemáticamente, algunas nociones un poco más técnicas que nos pueden permitir orientarnos en este tema.

¿Qué entendemos por droga? En sentido estricto, cualquier substancia química que produzca efectos nocivos o benéficos en el organismo. Pero por su difusión, se ha hecho sinónimo de las drogas que producen adicción y es en este segundo aspecto que tratamos ahora el tema.

¿Qué es la drogadicción? Es un estado. Un estado de intoxicación crónica generada por drogas que llegan a producir el llamado "síndrome de abstinencia" por la misma dependencia no ya psicológica, sino también física que la droga origina. El hábito, la costumbre, lo que muchas veces en lenguaje vulgar se llama "vicio", no implica dependencia física; pero la adicción sí. Y esto significa que lo que primero tal vez fue un hábito, una costumbre, poco a poco se hace de tal magnitud e intensidad, que es el mismo cuerpo el que exige la dosis adecuada, que cada vez se hará mayor.

Hay varios tipos de droga. En general se las clasifica en tres grupos fundamentales: las psicoestimulantes (como las anfetaminas o los antidepresivos), las psicodepresoras (por ejemplo los hipnóticos, tanto barbitúricos como no, las inhalantes, las tranquilizantes), y las psicodislépticas (los alucinógenos, como el LSD, "éxtasis", etc.). De todos estos grupos, tanto el opio como la morfina, la heroína, la marihuana, la cocaína, el crack, el LSD, y las inhalantes, son capaces de producir adicción.

La droga produce, por tanto, una dependencia primero psíquica y luego física. Una lleva a la otra por coherencia interna, por la lógica misma del fenómeno de la drogadicción. Se comienza con una situación en la que existe un sentimiento de satisfacción y un impulso psíquico que exige la administración regular o continua de la droga para producir placer o evitar malestar. Es la primera etapa, en la cual la dependencia psíquica se hace cada vez más apremiante. El drogadependiente suele pensar que él domina las dosis y lo hace libremente, que sabe perfectamente cuál es el límite. Y al principio esto es verdad. Pero hay luego un momento en el cual imperceptiblemente, el drogadicto se encuentra con que, sin saber cómo ni por qué, ya no puede dejar la droga. Es el momento en el cual, por querer franquear las barreras llegando a placeres y alucinaciones cada vez más estimulantes o satisfactorias la persona se encuentra con que la droga ha destruido el equilibrio de su sistema nervioso y que ya no puede de ninguna manera independizarse de ella: la necesita para vivir. Así se verifica el pasaje a la segunda dependencia que mencionábamos: la dependencia física.

La dependencia física se constata por la aparición de intensos trastornos físicos cuando se interrumpe la administración de la droga. Es lo que se llama "síndrome de abstinencia" (SDA). El SDA está generado por el fenómeno de la tolerancia, que consiste en una adaptación progresiva del organismo a la droga. Esta misma adaptación es la que provoca la necesidad del aumento constante de las dosis, porque el sujeto deja poco a poco de experimentar fuertes conmociones con las dosis que dieron inicio al proceso y que ya son débiles. Muchas veces, precisamente por esto, se da el caso de las muertes por sobredosis.

Tenemos, entonces, las características fundamentales del drogadicto: lo que hemos llamado "tolerancia" y el SDA. Pero se dan otras características más particulares que nos permiten delinear, aunque sea a grandes rasgos, el perfil psicológico del drogadicto.

En primer lugar, se puede constatar que, bajo la apariencia de rebeldía, de fortaleza y de libertad, se esconde una personalidad totalmente sumisa, débil y esclavizada. En general, se puede decir que el joven drogadicto es un joven que no tiene agallas, que no tiene garra para revertir las situaciones adversas: como no puede modificar el mundo, quiere cambiar su percepción del mundo generando "universos paralelos" y "mundos alternativos".

Por eso la psicología del drogadicto está íntimamente ligada con el fenómeno de la evasión, de la huida. El drogadicto se quiere escapar de la realidad, que percibe como angustiante, generando una ilusión de omnipotencia.

El drogadicto, por otra parte, vive en un sistema DELIRANTE. Desde el punto de vista psiquiátrico, el delirio tiene varias características:

* 1. No es reversible por la prueba de la experiencia;
* 2. Tampoco por la lógica del pensamiento real;
* 3. No tiene conciencia de la enfermedad;
* 4. La droga se vuelve una ideología de vida.

Por ejemplo: a un músico talentoso se le demuestra que con la ingestión de drogas no se acrecienta su talento, que siempre lo tuvo, y que puede desarrollarlo por medio del aprendizaje y de la práctica. Pero no entenderá lo que se le dice, e insistirá en su convencimiento: si se droga, hará las cosas mejor. Como se encuentra inmerso en un sistema psicótico delirante, no le sirve ni la prueba de experiencia —es decir, la evidencia— ni la lógica real. Le es imposible comprender la realidad.

Todo adicto es, por lo que venimos diciendo, un suicida potencial, por la enorme capacidad de autodestrucción que posee. Pero también es, muchas veces, un criminal potencial (por ejemplo, los crímenes producidos por consumidores de CRACK se caracterizan por la violencia inaudita que sobrepasa al común denominador). Es evidente que uno de los efectos más importantes de la droga, a nivel social, es el aumento del índice de criminalidad. Según se desprende de las estadísticas policiales, los toxicómanos se caracterizan por ser los protagonistas de los asaltos y crímenes más violentos. Esto se explica, entre otras cosas, por el precio mismo de la droga: en EE.UU., por ejemplo, un adicto a la heroína necesita el equivalente a $ 500 y $1000 para la droga; salvo excepciones, sólo puede conseguirse robando o asesinando. A veces, el bajo precio de la droga en un determinado lugar, se debe a que en estos casos se trata de una especie de "promoción": se vende más barata para iniciar a más adictos.

Como se puede ver, las consecuencias a que lleva la drogadicción son terroríficas. La drogadicción tiene un papel del todo particular y un rol protagónico en lo que el Papa Juan Pablo II llamaba la "cultura de la muerte". El que se droga no cultiva la vida; cultiva la muerte. Y no sólo para sí, sino para los demás. No sólo porque muchas veces el drogadicto es un suicida potencial, sino también porque destruye a los seres que más quiere. Un seminarista me contó que una vez, mientras estaba misionando, lo llamó un muchacho de unos treinta años. Hacía cerca de diez años que la droga había comenzado a acabar con su vida. Le pidió que por favor lo ayudara a salir de esa esclavitud. Y en un momento, con lágrimas en los ojos, le dijo: – "Estoy matando a mi madre, estoy matando a mis dos hijitas".

¿Y, si se trata de algo tan malo y de tan graves consecuencias, por qué motivos se halla tan extendido? ¿Cuáles son las causas de esta terrible plaga que azota a nuestro tiempo?

Algunos principios de respuesta hemos esbozado en lo dicho más arriba. El hecho de tener una personalidad débil, que se deja llevar fácilmente por la corriente pretendiendo una engañosa y falsa rebeldía, la búsqueda de una libertad al margen de la verdad y de la realidad, que, en definitiva, es una despiadada esclavitud. La incapacidad de solucionar diversos problemas –¡los problemas familiares!–, la incapacidad de encontrarle sentido a la vida. El deseo de imitar "modelos" y "héroes" de nuestro tiempo que han caminado y caminan por el mismo rumbo –¡cuántos rockeros!–. El frecuentar ambientes y compañías en los cuales es común el manejo de la droga, con la falsa excusa del ya conocido "ya soy grande, me sé cuidar, sé muy bien lo que debo hacer", sin advertir que es el mismo argumento esgrimido por la mayoría de quienes en esos ambientes consumen droga. También es una causa el deseo de sobresalir, de llamar la atención, de pasar por "banana" (el que se cree que se las sabe todas); o la curiosidad, el deseo de experimentar algo distinto, y otras muchas.

A veces la misma reacción de aquellos que podrían ayudarlo, hace más seria en el drogadicto la tendencia y el impulso a la evasión. El rechazo de los seres queridos hace, a veces, que el joven busque con mayor insistencia encerrarse en su propio mundo, creado por él y por la droga. Muchas veces una falsa comprensión (permitir el continuar en ese camino) agudizan más el problema y la crisis. Con respecto a esta última actitud, vale la pena señalar un ejemplo de cómo NO hacer las cosas cuando respecto a drogadictos se trata: en Suiza, el gobierno habilitó un sitio para drogadictos, en el cual el que lo desee, puede ir a inyectarse lo que desee, cómo desee y cuánto desee. La policía sólo detiene a los distribuidores. El lugar se llama "Estación de trenes de Letten", y aún continúa funcionando. Según los filósofos europeos, es lícito pues se trata de "el derecho inalienable a ejercer la libertad individual". Hacemos nuestra la opinión de un psiquiatra argentino que visitó el lugar: *"...la solución suiza es el mayor ejemplo de la imbecilidad humana"*.

Ese mismo rechazo que se verifica a veces en los seres queridos, se verifica también en la sociedad. La marginación, la indiferencia, la incomprensión, a la vez que la incitación a la drogadicción, son las actitudes que cotidianamente se pueden constatar.

Hemos hablado de "incitación". Lo hicimos intencionalmente. Evidentemente, en una sociedad cuya escala de valores se encuentra dominada por lo erótico y lo útil; una escala en la cual se promueve la primacía de la técnica sobre la ética, del bienestar sobre la vida; una escala en la cual el valor preponderante es el "sentirse bien", en la cual se manejan frases "standard" como "si le gusta", "si lo siente", "su vida es de él...". En una sociedad así, lo que falla es la concepción del hombre y del sentido mismo del hombre en el mundo. Una sociedad así incita a la drogadicción al fomentar esos antivalores. Todas las campañas ulteriores contra la drogadicción son "parches", son paños tibios que, tal vez, aliviarán un poco el dolor; pero jamás son una cura real.

El tratamiento para curar a un drogadicto debe dirigirse tanto hacia la familia del drogadicto como hacia el drogadicto mismo. No puede centrarse sólo en el aspecto médico, o médico-social:

debe abarcar todos los aspectos de la persona del drogadicto. Deben investigarse las causas últimas a nivel familiar e individual, y a partir de ahí elaborar respuestas. Esto le ayudará a enfrentarse a sí mismo y a los problemas Además de procurar la cura de desintoxicación y la re-inserción laboral y social, debe principalmente atenderse el aspecto espiritual del toxicómano, puesto que es un elemento clave en el proceso de recuperación. Si Dios no ocupa el lugar que le corresponde, todos los demás elementos de la vida estarán desquiciados. Está comprobado estadísticamente que cuando se recurre sólo a medios humanos (tratamiento farmacológico, terapias de grupo, etc), los porcentajes de curación son muy bajos –menos del 30%– y la reincidencia, elevadísima.

El Papa Juan Pablo II nos decía que:

"El comportamiento (de los drogadictos) es moralmente inaceptable, pero deben ser considerados **víctimas y enfermos** antes que reos. Este fenómeno se da por un clima de escepticismo humano y religioso, hedonista, que al final lleva a la frustración, al vacío existencial, a la convicción de la insignificancia de la vida misma, a la degradación, a la violencia. A veces, la inestabilidad de la familia es causa de la drogadicción, pero no siempre. Muchas familias que han tratado de educar a sus hijos del mejor modo son víctimas inocentes del doloroso fenómeno. El Estado debe encarar una política seria que busque resolver dificultades personales, familiares y sociales, implementar una educación para estimar la vida y la salud, una formación para usar positivamente de la libertad y para respetar a la persona, la iniciación a los ideales de la familia, del amor sincero, de la caridad fraternal y del trabajo. No se puede aceptar moralmente un comportamiento contrario al bien común, que atenta contra la propia salud, turbando el equilibrio mental con gravísimas consecuencias para sí y para los demás".

Quisiera terminar este capítulo ofreciéndoles el testimonio de un joven drogadicto:

"Lo siento mucho, papá, creo que este diálogo es el último que tengo con usted.

"Lo siento mucho realmente.

"¿Sabe...? Es tiempo de que usted sepa la verdad que nunca sospechó.

"Voy a ser breve y claro:

"¡LA DROGA ME MATÓ, MI QUERIDO PAPÁ!

"Entablé conocimiento con mi asesino a los quince años de edad. Es horrible. ¿No es cierto, querido papá?

"¿Sabe cómo nos conocimos?

"A través de un ciudadano muy elegantemente vestido, realmente muy elegante y de muy buen diálogo, que nos presentó a nuestro futuro asesino: «LA DROGA».

"Yo intenté una y otra vez rechazarla, pero el ciudadano se metió conmigo diciendo que yo no era hombre.

"No preciso decir nada más, ¿es así...?

"Ingresé al mundo del tóxico. En el comienzo eran tonterías, después vinieron los desvanecimientos, y en seguida la oscuridad. No hacía nada sin que la droga no estuviera presente. Después vino la falta de aire, miedo, alucinaciones; después euforia nuevamente.

"Sabe papá... Cuando comencé encontraba todo ridículo, muy ddivertido y sin sentido, hasta a Dios mismo yo lo hallaba muy ridículo. Hoy en este hospital yo reconozco que Dios es el ser más importante del mundo. Yo sé que sin la ayuda de Él yo no estaría escribiendo lo que estoy escribiendo.

"Papá, usted créame, la vida de un toxicómano es terrible, uno se siente lacerado por dentro. Es horrible y todo joven debe saber esto para no entrar en lo mismo.

"Ya no puedo dar tres pasos sin cansarme. Los médicos dicen que voy a quedar curado, pero cuando salen del cuarto, balancean la cabeza.

"Papá... Yo sólo tengo diecinueve años y sé que no tengo chances de vivir, es muy tarde para mí. Mi querido papá, tengo un último pedido para hacerle: dígale a todos los jóvenes que usted conoce mi situación y muéstreles esta carta.

"Dígale a ellos que en cada puerta de escuela, en cada curso, en cada facultad, en cualquier lugar, hay siempre un hombre elegantemente vestido, de muy buen diálogo, que quiere mostrarles a su futuro asesino, el destructor de sus vidas, que los llevará a la locura y a la muerte como a mí.

"Por favor, haga esto, mi querido papá, antes de que sea demasiado tarde también para ellos.

"Perdóneme, mi querido papá...

"Yo sufrí demasiado...

"Perdóneme por hacerlo sufrir por mis locuras.

¡Adiós mi querido papá!"

Después de esta carta, el joven murió el 23 de mayo de 1995 en San Pablo, Brasil.

3.

LA INVERSIÓN EN EL BAILE

"Respetad vuestro cuerpo (...)
Os pertenece porque os lo ha donado Dios.
No se os ha donado como un objeto
del que podéis usar y abusar.
Forma parte de vuestra persona
como expresión de vosotros mismos,
como un lenguaje para entrar en comunicación
con los otros en un diálogo de verdad, de respeto, de amor.
Con vuestro cuerpo podéis expresar
la parte más secreta de vuestra alma,
el sentido más personal de vuestra vida:
vuestra libertad, vuestra vocación.
Glorificad a Dios en vuestro cuerpo (1Cor 6,20)".
(OR 22-06-1984, Roma, Italia.)

Vivimos, querámoslo o no, en un orden inmerso en lo sobrenatural, si no es lo sobrenatural de Dios, será lo sobrenatural invertido del Diablo, que siempre busca subvertir la obra de Dios: Dios crea el ser, el Diablo quiere "la nadificación del ser"[12] y efectuar la inversión de los trascendentales del ser, por ej., en vez de que las cosas irradien *belleza* –reflejo de la infinta Belleza, que es Dios– buscará que irradien *fealdad*.

---

[12] ALBERTO CATURELLI, *La Iglesia y las catacumbas de hoy*, Ed. Al-Almena, Buenos Aires, 1974, p. 94.

Y esto no es una mera disgresión intelectual, cosa de escritorio, sino una realidad que implica la totalidad del ser y del hacer, desde la Teología a la política, pasando por todas las manifestaciones de la cultura y del arte: pintura, música, cultura, cine, TV, teatro, literatura...

Ejemplificaremos con una de las manifestaciones del hombre como lo es el baile. No nos referiremos al baile clásico, ni al folklórico, sino al llamado baile *moderno* y a éste, no del punto de vista moral, sino bajo su *aspecto formal.*

Nuestros abuelos bailaban el vals, el minué, el paso doble... y si lo comparamos con el baile actual –rock pesado, beat, progresivo...– notaremos una muy grande degradación, más aún una inversión muy marcada. (La misma comparación podríamos hacer tomando en el primer término los bailes folklóricos de todos los pueblos).

Antes el baile era en verdad una danza en la que el hombre manifestaba su señorío, su nobleza; ahora, las más de las veces, es tal el frenesí, son tales los movimientos convulsivos, tales los espasmos y las contorsiones (que ponen a prueba los mejores desodorantes), que sólo manifiestan el plebeyismo más ramplón y la chabacanería más vulgar. Para unos, los movimientos eran plenos de gracia y donaire, en los otros, en cambio, reina la brutalidad, la agitación, la excitación... todo son cabriolas y piruetas propias de saltimbanquis o de atacados por el mal de San Vito. Antes el espíritu reinaba sobre el cuerpo, hoy sólo se trata de "mover el esqueleto".

Ayer la habilidad del bailarín consistía en moverse en forma acompasada; hoy, muchas veces, los movimientos imitan los preliminares del acto sexual (por ej., John Travolta) y otras veces llevan una inmovilidad casi absoluta, como si llevaran zapatos de buzo tipo "Chapaleo".

Ayer, el hombre "tomaba" a la mujer; hoy, se apretujan y amasan en una serie de pericóresis humana. Ayer, actuaban principalmente las potencias intelectuales, como llevando al hombre al *éxtasis*, o sea, salir de sí transportando el alma hacia algo superior (por ej., Zorba, el griego); hoy, actúa principalmente el sentido del tacto, que se extiende por todo el cuerpo y que ha quedado "especialmente inficionado por el pecado original"[13], en la feroz búsqueda del *éntasis*, o sea, el ensimisarse replegándose sobre sí mismo, "bajando" el alma que queda como poseída en el entusiasmo de su afirmación egolátrica; el alma es transportada hacia abajo... Para los primeros, una parte sustancial del baile era la comunicación por medio de la palabra, del diálogo; para los segundos, se hace imposible conversar mientras bailan, por el ruido infernal que hay, porque están demasiado lejos (o demasiado cerca), porque están reconcentrados sobre sí mismos o porque sólo se busca contacto y contacto a nivel de piel. Para unos era algo estilizado; para los otros es algo simiesco.

En el pasado, las manos en alto –por ejemplo en la jota– como dirigiéndose a Dios y los pies apenas tocando el suelo, como queriendo el cuerpo levitar; en el presente, las manos no se dirigen al Cielo y los pies, en los bailes lentos, están atados a una baldosa, como por un poderoso imán. En el pasado los rostros reflejaban la alegría del alma y mutuamente se veían; en el presente no se ven los rostros, apenas si se ven las nucas, si es que no tienen los ojos cerrados y no hay luz negra. En aquellos tiempos, toda la comunidad participaba de la alegría de los bailarines; en éstos, sólo hay una masa informe y el más egoísta individualismo, que nos hacen recordar aquellos versos inmortales: "Ande yo caliente y ríase la gente...".

Antes el ambiente del baile era caballeresco; en la actualidad, muchas veces, es propio de un ruín bodegón lleno de truhanes y granujas. Nuestros antepasados se vestían con elegancia para gozar más de esa manifestación del espíritu; nuestros contemporáneos, en cambio, visten con un desaliño tal, que aparecen de los más burdos y cursis, y en ello reflejan su alma.

---

[13] SANTO TOMÁS, *Suma Teológica* (En adelante *S. Th.*) 1-2, 83, 4.

En fin, ¿para qué continuar? Queda patente, en este rápido paralelo, la deformación del baile y del baile en su nivel masivo y juvenil. Y en ello se ve la pezuña del diablo, que odia el orden y la armonía, la proporción y la belleza, porque son destellos de las perfecciones de Dios, y su odio a Dios es tan grande que intenta borrar incluso, aquello que el hombre tiene como *imagen y semejanza* de Dios[14].

Agreguemos a esto la música moderna que rinde culto a lo cacofónico, a lo feo, a lo desagradable, al caos sonoro, que es usada como "una herramienta de cambio social y político"[15], que "produce tensión nerviosa, irritabilidad, impotencia y agresividad"[16], que provoca "espasmos intestinales... agresión y neurosis"[17], que es causa de sordera progresiva debido al altísimo *volumen* en que se la escucha haciendo perder muchos decibeles al oído, que transmite "a los iniciados en el vocabulario «hippie» incitaciones al consumo de drogas, a la promiscuidad sexual y a la revolución"[18], y tendremos una idea más adecuada de la inversión en el baile, un aspecto de la nadificación del ser.

Sepan nuestros jóvenes defenderse frente a quienes quieren comerciar con su alegría y vendrán días mejores para la Patria y la Iglesia.

---

[14] Cf. *Gen* 1,26.
[15] *T. W. Adorno.*
[16] *Medical Tribune.*
[17] *Revista médica "Selecta".*
[18] Cf. ALBERTO BOIXADÓS, *Arte y subersión*, Ed. Areté, Buenos Aires, 1977.

4.

SEXO SIN RESPONSABILIDAD

"La escala de valores del hombre ha sufrido
múltiples alteraciones, al haber perdido la relación
con el valor definitivo, que es Dios (...)
El anhelo de felicidad se convierte así en anhelo de
satisfacciones cada vez más fáciles y fugaces.
Al final de ese camino, en lugar de la plenitud esperada
el hombre encuentra cansancio, vacío interior
y desazón ante la vida".
(Homilía en Gurk, Austria, 25-06-1988)

El hombre tiene en común con los animales muchas cosas.
Una de ellas es el sexo.

Pero del mismo modo que no debe vivir al estilo de los
animales las demás cosas que tiene en común con ellos, tampoco
debe vivir su sexualidad de modo "animal".

Es realmente llamativo. Muchas veces los seres humanos
intentan parecerse a los animales. Precisamente eso marca la
profunda diferencia que de ellos los separa: los animales no tratan
de parecerse a los hombres. No pueden.

Pero, insistimos, el hombre sí puede parecerse a los animales,
y aun puede llegar a ser más animal que ellos, es decir, a obrar
incluso contra los instintos. Puede obrar de tal manera que su
conducta lo asemeje profundamente a los animales. Y, en la
misma medida en que obre así, será cada vez menos "hombre".

El hombre es "animal racional". Muchos hombres no quieren serlo; prefieren ser "animal".

✠   ✠   ✠

¿Qué es lo que el hombre tiene en común con los animales? El cuerpo, evidentemente. Pero eso también lo tiene en común con las piedras. Hay algo más. Y es necesario saberlo para saber cómo debe conducirse un verdadero ser humano y para saber cuáles son las consecuencias si no respeta la propia esencia.

Los antiguos griegos, que eran muy sabios, decían que el hombre es un "microcosmos", un pequeño universo. Y se basaban en que, de hecho, todas las perfecciones de las cosas se encuentran como resumidas en el hombre.

Dijimos que el hombre tiene en común con las piedras su corporeidad. Sin embargo, su corporeidad no es exactamente igual a la de las piedras; las piedras no tienen su cuerpo estructurado de tal manera que les permita respirar, crecer, alimentarse. Las piedras no tienen vida.

El principio que da vida a un cuerpo se llama "alma", que quiere decir "algo escondido". En latín le dieron con gran acierto el nombre de "anima", ya que es lo que anima al cuerpo, lo que le da vida. En este sentido hablamos, por ejemplo, de dibujos "animados", es decir, dibujos que tienen "vida".

Las plantas tienen vida. Tienen, entonces, alma. Un alma que se llama "vegetativa", porque es sólo principio de acciones vitales vegetativas: el alimentarse, crecer, reproducirse, respirar... Esas acciones son acciones que se hacen invariablemente en unión con el cuerpo; por eso esas almas vegetativas se destruyen cuando se destruye el cuerpo.

Los animales también tienen vida, como las plantas. Pero además de tener vida vegetativa, tienen vida "sensitiva": ven, huelen, oyen, tocan, gustan, imaginan, sienten afecto... Tienen "sensibilidad". En la sensibilidad de los animales hay como dos campos. Uno es el campo del conocimiento sensitivo: todo lo que se refiere a ver, imaginar, escuchar, etc. El otro es el campo del afecto, es decir, todo lo que se refiere a lo instintivo y a las tendencias. Ambos campos trabajan en conjunto. Por ejemplo, el animal *ve* el alimento y lo *apetece*; cuando *oye* la voz de su dueño *goza* y por eso sale a buscarlo. Estas acciones también se hacen con el cuerpo: se ve con los ojos, se escucha con los oídos. El alma sensitiva se destruye cuando se destruye el cuerpo.

El hombre es algo. El hombre tiene vida. El hombre siente. Tiene sensibilidad. Y en todo esto es semejante a los demás seres, a cada uno según su grado de perfección. Pero, además, el hombre piensa y ama. El hombre tiene, por lo tanto, un alma del todo particular, completamente distinta de las demás. Superior.

El alma del hombre no se destruye cuando se destruye el cuerpo, porque no depende de lo material, como las almas de los seres irracionales. El alma del hombre no depende del tiempo y del espacio. El hombre puede, por ejemplo, considerar su pasado, y no sólo el pasado personal sino el de los demás, y así escribir la historia. El hombre puede captar cosas que no se ven ni se tocan, como el amor, la bondad... El hombre puede estudiar a todos los demás seres; los demás seres no pueden estudiar al hombre. El hombre puede rezar, hablar con Dios. El hombre piensa y ama, como Dios. Tiene un alma espiritual e inmortal, parecida a los ángeles. Y a esa alma en el Bautismo se le dio la gracia santificante, que hace al hombre parecido a Dios. Lo hace hijo de Dios.

Pareciera que el hombre es un extraño sobre la tierra. Y, si vive de verdad como un ser humano, efectivamente lo es, porque es un ser en camino, es un peregrino y un forastero. Su destino no es la tierra, sino el Cielo.

✠   ✠   ✠

Si has prestado atención, querido joven, podrás advertir que el hombre es realmente un "microcosmos". En él hay cosas en común con las piedras, con las plantas, con los animales, con los ángeles y con Dios.

Por eso mismo, el hombre puede decidir obrar dando el papel preponderante a lo que tiene en común con los seres inferiores a él o a lo que tiene en común con los seres superiores a él, es decir los ángeles y Dios. Por eso, diría un autor, que el hombre, necesaria y fatalmente, se orienta a la zoología –a vivir como los animales– o hacia la teología –a vivir como hijos de Dios–.

¿Qué pasa cuando un hombre vive solamente según su "animalidad"? Ocurre que se autodestruye como hombre. Ocurre que se deja arrastrar por el instinto y lo dominan las pasiones.

Dios hizo al hombre ordenado: *es* algo –como las piedras– para *vivir* –como las plantas–; para poder *sentir* –como los animales–; para poder *conocer* y *amar* –como los ángeles–; para *ser de verdad hijo de Dios*. Es algo para vivir, vive para sentir, siente para conocer y amar, conoce y ama para rezar. Arriba de todo la cabeza, en el medio el corazón y abajo el sexo; hay hombres que viven exactamente al revés: piensan con el sexo y ponen su pensamiento al servicio de su animalidad.

Si uno quiere usar bien un serrucho tiene que ver si es bueno y respetar su fin, que es el de cortar. Cuando no se tenga en cuenta esto se lo usará mal y sin resultados: no se puede tomar sopa con un serrucho, pintar un cuadro con él.

Algo semejante ocurre en el hombre con el sexo. Las creaturas saben que es bueno, muchos saben que es algo creado por Dios y, en consecuencia, que es algo muy bueno; pero no todos lo respetan, ni valoran su dignidad, tergiversando su finalidad e instrumentalizándolo para sus propios objetivos egoístas.

¿Qué hace el egoísta? Tiene un excesivo amor a sí mismo que lo hace tender desmedidamente a su propio interés y olvidarse del otro. Es el que dice: primero yo, segundo yo y tercero yo. El egoísta hace de la otra persona una cosa, un objeto para su propio provecho. El principio estándar que regula el obrar de todo egoísta es: "¿Me sirve?, lo tomo; ¿no me sirve?, lo dejo". En otras palabras es el hombre reducido a lo genital, el hombre al revés, con la pasión arriba y lo más noble que tiene, abajo. Es un animal. Si no lo es en su ser, lo es, al menos, en su obrar.

Hoy se quiere separar el amor del placer, la entrega de los cuerpos, de la entrega de las almas. Hoy se quiere hacer del amor humano un amor animal, una variable de comercio, un negocio.

Hoy se atenta contra el amor humano porque es fuente de vida y nuestra sociedad es una sociedad que sigue los pasos del homicida Caín. Hoy no se valora el amor humano porque se quiere hacer reinar la cultura de la muerte. Testigos:

– bancos de semen;
– fecundación *in Vitro*;
– inseminacón artificial;
– úteros de alquiler, etc.

Así tenemos dos concepciones del sexo. La de aquellos que sostienen que el hombre es para el sexo y la de aquellos que sostienen que el sexo es para el hombre, como tiene que ser. Aquellos consideran al ser humano "un objeto", "una cosa"; los últimos, una *persona humana*, a quien debe subordinarse todo lo inferior.

Los primeros no tendrán ningún problema en justificar el aborto, la prostitución –incluso la prostitución infantil–, la masturbación, las relaciones pre-matrimoniales, la pornografía... *enemigos de la cruz de Cristo... cuyo dios es el vientre*, dice de ellos San Pablo[19]. Hacen del sexo un dios. Y así se convierten en asesinos o, por lo menos, defensores de asesinatos, como lo es el aborto, etc.

Estas personas proponen un uso del sexo sin responsabilidad, sin compromiso, sin amor. Un uso egoísta. Todo lo contrario de Dios, que es fuente de vida y de amor. Por eso serán los primeros

---

[19] *Flp* 3,18.19.

que harán propaganda a todo aquello que sea una traba para la vida. Buscarán impedir con los medios anticonceptivos la ovulación, la anidación, etc., porque, en definitiva, odian la vida.

No nos dirán nunca la verdad acerca de los efectos secundarios de la píldora: hiperglucemia y aumento del nivel de colesterol, trombosis, hipertensión, disfunción sexual, disminución del gozo en el acto sexual, malformaciones, anomalías y, muchas veces, la infecundidad de la mujer.

El preservativo. Antes decían: *"usálo para evitar el contagio"*; ahora: *"usálo para disminuir el riesgo"*. No son ciento por ciento seguros, dicen, pero reducen el riesgo de contraer enfermedades que se trasmiten por vía sexual, entre ellas el SIDA. ¿Reducen el riesgo de contraer una enfermedad ciento por ciento mortal? Lo reducen tanto como autodispararse un tiro con un revólver al que le queda una sola bala... Hay que ser bastante tonto para dejarse engañar así. ¿Es eso lo único que puede interponerse entre nosotros y la muerte? ¿Y a eso le llaman relaciones sexuales sin riesgos? Reducir el riesgo no es eliminarlo. Ya es hora que dejen de engañarnos.

El único medio absolutamente eficaz contra el SIDA lo dio Dios: el 6° mandamiento, *no fornicar.*

✠   ✠   ✠

El hombre que vive su sexualidad sólo como un animal es un hombre a medias. Es un pobre derrotado que ha abandonado todo intento de alcanzar la victoria. Es un hombre que ha pactado con la derrota y ha firmado la propia claudicación.

Un joven o una joven así, generalmente buscará arrastrar a otros a la ruina, porque tiene la tendencia a dárselas de "vivo" y siente un gusto sumamente placentero al "avivar" a los demás. Quiere destrozar en los demás aquello que no supo respetar en sí mismo. Tratará de débiles a los que no quieran seguir sus pasos, de ingenuos, de infelices, de tontos... No economizará mentiras para lograr su objetivo. Dirá permanentemente que la pureza es imposible, que es mentira que hay chicos y chicas heroicos que la viven, o, en todo caso, que es antinatural o propia de los débiles que se dejan engañar por los curas y, en definitiva, por Jesucristo.

Y esto lo hacen para esconder la propia debilidad; para no reconocer su propia derrota; para no tener que renegar de su humillante claudicación; para no tener que admitir que no se animan a luchar, que como los sapos se arrastran sobre la baba de sus propias impurezas. Para no tener que aceptar que hay jóvenes mucho mejores que él o ella porque tienen la mirada limpia y el corazón puro. Para no tener que enfrentarse con el hecho de que hay muchos jóvenes más fuertes, que saben jugarse realmente por el amor verdadero y por la vida, y que vuelan alto, como las águilas.

¿Será débil el que vive según la razón? ¿Fuerte el que no tiene valor para elevarse por encima de las sensaciones animales? ¿Débil el que reconoce su nobleza y dignidad? ¿Fuerte el que se envilece? ¿Débil el victorioso y fuerte el vencido? ¿Débil el que es señor de sí mismo y fuerte el que esclavo de algo inferior? ¿Débil el hombre y fuerte el animal?

Y, no obstante, se da crédito a la calumnia. Así hay médicos que en nombre de una pretendida ciencia la refuerzan con perversos consejos; la prensa y la televisión la propagan y patrocinan; y lo peor *no nos respetan*. Pues estos son ataques contra nuestra personalidad, integridad y honestidad.

Estas personas y los jóvenes que, equivocados, siguen sus consejos, no saben para qué es el hombre:

No para la derrota, sino para el triunfo.

No para el egoísmo, sino para el amor.

No para la cobardía, sino para el heroísmo.

No para ser esclavo, sino para ser ¡señor!

Y esto es el hombre: **señor**, porque quien triunfa de sí mismo es más esforzado que el que toma ciudades por asalto.

Por eso, queridos jóvenes, no hay que dejarse atemorizar. La victoria es difícil, es cierto. La sociedad, las compañías, los ambientes, muchas veces juegan en contra. Y, aun a pesar de eso, hay una palabra que jamás debe salir de vuestros labios y un sentimiento que jamás debe ensombrecer vuestros corazones: "imposible". Jamás deben aceptar eso si buscan seguir a Jesucristo. Porque un joven que sigue a Jesucristo es, con Él, omnipotente. Porque *nada es imposible para Dios (Lc 1,37)*.

Está en tu mano la elección: ¿águila o sapo?

5.

TELEADICCIÓN

"Los mass-media no pueden estar sometidos al criterio del interés, de lo sensacional o del éxito inmediato, sino que, teniendo en cuenta las exigencias de la ética, deben servir a la construcción de una vida «más humana»".
(Discurso en la UNESCO 02-06-1980)

No hubo generación como la actual que, teniendo tantos medios de comunicación, encontrara a sus contemporáneos tan incomunicados. Y esto lo comprueba un joven en la vida diaria, cuando siente a sus padres tan distantes, o lo comprueban los padres, cuando les parece que sus hijos son desconocidos.

Como decía alguien: "ahora tenemos internet, ¿para decirnos qué?".

Una de las escenas familiares "corrientes":

El joven vuelve del colegio o del trabajo. Tal vez esté la madre. Si está, tal vez se produce un cruce de preguntas y respuestas:

Madre: – "¿Y?"

Hijo: – "Bien"

Madre: – "¿Alguna nota?"

Hijo: – "..."

Madre: – "¿Quieres comer?"

Hijo: – "No, má... No tengo ganas".

Convergen los psicólogos en sostener que a esto propiamente no se lo puede llamar "diálogo familiar". No hace falta tener mucho estudio para advertirlo.

Tanto si está como si no está "má", es posible que al mutismo o al diálogo siga un rito repetido hasta el hastío, que puede presentar algunas variantes: desde "enchufarse" un walkman a prender la "tele" o poner "al máximo" el equipo para aturdirse con una FM;... y nada más. La cosa es IRSE.

La TV incomunica

La TV habla pero no escucha. Tiene sus tiempos; no los nuestros. Y lo que es peor: nos los impone; se dirige a la masa, al joven X, muy generalmente por simple interés. Es despersonalizada y despersonalizante. No se dirige a ti. No te conoce ni te quiere con nombre y apellido.

"¿Entonces no hay que ver televisión, padre?"

Nada de eso. La deducción no es correcta. Sí, se puede ver televisión. Es más; en cierto sentido, *hay* que ver televisión, pero lo menos posible, con *"cuentagotas"* y con espíritu crítico, y si no, es más seguro no ver nada. Hay que ver de tal manera que sea uno el dueño de la pantalla y de las propias neuronas, y no la pantalla dueña de uno con sus neuronas y todo. La inmensa mayoría se engaña creyéndose dueño, pero resultando esclavo.

Estamos convencidos de que la TV es un medio que bien utilizado trae grandes ventajas. Y, ciertamente, representa un gran progreso humano si se la usa para bien. Lo cual no quita que el uso que actualmente se hace, en general, de ella –tanto por parte del emisor como del receptor– es una escuela de la contra-cultura y, generalmente, hace daño. Por eso en España la llaman *"teletonta"*. "Ustedes dicen eso porque son unos anticuados que se ponen en contra de la televisión". No. Nos ponemos en contra de lo que está mal. Y la televisión es algo bueno: se la usa en medicina, en universidades, en programas culturales de alto vuelo, etc; pero en el uso que de hecho se hace actualmente, hay cosas que están mal, y muy mal. Y contra eso hay que luchar.

La televisión produce adicción

Decir que la televisión produce adicción significa que, aunque quien la mira "sepa" que no es "lo máximo", sin embargo engendra en el televidente una angustiosa necesidad de ella, como si alguna vez fuera a colmar todas sus expectativas o como si ya fuese imposible vivir sin ella. Hay personas que lo primero que hacen cuando entran en su casa es encender mecánicamente el televisor.

El profesor Jacques Piveteau propone una experiencia para descubrir "teleadictos":

"Pasar un cierto tiempo previamente combinado (tal vez una semana, quince días, un mes) sin nada de televisión. Después que nos digan lo que eso produjo entre los miembros de la familia, las dificultades encontradas, las querellas o diálogos que tuvieron origen, etc. (...) si no estamos drogados esto no va a ser difícil. Pero si es difícil, ¿qué debemos concluir?..."[20].

La televisión será indudablemente inofensiva cuando uno esté en condiciones de vivir sin ella. Hay algo certísimo: muchos jóvenes de hoy día saben más de los héroes de televisión que de su propia familia. Esos ídolos configuran un modo de existencia paralelo que invade la casa, pero que nada tiene que ver con la realidad de la misma. La consecuencia lógica es empezar a transitar en una especie de esquizofrenia. Cuando un adolescente apaga el televisor, convivir con los de la casa le resulta extraño.

---

[20] Citado por "La teleadicción", Fundación Argentina del Mañana, Buenos Aires, 1994, p. 60.

Además, actualmente está surgiendo una nueva adicción y es la llamada *adicción a navegar por internet.*

Peligrosidad de la televisión

¿Cuáles son las causas que hacen peligrosa la TV para un joven? Veamos la enumeración que hace la psicóloga francesa Mirielle Chalvon[21]:

1. El exceso de velocidad

La televisión no es un buen instrumento de aprendizaje porque impide la reflexión. Su método no es "hacer pensar"; más bien se trata de "atrapar". Así las informaciones no pueden ser bien asimiladas. Cuando el espectador se sienta frente a la pantalla, las imágenes anestesian los "filtros" del discernimiento[22], de tal manera que se reciba todo indiferentemente: violencia-paz, amor-odio, rencor-perdón, bien-mal, verdad-error...

2. Produce falencias en la capacidad de expresión

De hecho, a muchos jóvenes les cuesta un triunfo, luego de ver una película, resumir, en breves palabras, el hilo lógico de la misma –más allá del argumento de la película–.

3. Menosprecia el valor de las ideas

No importa tanto la profundidad de lo que se dice como la espectacularidad de lo que se presenta. Es como si la vista eclipsara lo captado por el oído.

4. No da verdaderas nociones

---

[21] *Ibidem*, p. 16 ss.

[22] Para decirlo con sencillez, "discernimiento" significa la capacidad de advertencia de lo que es bueno o malo en relación al fin, de tal modo que se elija lo bueno y se rechace lo malo. No es más que cierta habilidad en el ejercicio de la prudencia. Es lo que queremos decir cuando decimos que hay que tener *espíritu crítico.*

Al tener un lenguaje "de imagen" –es "sonido en imagen"–, se dirige más a los sentimientos que al espíritu, más a mover la sensibilidad que la razón. No busca formar.

Por ejemplo, difícilmente alguien intentará hablar de la virtud de la pureza, o se hará "propaganda" a Dios... No. Pero sí en las propagandas de café, de lavarropas, de autos... de lo que sea, se pondrá alguna mujer mostrando cosas que no tiene por qué mostrar. ¿Por qué? Porque así es más fácil vender... Se harán mesas redondas en las cuales se invita a cualquiera a defender cualquier cosa, de cualquier modo –como, por ejemplo, aquella socióloga o psicóloga que propuso mostrar en dicho programa cómo utilizar los preservativos...–.

5. No respeta las necesidades del joven

Es decir, no te respeta como persona. Se puede comprobar por lo mismo que venimos diciendo. No le interesa que seas puro; no le interesa que salves tu alma. No le interesa que sepas para qué vives, ni cuáles son las cosas que merecen verdaderamente la entrega de la propia existencia. No le interesa que Dios aparezca en televisión. O sí: a las 24:00 hs. aparece, por ahí, algún cura... Son "los cinco minutos de Dios". Cinco minutos, muchas veces inmediatamente posteriores a los más chabacanos programas de bajo humor. Sí, aparecen las caricaturas de Dios: astrólogas, adivinos, mentalistas, parapsicólogos... Todo palabrería. **No le interesas a la televisión.** Es decir, **no le interesas a quienes la conducen.** A ellos sólo les importa el dios "*rating*".

¿Por qué?

Porque en el mismo momento en que te comenzasen a proporcionar esas realidades a través de la pantalla, se les haría mucho más dificultoso llamar tu atención, vender, hacer dinero... Comerciar contigo. Usarte para ganar miles de dólares por segundo de propaganda.

6. Es fatigante y potencia la tendencia a la evasión

Otro punto indiscutible. La ambición de copiar o, de alguna manera, *vivir* la vida sensacional, fantástica y excitante que el televisor te propone, genera necesariamente –o refuerza– la tendencia a la evasión de la vida cotidiana, real, la vida de los compromisos series, de las grandes responsabilidades, la vida. Juega con las pasiones y los sentimientos de la pobre cabecita que queda atrapada. Destruye los nervios de miles de jovencitas inocentes que están con la intriga permanente acerca de las decisiones del galán de la novela respecto de los dos amores de su vida... Presenta muchas más cosas que este ejemplo. Se convierte en una déspota sin piedad de la imaginación. Se convierte en una cárcel de lujo... tanto gusto produce que difícilmente el encarcelado quiera salir o reconocer que, efectivamente, está encarcelado.

Consecuencias

Nos limitamos simplemente a nombrar algunos efectos: analfabetismo funcional, ya que reduce el espectro de lenguaje de uso continuo; bajo rendimiento escolar, porque quita la habilidad para el ejercicio de eso tan poco conocido por tantas personas que se llama "pensamiento"; aislamiento y división familiar. Con respecto a esto último comentaba el Papa: "Aun cuando los programas televisivos no son objetables en sí mismos, sin embargo la televisión también puede tener efectos negativos en la familia. Puede aislar a los miembros de la familia en mundos privados, apartándolos de las auténticas relaciones interpersonales"[23].

---

[23] JUAN PABLO II, *Mensaje con ocasión de la XXVIII Jornada mundial de las comunicaciones sociales del 24/25-01-1994, L'OSSERVATORE ROMANO,* 28-01-1994, p. 60. (En adelante OR)

Por eso mismo, quita el señorío que sobre sí y sobre su tiempo debe tener el joven. Te hace esclavo.

Te "incrusta" vicios y te "extrae" virtudes.

Por encima de todo eso: configura, imperceptiblemente, tu estilo de conducta, tu manera de pensar. Condiciona brutalmente tu libertad. Te da los patrones de vida y los criterios de ejercicio de la libertad... Te "arma" la cabeza. Te la destroza. Te somete a los "dadores de sentido" y terminas pensando como ellos.

✠   ✠   ✠

¿Alguna vez oíste decir en un programa de horario masivo que Jesucristo es Dios?, ¿que tienes que salvar tu alma?, ¿que el infierno existe?, ¿que tienes que trabajar para ser virtuoso?

Imposible. En esos horarios de difusión masiva no vas a encontrar a Dios. Sí vas a encontrar paneles de viejas frustradas defendiendo el aborto. Sí vas a encontrar paneles de travestis defendiendo sus "derechos" –mejor diríamos sus "torcidos"–. Sí vas a encontrar el error al mismo nivel que la verdad. Sí vas a encontrar el mal al mismo nivel que el bien.

Es por eso que el Papa declaró con gran fuerza: "La verdad debe ser la fuente y el criterio de la libertad también en la información. El que considera verdadero lo que es falso no es libre; el que afirma lo falso, manteniéndolo como verdadero, no es leal: y se puede faltar el respeto a la verdad tanto diciendo positivamente lo que es falso, como diciendo sólo una parte de la verdad, callando intencionadamente la otra"[24].

La incidencia de la televisión es evidente. Fíjense, entonces, qué terrible cosa ocurre si los medios de comunicación caen en manos de gente a la que no le interesa la verdad, gente que no se empeña por el bien, gente para la que lo más importante es el comercio... Unan esto, queridos jóvenes, a la incidencia que

---

[24] JUAN PABLO II, *Discurso a los periodistas católicos*, OR 10-02-1989.

tienen los medios y verán las consecuencias que trae, y unan a esto la borrachera del *zapping*.

Lo vemos, de hecho, cada día. No sólo se dan noticias falsas. No sólo se utilizan calumnias como factor de presión política. No sólo se hace propaganda de cualquier tipo de artículo. No sólo se hace cualquier tipo de propaganda... Además de eso, que ciertamente se hace, se le hace propanganda explícita a la cultura de la muerte, se pone el error en el mismo plano que la verdad, se introducen falsos principios de acción y se le dan a los jóvenes, sobre todo, falsos criterios a través de palabras "mágicas", estereotipadas y radicalmente ambiguas.

El último ejemplo: la palabra "discriminar". Término de uso permanente en todos los programas de cierto nivel; de uso ambiguo. Se utiliza con la intención de dejar indefensa a la persona, para dejarla sin capacidad de reacción ante lo puerco, lo pésimo y lo desastroso. Como si todos los puercos tuvieran derecho a decir que sus porquerías son algo bueno, y como si el que se limita a observar que se trata de algo inmoral fuera el peor autoritario y la peor persona de la historia... Antes se le decía "fundamentalista"; ahora te dicen "tú discriminas"... palabrería. Son ellos los que discriminan. Discriminan a la verdad. Discriminan al bien. Discriminan a Dios.

Condenar el error, destruir el mal –no a los malos: hay que odiar al pecado; pero no al pecador–, defender a muerte la verdad, no es discriminar. Al revés, nos discriminan los que no nos dan el espacio para ello, y sí se lo dan al error y la mentira.

Pero no es correcto ponerse en una postura "cavernícola" y retrógrada afirmando que los medios de comunicación son algo absolutamente perverso. Eso equivaldría a desconocer o a minusvalorar el progreso humano técnico. Eso está mal. Se puede usar bien, aunque ahora, mayoritariamente, se usan para mal, incluso porque en propagandas buenas se pasan publicidades o "avances" malos, como puede verse en el tiempo llamado de "protección al menor".

No obstante, para valorar las cosas como corresponde, tienes que recordar siempre que el progreso humano debe ser ante todo moral. Se trata de un progresar y crecer en la toma de comprensión de la dignidad del hombre, de su capacidad fundamental de adhesión incondicional a la verdad, de su capacidad fundamental de ejercer responsablemente la libertad en el ámbito del bien.

¡Cuídate de la *"teletonta"*, sólo forma *"teletontos"*!

6.

¿JUGARSE PORQUE SÍ?

"El hombre de nuestra época,
fascinado por los descubrimientos de la ciencia
y las vertiginosas aplicaciones que ha hecho la técnica,
con frecuencia se encuentra tan absorbido
por sus propias obras que olvida al Creador".
(Homilía en Lucca, Italia, 23-09-1989)

¿Qué es la vida? ¿Qué es la muerte?

Una correcta valoración de la vida lleva necesariamente a una correcta valoración de la muerte: aquel momento supremo en que la vida misma se sacrifica por algo que vale la pena o, en todo caso, aquel momento de "pasaje" a hallarse solo de frente a Aquel que nos conoce más y mejor de lo que nosotros mismos nos conocemos: muchos pueden "engañarse" a sí mismos; a Jesucristo nadie lo podrá engañar.

Hay jóvenes que no saben por qué viven. No saben por qué vivir. Tampoco saben por qué morir.

Es notable el incremento que han tenido desde hace unos años los accidentes de tránsito, muchas veces fatales, protagonizados por jóvenes. Por jóvenes como tú.

Hace unos pocos meses en la "Avenida Ricchieri", en Buenos Aires, que lleva al Aeropuerto de Ezeiza, un joven de 16 años protagonizó un choque impresionante, que no tuvo, a Dios gracias, consecuencias muy serias, por milagro. Iba acompañado

de dos chicas. Claro, era *"El banana"* (el que se las sabe todas)...
¿Se creen que tomó conciencia de lo que había hecho?
Aparentemente, no. Tal vez por los nervios, tal vez por amor
propio, cuando un periodista le fue a preguntar algo se levantó
para pegarle. Evidentemente, no podía: estaba con la cabeza
rota... Pero lo notable es que el muy "vivo", en vez de bajar la
cabeza y reconocer que se había mandado equivocado, no sólo no
lo hizo, sino que les dijo de todo a los periodistas, para seguir
mostrando que... "se la aguantaba".

Puede ser que los nervios lo hayan llevado a eso. No obstante,
de hecho, si bien puede ser esta la explicación para este caso
concreto, no lo es, ciertamente, para la mayoría de los casos. Es
lógico. El que no entiende nada de lo que significa la vida,
tampoco comprende, ni es capaz de medir, la medida de los
riesgos innecesarios que corre cuando decide vivir un par de
instantes de su vida a unos 140 km/h en una avenida...

Conozco un caso de un joven de 23 años, sumamente
imprudente. Jamás tomó conciencia de lo que hacía; cada vez que
se hablaba con él, es como si todo "resbalase"... Una vez iba con
la novia por una avenida o calle rápida, en Buenos Aires. Tenía un
poco suelto el asiento del conductor. La cosa es que iba bastante
rápido. De repente tuvo que volantear para esquivar un vehículo
y el asiento se le fue hacia atrás... Chocó contra una camioneta
que estaba estacionada, contra un árbol y terminó chocando
contra una pared. Se salvó de milagro... A ese chico lo conozco;
¿se creen que cambió después del accidente? No.

Cuando se buscan las explicaciones sobre el por qué de
muchas cosas es posible a veces encontrar muchas, a veces pocas;
en general todas se reducen a una principal. Sobre el por qué de
arriesgar por nada la vida pueden encontrarse varias
explicaciones. La fundamental es, ciertamente, el eclipse que sufre
la conciencia de muchos jóvenes en lo que respecta al valor de la
vida: un eclipse que no les permite "rebobinar", frenar, poner el
embrague y "marcha atrás"... Y vivir según el sentido verdadero
de la vida.

Otra causa se puede ver en el mismo deseo de aventuras, característico del joven; pero no así como así, sino mal encaminado, por decirlo de algún modo, "fuera de foco". Un deseo de aventuras sometido a las pasiones y a la dominación de lo inferior..., que no se mueve por grandes ideales, sino sólo por lo que causa placer. Y manejar es placentero. Y mucho más, manejar rápido: un joven que anda a 140 km/h se siente omnipotente. La adicción a la velocidad, que algunos llaman "motorismo", es también un camino a la nada.

Más peligrosas son aún las motos. Para un joven que sabe conducir más o menos bien, y que le gusta, será un punto indiscutible que una moto es más fácil de manejar y, por hallarla más "blanda de maniobra", no tendrá reparos en afirmar que es más segura. Lo hemos escuchado. Grave error. Es, muchas veces, esa falsa confianza la que termina convirtiéndose en la causante de los más terribles accidentes. El paragolpe de la moto es el motociclista.

Otras causas más: eventuales apuestas entre pandillas o entre amigos o, simplemente, el querer "figurar", sobresalir..., sin caer en el pequeño detalle de que es mucho mejor sobresalir de otra manera, antes de hacerlo con la cabeza rota por el parabrisas.

Ya lo hemos dicho; pero conviene insistir. Se trata de un problema que atañe, sobre todo, a los jóvenes. Jóvenes que de esta manera arriesgan de un modo inútil sus vidas, jóvenes que en carreras clandestinas son capaces de perder la única carrera que merece ser corrida: la vida. Los que se arriesgan de un modo tan absurdo no comprenden, no saben o no entienden el valor de la vida, ni el destino final que nos espera. Prefieren lo efímero a lo perdurable, lo instantáneo a lo permanente; eso muestra lo equivocada que está la orientación que dieron a sus vidas. Lo mejor que les podría pasar, a veces, es un buen golpe, que los lleve por un rato a "boxes" y les dé tiempo de pensar, para no llegar a concretar su vocación de ser velados en un radiador.

A la muerte por los accidentes de tránsito la llaman "*muerte blanca*".

Hay jóvenes que en la vida se conducen con tanta despreocupación como conducen sus vehículos.

El fin de esas vidas en algún caso tal vez se lo pueda llamar "*muerte eterna*".

7.

LA VOLUNTAD DE PODER
COMO VIOLENCIA IRRACIONAL

"La violencia, en cualquiera de sus formas,
es una negación de la dignidad humana (...)
La sociedad tiene también su responsabilidad.
Todo el mundo ha de aceptar su parte de responsabilidad,
incluidos los medios de comunicación social".
(Denver, USA, 14-08-1993).

Oiréis también hablar de guerras y rumores de guerras[25]. En nuestro siglo la guerra se ha hecho una institución permanente, como notaba con gran acierto Benedicto XV. Podemos verificarlo día a día: las matanzas de la guerra étnico-religiosa en la ex-Yugoslavia, el millón de muertos en la reciente guerra civil de Ruanda, la insurgencia guerrillera que azota Hispanoamérica desde hace décadas, la provocación de una guerra internacional –que puso al mundo al borde de la auto-aniquilación– por la sola causa de mezquinos intereses económicos, como el dominio hegemónico del mundo del petróleo, la segregación racial en Sudáfrica, en Alemania, en Francia, en España... Es el siglo de la voluntad de poder...

---

[25] *Mt* 24,6.

El filósofo que habló de la "voluntad de poder" fue el pesimista alemán Nietzsche. El mismo que una vez dijo "Dios ha muerto"... ahora hace varios años que Nietzsche está viendo crecer la lechuga desde abajo.

Voluntad de poder –según Herman Hesse seguidor de Nietzsche– es como un sello que llevan los más fuertes, como escribió en *"Demian"*. Algo así como la marca de Caín, el homicida, el asesino de su hermano: la marca del más fuerte. La marca del que se rebela y quiere destrozar porque sí lo que es bueno, lo que es bello, lo que es noble... lo que es frágil. Lo pinta hermosamente la poetisa estadounidense Adelaide Crapsey[26] en su breve poema sobre Susana, la mujer casta que no quiso claudicar ante los viejos verdes que la amenazaron:

– "¿Por qué
así maquináis
maldad contra ella?"
– "Porque
es hermosa, delicada, bella.
Por eso".[27]

Hoy asistimos a un despliegue desaforado de lo que significa la voluntad de poder: la traducción de la voluntad de poder en clave cultural no es otra cosa que la cultura de la muerte. Y no podemos ser testigos mudos. Tenemos que denunciar el error, para defender la verdad; tenemos que aplastar la muerte, para defender la vida; tenemos que destrozar al mal, para promover el bien. Sólo de ese modo podremos oponer a la civilización de la muerte, a la civilización de la antivida, la civilización de la vida, la civilización del amor.

---

[26] Adelaide Crapsey, nació en 1879 y murió en 1918.
[27] "Noche de noviembre", en: *Antología de la Poesía Norteamericana*, p. 199, Ed. Aguilar, Madrid, 1963.

Sociedad violenta

Como lo demuestra el mismo ejemplo de Caín, es un error decir que la violencia es algo exclusivo de nuestra época. Sin embargo, sí lo es en cuanto a su intensidad. Los hechos violentos de hoy no tienen comparación con los hechos violentos de décadas anteriores.

Basta un par de ejemplos. El primero es la aparición de criminales de muy corta edad. Hay niños al lado de los cuales Jack the Ripper parecería un bebito. ¡Niños asesinos! ¡Niños! Cuando la niñez es la época de la inocencia, de los juegos eternos, del cantar, del reír, la época del asombro permanente... Hace cuatro años una noticia conmovió al mundo: dos niños de diez y doce años, en Inglaterra, *asesinaron* a un niño de dos años. Posteriormente aparecieron casos con autores infantiles más pequeños aún. Hace muy poco, también en Inglaterra, en una pelea de cursos de dos colegios de niñas, mataron a puntapies a una de trece años. La dejaron destrozada en la calle. Una mujer que vio el hecho declaró que parecían animales. Tenía razón.

Otros casos son todavía peores, por la malicia que manifiestan. Además de los niños armados, además de los robos perpetrados por creaturas, además de todo eso que sería imposible enumerar, hace muy pocos días la humanidad entera ha sido testigo de un caso público de violencia frontal, directa, completamente irracional e infundada, y fríamente voluntaria. Una madre embarazada de mellizos en EE.UU. quería abortar... ¡a uno! La excusa era que no tenía dinero para mantenerlo. Inmediatamente la cosa se hizo pública y apareció no sólo la posibilidad de una eventual adopción sino más aún: sociedades a favor de la vida que se ofrecieron a dar todo lo necesario para mantener y educar al niño dignamente: no se los escuchó. Se procedió fríamente al asesinato del inocente con alevosía y con suma crueldad.

Hay muchos sucesos más. Para darse una idea, la reciente autorización que hizo el señor presidente de los EE.UU., Bill

Clinton, de una de las formas más inhumanas, estremecedoras, violentas y absurdas de aborto: la decapitación –literalmente hablando– de los niños que *están saliendo* del seno materno. El señor Clinton será muy "señor presidente"; pero no parece muy ser humano.

A todo esto podemos sumar lo que ya se venía insinuando como un fenómeno creciente, sobre todo desde la década del cincuenta en adelante: la intervención de niños y adolescentes en movimientos armados: guerrillas, narcoterrorismo, los escuadrones de la muerte..., etc.

La sociedad actual es una sociedad violenta, la más violenta de todas, que ejerce día a día una violencia cada vez más acentuada.

Ámbitos y "espacios" de violencia

Pero no hace falta recurrir a casos extremos porque, como ya dijimos, todos los días podemos verificar la existencia de la voluntad de poder como "pasión por dañar".

Basta ir a la cancha. Es increíble que por un partido de fútbol haya seres humanos que sean capaces de matar. Pero los hay. Parte de culpa y responsabilidad tienen los mismos medios de comunicación, programas y revistas que "novelan", entre otras cosas, con el fútbol. Se teje y arma un mundo irreal de estadísticas, posibilidades, especulaciones... se crean expectativas... Y después uno va a la cancha con la imaginación "inflada" sin darse cuenta de que lo único que ahí existe son sólo veintidós seres humanos que corren detrás de una esfera de cuero con aire adentro, y otro que corre sin derecho a alcanzarla... Evidentemente, no hay que ser tonto. No está mal que el fútbol agrade, no está mal ir a la cancha; sí está mal ver algo más de lo que realmente hay. Así se originan diversas pasiones y sentimientos, se hace de la defensa del propio equipo una cuestión de honor y se es capaz de arriesgar la vida, para demostrar que "mi hinchada tiene más aguante"... Cuando River le ganó a Boca 2 a 0, después de la famosa racha de 10 partidos, mataron a dos fanáticos de River. Un joven de la banda de Boca declaró: "Y bueno... 2 a 2".

También tiene parte de culpa el auge de las películas de violencia. Y más todavía los dibujos animados para niños, que ya nada tienen de la encantadora dulzura de Walt Disney. Los muchachos violentos de ahora son los niños que hace unos años vieron ingresar a su imaginación los efluvios de la cultura de la muerte en forma de dibujos animados. Los He-Man y los Mazinger... son los modelos que han "formateado" sus imaginaciones hace unos años indefensas ante esa aplanadora del pensamiento que a veces es el televisor.

Otra causa sumamente importante es, aunque parezca mentira, el auge de la pornografía. Sí. El motivo es que la afectividad tiene como dos esferas de acción: lo que se llama el apetito concupiscible, es decir, la tendencia a lo que produce placer; y el apetito irascible, o sea, la tendencia a rechazar o atacar aquello que nos impide obtener el placer buscado. Ambos órdenes operan en bloque, como un todo. Por tanto, en una sociedad donde se da la primacía incondicional a todo lo que se relacione con el uso falsamente libre de la sexualidad, se están creando potenciales seres violentos, que van a buscar destruir todo lo que no les permita alcanzar el placer que la misma sociedad le puso en la cabeza y que debe alcanzar. Entonces, si un joven "falopeado" o "fresco", drogado, borracho... o no, está en una barrita y se siente más fuerte, ¿por qué no va a violar a una chica que pasa? Si, total, puede. Si, total, es difícil que lo agarren... ¿Por qué no va a romperle la cabeza a aquel muchacho, o a aquellos que pasan por la acera de enfrente y están mejor vestidos? Si ellos se creen superiores, ¿por qué no hacerles sentir que "somos fuertes", que "me la puedo"?

Llega un momento en el cual, dentro de la psicología misma del agresor, del violento por oficio, la violencia llega incluso a causar cierto placer, cierta pasión por hacer mal y por hacer sentir mal.

87

✠   ✠   ✠

Dice el profeta: *Vuestros pecados os han robado el bienestar* (Jer 5,25).

Nuestra sociedad ha pactado con lo más bajo, se ha animalizado. No tiene interés por lo elevado; quiere sólo lo que produce placer. Es una sociedad hedonista. La consecuencia directa es, a todos los niveles, la violencia. Es verdad, hay más causas: la miseria, el hambre... Pero ésas no son propiamente las causas de la voluntad de poder como "violencia irracional". Y, además, esos mismos problemas sociales tienen su causa en la violencia que, de algún modo, ejercen los poderosos.

En definitiva, son los pecados los que quitan la paz, los que destruyen el orden social. Muchos de los que se quejan de la violencia son los que, a la vez, proclaman el aborto, defienden el divorcio, las relaciones prematrimoniales, hacen del sexo el valor supremo... Es una actitud totalmente contradictoria.

El joven que tiene "voluntad de poder" en contra de los demás, el "patotero" es, en realidad, un débil. Un alma enfermiza y "encorvada" que, en el fondo, no puede consigo; por eso se la agarra con los demás. Un joven que no se anima a luchar contra sus defectos, contra sus pasiones y sus debilidades, sino que las fomenta y se hace esclavo de ellos...

El verdadero valiente, el joven que realmente tiene "voluntad de poder" es el que es capaz de vencerse a sí mismo.

"Voluntad de poder" consigo mismo. Ésa es la fórmula, para ser como Dios quiere que sea uno.

8.

EL RELATIVISMO UN MODO
DE ADICCIÓN A LA MENTIRA

"Ser libres quiere decir realizar los frutos de la verdad
actuar en la verdad.
Ser libres quiere decir también saber rendirse,
someterse uno mismo, y no someter la verdad a uno mismo,
a las propias veleidades, a los propios intereses".
(Discurso a los universitarios de Roma, 26-03-1981)

Todo hombre tiene en su vida una escala de valores, sea ordenada o desordenada. Y siempre actúa en base a esa jerarquía de valores que recibió, sea buena o mala. De tal manera que, mientras más ordenada esté nuestra escala de valores, mientras más respete el orden mismo de las cosas, más nos realizaremos como personas.

Es fácil darse cuenta, es muy sencillo advertir que, cuando se trata de influir sobre un pueblo, o dominarlo en parte o totalmente, lo que lógicamente se buscará en primer lugar es remover y serruchar sus puntos de apoyo. Es decir, se buscará destruir la escala de valores correcta que permite a los hombres ver las cosas como son. Si veo un enemigo que me está atacando, puedo defenderme; si mi enemigo me ataca en la oscuridad, estoy en desventaja. Por eso mismo, si alguien quiere atacar a una sociedad en sus raíces mismas, lo primero que intentará es privarla de la vista, o sea, querrá sacarle aquello que la hace ver.

Ahora bien, si esto se quiere hacer de manera silenciosa, o con el menor ruido posible, no se van a utilizar armas, ni instrumentos que puedan poner en sobreaviso a la población. No se hará una revolución; al menos, no una revolución armada. Pero sí se podrá hacer una revolución "cultural". Una revolución cultural que sea silenciosa pero efectiva, como la "muerte dulce" de la eutanasia. Revolución: dar vuelta lo establecido, cambiar los valores que ordenan a la sociedad según Dios. Y esto tendrá su aplicación concreta en hombres de carne y hueso para transformarlos en material "manejable", sin principios ni valores o, al menos, con principios y valores que no les permitan defenderse de lo que les hace daño; convertirlos, en definitiva, en "hombres-masa", como decía Ortega y Gasset. Hombres que sean fáciles de dominar, tal vez como una marioneta, y que expresen las ideas de otros, como Chirolita.

¿A qué principios habrá que apuntar?

1°. **Dios**. Es el "número 1". Un hombre que no se aferra a Dios es un hombre que no tiene raíces en la eternidad y, por tanto, un hombre completamente sometido a los dictámenes de su tiempo y de la historia. Un hombre para el cual la verdad muy fácilmente cederá el paso a la "opinión"; un hombre para el cual la verdad ya no será "la verdad", sino "tu verdad" o "mi verdad", completamente relativa y capaz de satisfacer los gustos despóticos de las distintas subjetividades. Un hombre para el cual no hay más destino que esta tierra y para el cual, en consecuencia, no hay más ley que la que él mismo se impone: ¿por qué, entonces, ser bueno, cuando cuesta tanto, si siendo malo uno puede conseguirlo "todo"? ¿Por qué, entonces, no ser un traficante de drogas, si es mucho más fácil enriquecerse de esa manera? ¿Por qué no vivir en un desenfreno total...? Y podríamos seguir con mil preguntas más.

2°. **La Iglesia Católica**. Es decir, aquel medio instrumental a través del cual Dios quiere enviar la salvación a los hombres. En este caso lo que se buscará es confundir. Así se introducirán sectas, para hacerla ver como "una religión más"; se organizarán campañas de descrédito para ridiculizar a los católicos practicantes; para ridiculizar a los sacerdotes... Fíjense, de hecho, en cuántas novelas aparecen sacerdotes o seminaristas con "problemas", etc., como si fuera una cosa común a todos y de todos los días. De esa manera generan la desconfianza del pueblo fiel en sus pastores, y recortan el papel trascendente que tienen que cumplir. Y *heriré al pastor y se dispersarán las ovejas* (*Mt* 26,31)

3°. Se buscará destruir la imagen de la **Patria**, mimetizando a la población con valores extranjeros. Bastará con que no se ame profundamente lo propio o con que haya cierto secreto desprecio por el propio origen y la propia tierra. Ejemplo: el folklore no es tan buen negocio como el rock.

4°. **La familia**, célula básica de la sociedad, será atacada de múltiples maneras. Con la votación de la ley del divorcio, con la propuesta de una mentalidad antinatalista promoviendo la venta de anticonceptivos, y con muchos elementos más.

5°. **La escuela**, el segundo hogar. El niño pasa 6 horas diarias en la escuela y no conviene desaprovecharlas. Aparece precisamente aquí, como un elemento activo más en la revolución cultural, la psicogénesis. No se trata de un hecho incidental, sino que aparece como algo muy bien estudiado y premeditado. No se trata tanto de un método como de una nueva orientación de los fines y objetivos de la educación.

✠   ✠   ✠

Estos errores o ataques hacia la esencia del hombre no son nuevos. Son frutos de ideologías y formas de pensar que no son nuevas. Ideologías y cosmovisiones que el joven debe conocer muy bien para no dejarse engañar, porque muchas veces son las que se manejan en los medios de comunicación, que son generadores de opinión. Por ejemplo, Marx con su materialismo dialéctico y práctico hizo su gran aporte; Gramsci es uno de sus intérpretes que quiso volcar en la cultura la revolución que proponía Marx utilizando para su embestida los medios masivos de comunicación.

Esta desviación tiene su origen en el vuelco subjetivista que dio el pensamiento humano desde Descartes y, sobre todo, Kant, para el cual no son las cosas –la realidad– aquello a lo cual debe adecuarse el conocimiento humano, sino que las cosas y la realidad deben adecuarse al hombre. Dicho así resulta algo ridículo y completamente opuesto al sentido común, como cualquiera que tenga un poco de seso puede advertir. Sin embargo, muchas veces estas filosofías son las que se enseñan o las que subyacen a muchas cosas que se enseñan, no sólo a nivel universitario, sino también de colegios secundarios. Cada tanto esos mismos errores son lanzados al mercado de la revolución cultural y promocionados como producto original. Y es muy fácil encontrar compradores desprevenidos o ignorantes, ilusos que creen haber descubierto la pólvora. Es un vino que fácilmente emborracha y termina, muchas veces, siendo la bebida obligatoria de docentes y teóricos de la educación. Eso es terrible porque son ellos los "configuradores" de la sociedad, en cuanto que son los encargados de proporcionar a los jóvenes los criterios de acción y los principios de su obrar. Son malos puntos de partida y peores puntos de llegada.

Hay dos ejemplos concretos que nos permitirán presentar esto que podríamos llamar "vuelco antropocéntrico" de la cultura: la psicogénesis y los *mass media*. Nos referiremos, por el momento, a la psicogénesis.

¿Qué es, en concreto, la *psicogénesis*? ¿Cuál es su origen?

Su base técnica está constituida por algunas hipótesis piagetianas[28] cuyos errores, viciados por una concepción exclusivamente biológico-evolutiva del hombre tienen graves consecuencias cuando se los aplica a la educación.

---

[28] Jean Piaget nació en Neuchâtel (Suiza), el 9 de agosto de 1896 y murió en Ginebra el 16 de septiembre de 1980. Fue profesor de Psicología en las Universidades de Ginebra y París.

En síntesis: se dice que la estructuración de la personalidad y el conocimiento en el niño tiene un carácter natural y progresivo. Se parte desde el conocimiento sensible –el que proporcionan los sentidos externos– hasta llegar a la inteligencia. En esta progresión la realidad es "construida" por el niño desde su yo: no hay verdades objetivas, ni imperativos morales establecidos a los que el sujeto deba adecuarse. Es verdad lo que el sujeto decide que es verdad; está bien lo que el sujeto decide que está bien.

Como la objetividad de las normas morales no existe, el acto educativo que debe ser moral, pasa a ser un mero adiestramiento en la autonomía, o sea, una pura "anarquía moral". Y se pretende apoyar estas teorías con una falsa interpretación de la creatividad, confundiendo la creatividad verdadera –por la cual el hombre transforma la naturaleza, realizando de alguna manera su esencia misma como "ser a imagen de Dios"– con la arbitrariedad más crasa respecto de lo verdadero y lo bueno. Además, se buscará crear un falso juicio "crítico", acostumbrando a los niños –y jóvenes– a poner en tela de juicio, sin motivo, todo lo que han recibido de sus padres y sus tradiciones. Con la excusa de oponerse al autoritarismo, se destruirá así la verdadera autoridad de los padres, creando una falsa dialéctica y haciendo que el joven y el niño pierdan confianza en aquellos que le dieron la vida y que son los primeros responsables de su educación.

¿Qué dicen los defensores de la psicogénesis?

Sus defensores dicen que es un cambio de actitud. La presentan como una nueva relación entre alumno y maestro, en donde el niño no se siente rechazado sino comprendido y, por eso, ya no está triste, aburrido, no destroza todo...

En realidad es una verdadera REFORMA o REVOLUCIÓN educativa. Es verdad que debemos mejorar muchísimas cosas en la educación. Es una verdad incontestable. Pero esa mejora debe orientarse a realizar verdaderamente el proyecto esencial de toda educación, que es el perfeccionamiento integral –es decir, total–

del hombre como persona y, por tanto, perfeccionar su adhesión incondicional al bien y a la verdad.

Los nuevos descubridores de la pólvora han cambiado de modo radical los fines mismos de la educación, vaciándolos de contenido. Lo común y aquello en lo cual estuvieron de acuerdo todos los educadores de todos los tiempos era que el profesor sabía más y el alumno sabía menos; que el profesor enseñaba y el alumno aprendía; que, como el alumno sabía menos, tampoco sabía qué era lo que le convenía aprender y, por eso, el profesor debía "administrar" las distintas "dosis" de enseñanza de acuerdo a la capacidad y los progresos del alumno en la asimilación. Ahora, en cambio, resulta que es el niño el que construye su propio aprendizaje, su propio conocimiento; el que le dice al maestro lo que le debe enseñar y el que regula la educación.

En este sentido, se dará una primacía total a la experiencia personal, por encima de lo que puede decirnos otro. El profesor, por ejemplo, no le podrá decir al niño: "Esto es un cuchillo. Cuidado porque corta", sino que le deberá dar un cuchillo para que el mismo niño por experiencia aprenda que corta... Como se puede observar, se maneja aquí el falso principio –¡de uso tan común en nuestro tiempo!– de que hay que experimentarlo todo, de que sólo se conoce bien aquello de lo cual se ha tenido una experiencia personal. Es un falso principio. No necesito **experimentar** el suicidio para ver si de verdad es algo que termina con la propia vida. No necesito asesinar para averiguar si de verdad es algo malo. No necesito drogarme para averiguar si la droga me lleva a la muerte...

Además, hay una falsa comprensión de la libertad: el niño puede hacer lo que quiera y como quiera sin que se lo pueda reprender. Esa falsa comprensión de la libertad se traducirá, como vimos, en una también falsa autonomía respecto de la verdad y del bien. El niño será juez, maestro, autoevaluador...

Por eso el maestro tendrá únicamente la función de potenciar y encauzar las iniciativas espontáneas del niño: si el niño quiere hablar de flores y pájaros en clase de castellano, habrá que dejarlo; si quiere pararse en su pupitre, habrá que dejarlo, porque "no hay que imponerle nada". El lenguaje será visto simplemente como un medio de expresión y no como reflejo de las cosas. Por tanto, si el niño quiere llamarle "pelota" al pizarrón, podrá hacerlo ya que "nace de él"... El profesor debe desaparecer como tal. Se debe igualar al alumno y limitarse a sugerir, incentivar, orientar, crear situaciones; jamás deberá corregir al alumno equivocado, porque no existe el "error" y porque sería una manera de inhibir al niño y coaccionarlo. Entonces el maestro ya no será un modelo que imitar y una fuente de la cual manan verdades...

Las consecuencias a que ha llevado este sistema educativo son realmente nefastas. Tenemos resultados penosos y lamentables. Se aplicó en Europa (Inglaterra, Francia, etc.) en 1950. Esa generación de 35-45 años tiene serias crisis existenciales, no posee inserción social, tiene crisis laborales, incapacidad de adaptarse a normas de convivencia, carencia de respeto a la autoridad, tendencia profunda a la evasión de la realidad (con el consecuente recurso a la droga, al alcohol, etc.).

Por **encima** de nosotros hay un orden, natural y sobrenatural, **anterior** a nosotros, –nos es dado, lo encontramos, no somos sus creadores–, **superior** a nosotros –no podemos manipularlo–, es **intangible** –sus leyes son inexorables–, y nos **trasciende** a nosotros porque seguirá estando cuando nosotros ya no estemos.

Por eso el relativismo es un camino a la nada.

✠　　✠　　✠

Según lo dicho, podemos verificar dos finalidades fundamentales en la nueva propuesta de orientación de la educación llamada psicogénesis:

a) Hacer hombres que creen cosas nuevas, sin "repetir" lo de otras generaciones;

b) formar inteligencias que no acepten nada de lo que les venga dado, sino que se rebelen contra la autoridad.

Esto va totalmente en contra de la naturaleza humana. Toda alma necesita el esplendor de la verdad, que conoce con su inteligencia; la conquista del bien, que desea con su voluntad; el deslumbramiento de la belleza, que le hace gozar de lo que conoce. Introducir, por tanto, este cambio en los inicios mismos de la educación es un grave atentado contra la dignidad del hombre, ya que lo desvía radicalmente de la verdad, del bien y de la belleza.

La intención de implementar este género de educación consiste, en definitiva, en asegurarse un nuevo modelo de ser humano. Un nuevo tipo de hombre, con autonomía moral e intelectual respecto de los valores establecidos. Un hombre que se fabricará, por así decirlo, a sí mismo, a su mundo, a su lengua, sus normas, principios y fines. Un hombre sin valores verdaderos, sin valores bellos, sin valores buenos. Un hombre fácilmente manipulable.

Por todo esto siempre conviene tener en cuenta la advertencia de Pío XI: "Es erróneo todo modelo de educación que se funde en todo o en parte sobre la negación u olvido del pecado original, de la gracia y, por lo tanto, de las fuerzas solas de la naturaleza humana. Tales son los sistemas actuales de nombre diverso que apelan a una autonomía y libertad ilimitadas del niño y que disminuyen o aun suprimen la autoridad o la obra del educador, atribuyendo al niño una preeminencia exclusiva de toda ley superior natural y divina en la obra de la educación".

La educación tiene un papel casi determinante en lo que hace a la estructuración de la personalidad. Por eso hay que poner especial cuidado en que procure seriamente la transmisión de los valores esenciales que deben cualificar la vida de un ser que es imagen de Dios. Cuidar que los proponga eficazmente:

"La educación es proposición y asimilación de «valores», que son fundamento de la identidad, dignidad, vocación y responsabilidad del hombre como persona y como miembro de la sociedad"[29].

Entre estos "valores" corresponde a los valores morales la primacía indiscutida:

"La formación del hombre consiste en el desarrollo de sus propias capacidades, en la formación de su propia libertad, mediante la cual dispone de sí mismo[30].

"Es necesario, asimismo, promover la maduración de la persona, ayudándola a desarrollar sus dimensiones socio-culturales, morales y religiosas mediante el recto uso de la libertad. La formación unitaria de la personalidad humana no puede menos que tender hacia el crecimiento integral de sus relaciones con el mundo, con los demás y, principalmente, con Dios. *Sólo él es bueno*[31]. Como recuerda Santo Tomás, esto implica, ante todo, la formación ética, que tiene el primado en la formación integral de la persona"[32].

En consecuencia, no hay que pensar jamás que es la relativización de la verdad, el primado de la mentira, lo que libera al hombre. Todo lo contrario, el ejercicio de la libertad misma se plenifica en la adhesión total a la verdad:

"Libre es el hombre capaz de decidirse según la medida de los más altos valores y metas: *La verdad os hará libres* (*Jn* 8,32). El hombre que encuentra la verdad descubre al mismo tiempo la base de su perfección y de su autonomía"[33].

Sé libre. Es decir, ama la verdad.

---

[29] JUAN PABLO II, *Mensaje al Congreso Mundial sobre la Juventud*, OR 01-07-1985.

[30] Cf. SANTO TOMÁS, *Quaestiones disputatae*, 11.

[31] Cf. *Mt* 19,17.

[32] JUAN PABLO II, *Discurso en la Universidad Pontificia Santo Tomás (Angelicum) de Roma*, 24-11-1994.

[33] JUAN PABLO II, *Discurso a los representantes de la cultura en Friburgo*, Suiza, 13-06-1984.

9.

INVASIÓN DE SECTAS

"Como bien sabéis, sólo Jesús puede responder
de manera plena y definitiva a los interrogantes
vitales de la existencia.
Sólo la Iglesia, cuerpo místico del Redentor,
posee totalmente la palabra que salva
y renueva al ser humano".
(Discurso a la asamblea del Movimiento para un mundo mejor, 25-05-1991)

Jesucristo dijo que un día vendrían "otros", diciendo *soy yo*[34]: lobos con piel de oveja, que vendrían a destruir al rebaño.

Vinieron. Hoy estamos invadidos por las sectas. Hoy estamos plagados de falsos pastores.

La falta de pastores verdaderos, lleva a la gente a buscarse pastores falsos. La carencia de vocaciones sacerdotales y religiosas es uno de los factores que nos lleva a presenciar lo que en Puebla se llamó: ***"Invasión de sectas"***[35]. La naturaleza tiene horror al vacío, si el hombre y la mujer no llenan su alma con la religión verdadera, buscarán llenar ese vacío con algún substituto, con alguna caricatura de religión o con la religión de la irreligión. Lo quiera o no lo quiera, eso está en la fuerza de las cosas. Por eso decía hace más de un siglo el Santo Cura de Ars que si se dejase a

---

[34] Cf. *Lc* 21,8.
[35] *Documento de Puebla*, n° 419.

un pueblo sin sacerdotes, en diez años los habitantes de ese pueblo se habrían convertido en bestias. Si no hay quien predique la verdad, los pueblos viven en la ignorancia y caen en el error. El buen pastor lleva a las ovejas a los pastos buenos, el malo las lleva a los venenosos. Los buenos pastores nos llevan a Jesucristo, el Sumo Buen Pastor. Por eso debemos rezar pidiendo a Dios mande obreros a su mies y que seamos dóciles a los legítimos pastores.

Características del buen pastor

- Obra a la luz del día, no a escondidas: *entra por la puerta*[36].

- Conoce a las ovejas muy bien: *Él llama a cada una por su nombre.*

- Es un ejemplo para las ovejas y se juega por ellas: *va delante de ellas... da su vida por las ovejas.*

- Las ovejas lo siguen y conocen su voz: *y las ovejas lo siguen, porque conocen su voz.*

- No siguen a los malos pastores porque no conocen su voz: *Nunca seguirán a un extraño, sino que huirán de él, porque no conocen su voz.*

- El que no es verdadero pastor, sino mercenario: *no viene sino para robar, matar y destruir... ve venir al lobo y deja las ovejas, y huye... no tiene cuidado de las ovejas.*

- El Buen Pastor viene: *para que las ovejas tengan vida y vida en abundancia.*

---

[36] Cf. *Jn* 10,2; también para lo que sigue.

No son sectas todas las denominaciones protestantes

No son sectas las llamadas Iglesias nacionales, a saber: la Iglesia luterana, la Iglesia reformada (o calvinista) y la Iglesia anglicana.

No son sectas –propiamente– las llamadas Iglesias libres, como ser: la presbiteriana, la congregacionalista, la bautista, la metodista, etc.

Con estas denominaciones se trata de llevar adelante el trabajo ecuménico.

¿Cuáles son sectas?

Hay 5 tipos distintos de sectas con las cuales, propiamente, no hay ecumenismo:

1°: Hay sectas satánicas como los ofitas o nashianos, cainitas, luciferianos, patarinos, etc.

2°: Hay sectas de origen cristiano: Nueva Apostólica, los pentecostales, iglesia electrónica, Club 700, pastor Giménez, Carlos Anacondia; algunos bautistas; cuáqueros; Holy Laughter, etc.

3°: Hay sectas de origen paracristiano como adventistas, testigos de Jehová, mormones, la iglesia unificada de Moon, los niños de Dios, Ocho reinas, Amigos del hombre, etc.

4°: Hay sectas de origen oriental como Hare Krishna (Sociedad internacional de la conciencia del Krishna), Sai Baba, los Gurús como Bhagwan Shree Rajneesh (con su flotilla personal de veinticinco Rolls Royce), Misión de la Luz Divina (Gurú Maharaj Ji), Fe Bahai, etc.

5°: Hay sectas de origen sincretista como los rosacruces, las sectas gnósticas, teosóficas, espiritistas, afrobrasileñas (umbanda, macumba, candombé), pseudocientíficas (alquímica, dianética, etc.).

Pero hay muchas más ya que, de hecho, se reproducen como hongos: en Francia se han detectado más de doscientas cincuenta nuevas sectas. Y en todas partes aparecen sectas como "Lineamiento Universal Superior" (Valentina de Andrade), Ágora, Alfa-Omega, Amanda Marga, Arco Iris, Centro Esotérico, Meditación trascendental, Nueva Acrópolis, El Patriarca (Fundación Engelmajer), etc.

Además, hay algunas sectas de alta peligrosidad como la secta de Jim Jones, que convenció a sus seguidores para que se envenenaran, muriendo casi mil personas en Guyana en 1979; David Koresh en Waco (EE.UU.) llevó a la muerte a sus seguidores luego de ser asediados durante muchos días por el FBI; "Los Hijos del Sol" que se hicieron quemar en Suiza y en Francia, etc.

Precaución

Hay que saber cuidarse de estas formas de agresión, en las que muchas veces caen los jóvenes que van a la deriva, en busca de anclaje. En España el 13% de los jóvenes son víctimas potenciales de las sectas según un estudio del Ministerio de Asuntos Sociales publicado en el "ABC"[37]. Siempre que se rompe el tejido social, hay una proliferación de sectas.

Para ello, la única "vacuna" es seguir al Buen Pastor que dio su vida por nosotros: Jesucristo. Para que nosotros no fuéramos engañados por los falsos pastores que vienen *en su nombre y dirán: Yo soy el Mesías, y engañarán a muchos* (Mt 24,5) y *si alguno dijere: Aquí está el Mesías, no lo creáis, porque se levantarán falsos mesías y falsos profetas ...* (Mt 24,23-24), nos dejó la regla de oro para estar seguros de que lo seguimos de

---

[37] Revista *Iglesia y Mundo actual*, n° 494-495, mayo de 1994.

verdad a Él: *El que a vosotros oye a mí me oye, y el que a vosotros desprecia a mí me desprecia* (*Lc* 10,16), indicando a los apóstoles y a sus sucesores, el Papa y los Obispos unidos al Papa. Nunca nos equivocaremos si somos fieles a la Iglesia Jerárquica. Cuando nos vengan con apariciones, visiones, revelaciones, mensajes, profecías, la primera pregunta que nos tenemos que hacer es: ¿qué dice al respecto la Iglesia Jerárquica? Ella no puede equivocarse porque está de por medio la promesa del Buen Pastor: *Las puertas del infierno no prevalecerán contra la Iglesia* (*Mt* 16,18), fundada sobre Pedro y sus sucesores.

Queridos jóvenes:

Sean apóstoles de los otros jóvenes, hay muchos que andan a la deriva y, tal vez, por culpa nuestra de no dar claro testimonio de Jesucristo, terminan anclando en las sectas.

El remedio está en dar una respuesta entusiasta a sus interrogantes, en tres campos bien específicos[38]:

1º Debemos saber presentar una liturgia viva;

2º Debemos vivir en nuestra comunidad una fraternidad sentida, auténtica, donde nos tratemos como verdaderos hermanos;

3º Nuestra comunidad debe caracterizarse por una activa participación misionera.

Por tanto, debemos satisfacer el "deseo de comunidad, de participación, de liturgia vivida"[39] de tantos hermanos nuestros.

¡Que siempre seamos reflejo del Buen Pastor! ¡Que siempre seamos transparencias del Buen Pastor, a quien puedan ver a través nuestro! Se lo pedimos a la Virgen.

---

[38] Cf. *Documento de Puebla*, nº 1122.
[39] *Documento de Puebla*, nº 1109.

10.

LA ADICCIÓN A LO ESOTÉRICO
EL OCULTISMO

"Es necesario que el hombre de hoy se dirija nuevamente
a Cristo para obtener de Él la respuesta
sobre lo que es bueno y lo que es malo.
Él es el Maestro, el resucitado que tiene en sí mismo la vida
y que está siempre presente en su Iglesia y en el mundo.
Él es quien devela a los fieles el libro de las Escrituras".
(Veritatis Splendor, n° 8b)

Hay en el hombre una tendencia innata de creer en algo que está más allá de las cosas de todos los días, más allá de la realidad visible, tangible, de la realidad sensible. Por esta tendencia, entre otras cosas, nos damos cuenta de que la vida del hombre no se agota en el orden natural, de que el hombre tiene otro orden: el sobrenatural, que es el más importante.

Negar esto sería ponerlo a la altura de los demás animales. Hay una jerarquía en los seres existentes; y el hombre está en el grado superior de ella: un árbol es superior a una piedra porque tiene vida, un animal es superior a un árbol porque tiene sensibilidad, un hombre es superior a un animal porque, reuniendo las otras dos cualidades, la vida y la sensibilidad, tiene aun algo más: el alma, y más aún, por la gracia es semejante a Dios.

De aquí nace esa tendencia a creer en cosas que nos superan. La religiosidad está inscrita en la esencia misma del ser humano. Esta tendencia a creer en cosas que trascienden las cosas naturales se ve en diversas culturas a lo largo de la historia.

El hombre ha puesto su Dios en diferentes cosas: en el mar, el sol, la luna, etc., y así los adoraba y rendía culto. Exponentes de esto son los griegos, los romanos, los etruscos, los persas, entre otros. Los menos avanzados basaron su religión en supersticiones, en oráculos, a veces en orgías, en sacrificios humanos, y hasta en objetos materiales, hechuras de manos humanas... Los aztecas, por ejemplo, tenían un ídolo al que hasta le ofrecían sacrificios humanos haciéndole llegar la sangre de las víctimas por medio de una canaleta.

Pero, a medida que fue pasando el tiempo, algunos hombres fueron viendo lo caduco de sus deidades; veían el hecho de que éstas no llenaban del todo al hombre en su necesidad de infinito. Fue así como algunos, los más desarrollados llegaron a concebir con su razón que debía existir un único Dios, eterno principio de todas las cosas. Tenemos un ejemplo en hombres como Platón, Aristóteles, etc.

Sin embargo, actualmente a pesar del avance científico-tecnológico de algunos países del mundo, encontramos cantidad de falsas religiones, otro tanto de supersticiones y una invasión de magicismo. Y esto no sólo en países subdesarrollados, sino incluso en países que aparentan tener un alto nivel de desarrollo intelectual.

Claros ejemplos tenemos en la tan mentada secta de los Niños de Dios creada por David Berg, mejor conocido como el profeta Moisés David, que salió de los Estados Unidos en los años '70, en época de los hippies y que tanto mal ha hecho incluso en la Argentina, promoviendo a un dios que salva por medio de la sexualidad, prostituyendo a sus adeptas, violando a sus niños y niñas y raptando a sus fieles para lavarles la cabeza[40]. O los revolucionarios de "Verdad suprema" fundados por Shoko Ashara, el cual se proclamaba como una deidad. Estos propiciaron una intoxicación masiva en Yokohama, Japón[41]. Está también, en Suiza, la secta llamada "Templo solar", hace poco destruida por su líder quien mató a quemarropa a sus adeptos porque no querían sometérsele. En Waco (Texas) se dio otro caso de una secta dirigida por un hombre llamado David Koresh que se creía Jesús y que masacró a una gran cantidad de gente. Murieron 84 personas[42].

Algunos otros hacen de la fe un creer en cualquier cosa y se exponen a que los más vivos los estafen, como es el caso de Doña Alcadia González, quien fue estafada y robada por la pseudo vidente Profesora Giménez; según la parapsicóloga, estaba ese dinero con un maleficio y tenía que ser quemado; por supuesto, la vidente no quemó el dinero sino algo aparente[43]. Como también otra mujer que quedó en grave estado de salud luego de ser "operada" por un curandero, según apareció en el diario *La Nación*. Sin andar muy lejos, la esposa del conocido Pastor Giménez que después de separarse de él por un problema de infidelidad fundó otra secta y declaró por TV que la religión de su esposo es una estafa.

Otro caso particular es el de los adivinos, los astrólogos, etc., que pretenden llevarse el dinero de los ingenuos diciendo que ven y predicen el futuro contingente y libre, cosa que no puede ser porque todavía no es. Sólo Dios conoce los futuros contingentes y libres y, excepcionalmente, aquellos a quienes Él se los dé a conocer. Tampoco los pueden ver en sus causas, como es el caso de los futuros necesarios. Y si no los pueden ver, no los pueden predecir.

---

[40] Cf. *Revista Gente,* 09-09-1993, pp. 6-11; Diario *LA NACIÓN*, 06-09-1993, p. 13.
[41] Cf. *Diario LA NACIÓN,* 23-04-1995, p. 4.
[42] Cf. *Revista Gente,* 04-11-1993, pp. 28-30.
[43] *Revista Gente, "Le falló el horóscopo"*, pp. 40-42, 18-11-1993.

– "Padre, ¿de qué signo es?

– Del signo de la cruz".

Hay personas que se levantan a la mañana y en vez de rezar ¡miran el horóscopo!

Para decir verdad, digamos que algunas cosas sí se pueden predecir, porque seguro sucederán: al mediodía podemos predecir con total seguridad que más tarde anochecerá. Se puede predecir lo que necesariamente va a suceder porque se conocen las causas que lo producirán. Y, en general, se trata de cosas físicas. Son futuros necesarios: "Siempre que llovió, paró".

Lo espiritual, lo que depende de la libertad personal, lo que propiamente constituye el futuro de nuestra existencia, jamás se puede predecir, porque las causas son libres: la libertad de Dios y la libertad del hombre. El futuro de las personas sólo puede conocerlo Dios. Y sólo aquellos a quienes Él se los revele pueden predecirlo, como son los auténticos profetas. Ciertamente no son los astrólogos, ni los adivinos, ni los "videntes" los que conocen los futuros contingentes y libres. Muchos de esos "videntes" sólo comercian con la credulidad de la gente sencilla.

Están también los que de adorar a Dios pasan a adorar al Demonio: en Italia, por ejemplo, actualmente han proliferado las sectas satánicas. Y hace poco un Obispo de los Estados Unidos en una entrevista por televisión declaró que hay gran cantidad de casos de posesiones diabólicas a causa de las religiones satánicas de moda. No es chiste. Muchas veces los casos de posesión diabólica tienen como origen cierta relación con el demonio establecida concientemente por el afectado. El recurso al "tablero *oui-ja*", común entre algunos, o el famoso "juego de las copitas", no son chiste. Hay que tener cuidado.

Pero lo peor de todo no es la posesión diabólica. O sí; pero otro tipo de posesión. Porque siempre se entiende por "posesión diabólica" el dominio del demonio sobre un cuerpo. Mucho peor.

Infinitamente peor es el pecado mortal. Por el pecado mortal el demonio no posee el cuerpo del pecador. No. Posee su alma.

Ante todo esto, hay que decir que, así como es necesario buscar a Dios, ya que naturalmente necesitamos de Él, no hay que buscarlo ni en el ocultismo, ni en lo esotérico; la verdadera religión no es un grupo de curiosos o de canallas que con pretexto de mitos o leyendas dan una serie de prescripciones y quitan el dinero a la gente crédula; tampoco son centros en los que se rebaja nuestra condición de hombres destruyendo nuestra intimidad y haciendo de la religión un antro de sexo o de terrorismo.

Sí, hay que buscar a Dios. Pero hay que buscarlo en donde Él se manifiesta, hay que buscar al Dios verdadero y a la religión que procede de Él. Hace casi dos mil años, Jesucristo, verdadero Dios y verdadero Hombre, dijo: *Yo soy el Camino, la Verdad y la Vida, nadie viene al Padre (Dios Padre) si no es por mí (Jn 14,6)*. Ese Jesús fundó sólo una religión y una sola Iglesia, la Iglesia Católica, que nos sigue repitiendo sus palabras: "*Yo soy el Camino, la Verdad y la Vida*", bajo el cayado de su Supremo Pastor visible, el Papa: *Tú eres Pedro, y sobre esta piedra edificaré mi Iglesia (Mt 16,18)*.

CAPÍTULO 3

Consecuencia de las Adicciones

"Quien no ama permanece en la muerte" (1Jn 3,14)

"Ante un panorama que podría sembrar desaliento y desesperanza incluso en espíritus fuertes, yo os digo:

Jóvenes ¡Cristo, su mensaje de amor es la respuesta a los males de nuestro tiempo!...

Sólo Él es capaz de saciar esa nostalgia de infinito que anida en lo profundo de vuestro corazón.

Sólo Él puede colmar la sed de felicidad que lleváis dentro. Porque Él es *el Camino, la Verdad y la Vida* (cf. *Jn* 14,16).

En Él están las respuestas a los interrogantes más profundos y angustiosos de todo hombre y de la historia misma."

(Discuros en Lima, Peru 05-06-1988)

1.

¿*LIGHT* O *RESUCITADO*?

"Precisamente aquí se impone la amarga experiencia
(...) de que el hombre puede construir un mundo sin Dios;
pero este mundo acabará por volverse contra el hombre".
(Reconciliatio et Poenitentia, 18b).

Nos encontramos en estos momentos como protagonistas de
la historia sumergidos en un combate sin piedad, un combate
cruento entre las fuerzas de las tinieblas y las fuerzas de la luz,
entre la fuerzas de la muerte y las fuerzas de la vida; en última
instancia, aunque los hombres no lo comprenden, entre el poder
del Anticristo y el poder de Cristo Dios.

1. *El hombre LIGHT*

Quiero referirme a un aspecto de la cultura **light**, que adquiere
dimensiones planetarias en nuestro tiempo. Y así estamos
viviendo en una cultura **light,** por eso también lamentablemente
hay sacerdotes **light**, religiosas **light** y hay muchos que en la
confusión de estos tiempos creen que ser **light** es algo parecido a
vivir como resucitados; pero no es así. Es una cosa muy distinta
ser o vivir como hombres **light**, que vivir como **resucitados,** o
sea, según todas las consecuencias de la resurrección de Nuestro
Señor Jesucristo.

¿Qué es la cultura **light**? En una de sus acepciones, **light**
quiere decir aquella cosa sin peso, no seria, frívola. En el caso del

matrimonio son aquellos que no están restringidos a un solo esposo o a una sola esposa; es lo superficial, lo no comprometido, por eso se habla de lectura **light,** industria **light** o **ligera**; y suelen ser cosas, muchas veces en esta civilización de la imagen, que tienen un cierto brillo, pero sin sustancia, son cosas huecas, vacías.

¿Qué es el hombre **light** ? Antes le decíamos "tilingo"... Es un hombre sin sustancia. Es el ser humano que no cultiva las potencias más altas de su espíritu: la inteligencia, buscando conocer; la voluntad tratando de querer, de amar, y tratando de hacer que su paso por este mundo lo deje más enriquecido y las nuevas generaciones se encuentren mejor por el aporte, aunque sea mínimo, de lo que él ha hecho. Más aún, es el hombre que no usa de su inteligencia para conocer aquellas cosas fundamentales, que hacen que la vida del hombre tenga sentido, valga la pena, aquél que no se pregunta por las causas primeras, que es lo mismo que decir las causas últimas, aquél que no busca descubrir al Ser Supremo, no busca rendirle culto, no busca elevar a Él su inteligencia y su voluntad.

Y así como ahora hay cerveza sin alcohol, café sin cafeína, tabaco sin nicotina, y azúcar sin glucosa, HAY HOMBRES SIN HUMANIDAD. El hombre **light** es un hombre sin humanidad.

Así, se ve en las distintas manifestaciones que el hombre puede tener: HAY COLEGIOS donde no se estudia; hay SEMINARIOS sin oración, sin estudio, sin disciplina, sin amor por la almas: seminarios **light**; hay SACERDOTES sin humanidad, SIN SACERDOTALIDAD. ¿Qué es el sacerdote **light**? Es el sacerdote sin sustancia. Su palabra no tiene peso, su vida no tiene importancia, su pastoral es algo volátil, los efectos de su accionar son superficiales. No producen fruto sus sermones, su feligresía —por razón de ser inhumano por tantas prescripciones— se reduce más de día en día, su enseñanza recuerda la cantinela de los antiguos fariseos, sus testimonios son **antiproféticos.**

Pero tambien hay religiosos y religiosas, que habiendo prometido entregarse a Dios en cuerpo y alma, no son fieles ni a sus votos ni a su carisma fundacional,viven como solterones o solteronas, no como consagrados.

Se trata de personas vacías, huecas, sin brújula respecto de lo que está bien o de lo que está mal. En el fondo son relativistas morales. Para ellos no hay verdades inmutables, todo es relativo... lo cual hace relativa su misma relatividad, porque si todo es relativo, también su relatividad. Y entonces viven en la relatividad. Son los hombres y mujeres de "los caminos sin meta": están en el mundo y no saben para qué, caminan sin saber para dónde. Creen estar en la médula misma de la tradición o en la avanzada más atrevida del progreso, cuando en rigor son guardianes de antiguallas de museo o vendedores de utopías fatuas. Son los hombres que cuando –a veces– se deciden a leer, acuden a la "literatura **kleenex**" (descartable, como los pañuelos de papel), porque recurren a libros que son resúmenes de vacío hechos para matar el tiempo, en lugar de ser alimento del alma y ocasión del propio perfeccionamiento.

2. El hombre resucitado

Muy distinto es el cristiano, el verdadero hombre que vive como resucitado. Es el hombre que vive la plenitud de la naturaleza humana. El que desarrolla al máximo las potencias espirituales... El que tiene la fuerza suficiente como para no doblegarse ante las inclinaciones desordenadas del pecado. Es el que sabe dónde está el Norte y qué hay que hacer para encontrarlo. Sabe cuál es el camino y cuál es la meta.

Muy distinto es, entonces, el hombre nuevo, el hombre que realmente saca para su vida todas las consecuencias que tiene la resurrección de Cristo. Es el hombre nuevo que no vive esa vida desvalida, aunque pueda aparecer dichosa. No es el hombre "hueco" sino es el hombre con "pasta". Es el hombre del cual nosotros decimos "tiene madera"; es aquel que sabe para qué vive y sabe cómo vivir, es el hombre que ha sido sanado por la gracia y que la gracia lo eleva, lo perfecciona, lo dignifica; es el hombre que usa de sus potencias superiores, la inteligencia y la voluntad, haciendo que esas potencias se eleven por estar iluminadas por la fe, por estar informadas por la esperanza y sobre todo por la caridad. Es el que bucea en los grandes misterios: Trinidad, Encarnación, Iglesia, Eucaristía, Vida eterna... Si es sacerdote, es el que predica con autoridad y edifica a los fieles... Es el que suma y no resta, el que tiene celo por la Casa del Señor, y da su vida por conquistar las ovejas que están fuera del redil y no patea a las que están dentro. Es un hombre que sabe que en este mundo tendrá que padecer, tendrá que llevar la cruz, ¿quién no?, pero está convencido y tiene la seguridad que le viene de la fe, de que es necesario eso para llegar a la luz; es necesario en este mundo que nunca dejará de ser un valle de lágrimas; es necesario sufrir; es necesario padecer para un día, por gracia de Dios, poder gozar de la felicidad eterna.

Es por eso que a pesar de nuestras limitaciones y nuestra debilidades estamos empeñados en hacer colegios que no sean colegios **light**; en el fondo es una locura porque, pensar aquí en la Argentina hacer un colegio y, más aún en San Rafael, como el Bachillerato Humanista, es una locura. Si no logramos formar hombres y mujeres que se conecten con la gran cultura greco-romana-hispana daremos diplomas, pero tendremos hombres y mujeres **light**, es decir, "tilingos". Y eso no lo queremos hacer.

Por eso, estamos empeñados en proclamar con claridad, como nos lo dice el misterio de la resurrección del Señor, el Evangelio de la familia. Es necesario volver enseñar a nuestros jóvenes, y a aquellos que no son tan jóvenes, el Evangelio de la familia, o sea, que el hombre se una a una mujer, que sea fiel y viva con ella indisolublemente hasta que la muerte los separe. (En los casos donde hay problemas graves se puede llegar a la separación de techo y lecho, pero para un cristiano, para alguien que cree en el Evangelio, una unión posterior es inadmisible).

Es necesario tener religiosas que sean verdaderas esposas de Jesús, no "viudas de Cristo", es decir mujeres que tengan lleno su corazón de amor al único Señor que merece ser servido, que es Dios, con un corazón virgen, con un corazón indiviso, totalmente para el Señor.

Es necesario, y debemos rezar todos para que ello sea posible, formar sacerdotes convencidos de la verdad que enseñan, formar sacerdotes dispuestos a proclamar la verdad de Cristo con toda su integridad, les guste o no les guste a los hombres, porque la verdad no es cuestión de gusto. Necesitamos hombres de Dios, hombres que crean en la resurrección, hombres que, por tanto, no tengan miedo a nada ni a nadie, hombres que crean en el poder de la Pascua, que crean en la fuerza y en el poder del Espíritu, que crean que no hay poder sobre la tierra que sea más grande, que pueda superar, ni siquiera se pueda equiparar, al poder infinito que tiene Jesucristo, Rey de reyes y Señor de señores, vencedor invicto del mal y de la muerte. Sacerdotes que no sean como el hombre **light**, que parece nuevo porque es vacío, sino que sean en realidad "nuevos" porque son una manifestación del Pleroma de Cristo, porque participan "a full" del misterio Pascual del Señor. Por eso, no es el pedido de Cristo que seamos hombres **light**. La propuesta es que vivamos como **resucitados**, es decir, que vivamos *a full*, según nuestra naturaleza humana elevada por el Bautismo a la dignidad, a la adopción de hijos de Dios.

Tomemos conciencia, entonces, queridos jóvenes, que no son las modas efímeras las que darán consistencia y felicidad a nuestras vidas, que pasan y que duran ¿cuánto?, ¡cuántas modas hemos visto nosotros pasar! ¿Recuerdan uds.? Lo que verdaderamente dará consistencia a nuestras vidas es la seguridad de que Cristo es el que murió y resucitó por nosotros para salvarnos de nuestros pecados y llevarnos a la vida eterna del Cielo. Lo que sigue permaneciendo siempre, firme, y seguirá permaneciendo firme hasta el fin de los tiempos es la Verdad de Jesús, el mismo ayer, hoy y mañana. El único que tiene palabras de Vida Eterna, el único que enseña al hombre de este final de milenio, desorientado, cuál es la Verdad, cuál es el Camino, cuál es la Vida.

Pidamos a nuestra Madre, la Santísima Virgen, la gracia de poder nosotros dar testimonio de ese **Hombre Nuevo**, de ese hombre resucitado, para ser apóstoles de Jesucristo, y entonces sepamos dar a nuestros hermanos aquello más importante que le podemos dar, que es el sentido de la vida, que es el camino que lleva a la Vida Eterna, que es vivir en plenitud como hijos de Dios.

2.

EL ABORTO

"No se puede suprimir la vida.
No se puede rechazar la vida, don de Dios.
Y yo, como Vicario de Aquél que es la vida del mundo,
elevo mi humilde voz en defensa de quien no ha tenido
ni jamás tendrá voz.
No se puede suprimir la vida en el seno de la madre".
(Homilía en Aquila, Italia, 30-08-1980).

En Caná de Galilea la Virgen nos dejó como testamento las siguientes palabras: *Haced lo que Él os diga (Jn 2,5)*. Es el mensaje de María, la Virgen-Madre, tan fecunda que es la "Madre de Dios".

¿Qué nos dice Dios? *No matarás... (Ex 20,13)*.

El mundo de hoy, en general, no hace lo que Dios dice. Es enemigo de la vida. Es enemigo de Dios. Y con miles de falacias y mentiras pretenden hacer una ley de su enemistad con la vida. Muchos pretenden legalizar el aborto.

Las falsas razones

Veremos algunas pseudo-razones que invocan los abortistas:

*1. El caso de una joven indefensa **violada** por un desconocido*

119

El embarazo por violación es sumamente raro. En Saint Paul (Minneapolis) durante 10 años hubo 3500 casos de violación; 0 de embarazos.

Por otra parte, no es fácil probar que el embarazo sea precisamente fruto de una violación. La mujer abandonada por su amante lo puede acusar de este crimen con cierta facilidad.

En realidad el motivo alegado no suele ser más que un pretexto para abrir las puertas al aborto permisivo por cualquier otra razón.

No se puede "tolerar" legalmente el homicidio de un inocente. El trauma que su madre sufriría por el aborto sería más grave que la misma violación. Lo pasado no se puede remediar, pero sí prevenir el futuro.

¡Qué lógica tan errónea la que permite sentenciar a muerte al inocente como castigo por el crimen!

*2. Hay casos en que se debe realizar **"por razones de salud mental"***.

Después que hubo un gran declive en el número de los abortos "terapéuticos" (el hospital de la Universidad de Cincinnati no hizo ni uno solo en 15 años), se buscó justificar todo tipo de abortos con el asunto de la "salud mental". Podemos afirmar con toda seguridad, que ningún tipo de enfermedad mental conocido puede curarse con el aborto a petición.

En lugar de destruir a una persona, lo mejor es tratar de emplear los modernos métodos terapéuticos.

*3. ¿Y las que **amenazan suicidarse**?*

En Minnesota, en 15 años, de 93.000 nacimientos de niños vivos, sólo cuatro mujeres se suicidaron mientras estaban embarazadas. El feto en el útero es un "mecanismo protectivo". Ninguna de estas mujeres había recibido tratamiento psiquiátrico.

Podemos, sí, afirmar que normalmente se producen daños mentales en las mujeres que abortan: como culpabilidades insolubles, continuos autorreproches y depresión. Es más fácil sacar al niño del útero de la madre que sacarlo de su cabeza.

Se puede, de todas maneras, afirmar que a veces se da esta tentación en los primeros meses del embarazo no deseado; pero es muy distinto lo que siente en los tres últimos. Si se les hubiese facilitado el aborto a las madres que no deseaban el embarazo en los tres primeros meses, por lo menos **una tercera parte** de ustedes no estarían viviendo.

4. La mujer tiene **derecho a hacer lo que quiera con su** *propio cuerpo.*

El derecho del niño a la vida es mayor y sobrepasa cualquier derecho que pueda tener una mujer sobre su propio cuerpo.

El óvulo fecundado o el embrión que se está desarrollando dentro del útero materno, no puede considerarse parte de su cuerpo. Tiene un código genético totalmente diferente a las células del cuerpo de la madre. Es el cuerpo de otra persona, la del hijo que lleva en sí.

Además, cualquier tipo de aborto, en cualquier etapa del embarazo, es por lo menos dos veces más arriesgado para la vida de la madre que el mismo parto.

La lista de trastornos de las mujeres que abortan es de:

9 % esterilidad.

14 % abortos espontáneos habituales.

40 % embarazos extrauterinos.

17 % irregularidades en la menstruación.

20 a 30 % dolores abdominales, mareos, cefaleas, etc.

5. Otros dicen que se trata de **reivindicar los derechos y la** **dignidad de la mujer**

Es notable. Son los que siempre hablan del "feto". ¿Y si es una "feta"? ¿Si en vez de ser un niño es una niña? ¿Adónde van a parar los derechos de esa mujercita?

6. *Otros abortistas dicen: legalizándolo* **se reduciría el número de abortos clandestinos.**

Legalizar el aborto, no reduce, no ha reducido, ni reducirá el número de los abortos clandestinos.

No lo ha hecho –estadísticas en la mano– ni en Suecia, ni en Japón, ni en Alemania, ni en Suiza, ni en Rusia, ni en Inglaterra, ni en EE.UU. Ni en ningún país. ¿Razones? Pueden ser varias:

– El esposo quiere el hijo, la esposa no...

– Mujer que queda embarazada de otro hombre que no es su marido

– Hija soltera... suscita escándalo

– Pobre... abandonada del marido... hospital con larga lista de espera

Aunque se facilite el aborto "legal" siempre habrá un gran número de mujeres que buscarán la clandestinidad. Siempre estará el miedo a ser descubierta. El "legal" nunca respetará la intimidad del individuo.

¡No pueden ponerse puertas al campo! (es imposible poner límites a lo que no los admite). Legalizado el aborto tiende a extenderse. No se asesina sólo a los niños. Se mata la conciencia que nos grita "no matarás". Porque más grave que la mentira del inocente es la muerte de la conciencia del culpable.

7. Control de la natalidad.

"Cuantos más habitantes seamos, más hambre habrá en el mundo. Si el número de personas disminuye, podremos aprovechar mejor los alimentos".

Fue uno de los principales argumentos esgrimidos en la Conferencia de El Cairo, basada en la errónea teoría maltusiana (la población mundial aumenta de modo geométrico y los recursos de modo matemático, por lo que éstos son cada vez más insuficientes). Falso, pues los recursos mundiales sobran de por sí, a lo que se suma el enorme adelanto científico de las últimas décadas, que permite aprovechar al máximo todo lo que se produce en los sectores agrícolas, ganaderos, petroleros, etc. Es decir, el alimento sobra para la población mundial actual y para la futura, por cientos de años más. Si no llega a todos es por el orgullo y la avaricia de las naciones opulentas. No hay por qué disminuir el número de comensales, sino multiplicar el pan en las mesas.

8. Disminución o eliminación de la pobreza: también se usó como argumento en El Cairo.

Falso: disminuir la población para eliminar la pobreza es un contrasentido, pues es una verdad de perogrullo que una nación puede aprovechar mejor sus recursos naturales cuando su población es numerosa. Sucede lo contrario cuando la población disminuye. Es decir, la pobreza aumenta en vez de disminuir, con pocos habitantes.

Pero en el absurdo de admitir este argumento, es decir, eliminar a un ser humano porque no alcanza el dinero, ¿por qué no empezamos por eliminar a los más grandecitos, por ejemplo, los de doce años o más, que "gastan" mucho más que un bebé?

Esto se vuelve más ridículo cuando el que admite este argumento es una persona, una familia o un país con poder económico. Para eliminar la pobreza, en vez de redistribuir las riquezas, se quiere eliminar la vida de los pobres.

9. Enfermedad grave de la mujer embarazada al momento del parto o antes.

"Cuando la mujer presenta una enfermedad que amenaza su vida y está embarazada, se debe abortar, porque es preferible salvar la vida de la madre, aunque deba sacrificarse el hijo".

Falso: los casos médicos en donde el niño pone en riesgo la vida de la madre son escasísimos o nulos. En consecuencia, no bastan de ningún modo para legalizar el aborto. Nada justifica un asesinato; menos el de un niño inocente. En esos casos, debe continuarse con la evolución normal del embarazo y del parto, sin atentar contra la vida del niño. Por otra parte, desde el punto de vista médico, la muerte del niño no mejora en nada el pronóstico de la mujer. El pronóstico depende de la enfermedad que presente y no de la presencia o ausencia del niño en su útero.

✠   ✠   ✠

A todo esto añádase la seria responsabilidad que tienen todos los que proponen como alternativa diversos anticonceptivos artificiales, que pueden tener terribles consecuencias tanto para la mujer como para el niño, en caso de no resultar. De hecho, no son infalibles.

Algunos datos que te pueden servir.

Los anticonceptivos tienen varios "puntos de impacto", a veces distintos para cada anticonceptivo, a veces, operantes en cadena sucesiva: de fallar un efecto, se sigue el otro, y así sucesivamente. Intervienen en todos los pasos del proceso de la fecundación: desde el ingreso del espermatozoide (espermaticidas) y la ovulación (anovulatorios), hasta la implantación del huevo en el útero (DIU, RU 486)[44]. Todos los que actúan en estos dos últimos pasos se caracterizan por provocar la eliminación y muerte del producto de la gestación, es decir, de esa

---

[44] Según la *Revista New England Journal of Medicine* (n° 328, pp. 1509/13 de 1993), la eficacia de la píldora RU 486 para la **"terminación del embarazo y la expulsión del fruto de la concepción"** (sic), –fría terminología científica que no describe el cruel asesinato de un ser humano, es decir, el aborto–, **es asombrosa** –y lamentablemente– **alta: un 96,9% de "éxito"**.

persona humana ya formada. Por este motivo es que deben ser llamados **abortivos**.

Aunque en la actualidad existe la tendencia en la prensa (e incluso en la literatura médica) a presentar a los anticonceptivos como prácticamente inocuos para la mujer, la verdad es que si bien pueden existir algunos que ejerzan menos nocividad, *todos* son nocivos, en mayor o menor medida. Algunos de sus efectos son: esterilidad, cardiopatías, embarazos extrauterinos, várices, enfermedad inflamatoria de la pelvis, de la trompa, de los ovarios, cáncer de mama, cáncer de endometrio, cáncer de ovarios, etc...

Hay que jugarse por la vida

Los antinatalistas y, específicamente, los abortistas están en contra de la vida, en contra de la familia, la ética matrimonial y la paz social.

Con frase imperecedera dijo la Madre Teresa de Calcuta: "*Si una madre puede matar a su propio hijo en su propio cuerpo, ¿qué razón hay para que no nos matemos unos a otros?*".

Y Juan Pablo II: "*Si se concede derecho de ciudadanía al asesino del hombre cuando todavía está en el seno de la madre, entonces, por eso mismo, se nos pone en el resbaladero de incalculables consecuencias de naturaleza moral...¿lograremos defender después el derecho del hombre a la vida en todas las demás situaciones?*[45].

El aborto se ampara, se apoya en la carencia de comprensión del valor de la vida humana, de la dignidad del hombre; se apoya en la primacía que algunos dan a la técnica sobre la ética, a las cosas sobre la persona, a la materia sobre el espíritu.

Por ejemplo, el señor presidente de los EE.UU., Bill Clinton, se caracteriza por su posición favorable al aborto: permitió la comercialización de la droga abortiva francesa RU 486, prohibió

---

[45] *Alocución dominical en la Plaza San Pedro, ante 50.000 fieles, 05-04-1981,* OR 12-04-1981.

el asesoramiento en clínicas abortivas, permitió la continuación de investigaciones en tejidos fetales usados luego para su comercialización[46]. La Madre Teresa le dijo: "Por favor, no maten al niño; nosotros nos ocuparemos de él. ...Por favor, dadme a vuestros niños. Con mucho gusto acepto todos los niños que morirían a causa del aborto".

Un verdadero canto a la vida es el caso de Gianna Jessen. Tiene sólo catorce años. Fue abortada por su madre cuando cumplía entre 24 y 30 semanas de embarazo; pero sobrevivió. Cuando estaba en el vientre materno, Gianna tragó la solución salina inyectada en el útero. Por regla general, la solución mata al poco tiempo. A ella sólo le provocó Parálisis cerebral. Se salvó cuando una empleada de la clínica la colocó en una incubadora. Más tarde fue adoptada. Gianna también tiene espina bífida. Los médicos creían que nunca caminaría, sin embargo camina, y además canta muy bien. Gianna dio su testimonio en el Congreso de Vida Humana Internacional, una organización católica que lucha en contra del aborto.

Debemos jugarnos por la vida. Como Juana Beretta Molla, que prefirió perder la propia vida, antes que destruir la del hijo que llevaba en sus entrañas. Murió como madre fecunda, como ejemplo de amor a la vida y de amor al Amor. Amemos la vida.

¡Luchemos para que no se extienda esta peste!

Detrás de la mentalidad contraceptiva y antinatalista, tanto natural como sobrenatural, hay una lógica y una raíz: **la lógica de la antivida** y **la raíz del rechazo de Dios como Dios**[47].

---

[46] *Diario UNO*, Mendoza, 14-08-1993.
[47] JUAN PABLO II, *Discurso*, 14-03-1988

3.

MUERTE DULCE
LOS MAESTROS DE LA ANESTESIA

> *"Una legislación que contradiga algunas*
> *verdades morales esenciales respecto del don supremo de la vida*
> *abre el camino a formas nuevas de totalitarismo que,*
> *por la negación de la verdad trascendente,*
> *destruyen la auténtica dignidad".*
> *(Discurso a los Obispos de Canadá en la visita ad Limina, 19/11/1993)*

El homicidio y el suicidio son tan viejos como la existencia del hombre. Desde la primera sangre humana derramada injustamente sobre la tierra, la de Abel[48], hasta hoy, pasando por todas las guerras que ha habido, sobre todo las Mundiales que llaman más la atención. Parecería que ha sido violado el 5º mandamiento alguna vez...

Muchas ideologías cultivadoras de la muerte han contribuido en el plano teórico, intentando proporcionar apoyo y sustento "filosófico" a la práctica de la muerte del hombre a manos del hombre. Y pienso en Hegel, Marx, Nietzsche, Heidegger, Sartre, etc...

Tampoco la medicina, en parte, ha quedado sin ser manoseada por la mentalidad antivida.

---

[48] *Gen* 4,8

Se repite en pleno siglo XXI lo que pasaba en Esparta hace más de 2500 años. Nuestra sociedad al igual que la espartana exige productos bien terminados, perfectos, comprobados y que tengan garantía por más de 100 años. Si los controles de calidad señalan un niño defectuoso, se lo rechaza y se lo devuelve, con una etiqueta original... **aborto**, y si han andado algo de tiempo y no son "cero kilómetro", llevarán otro rótulo... **eutanasia**... Son los que pertenencen al tristísimo grupo de los *destinados a morir dulcemente.*

¿Por qué? Porque ya no tienen sentido, porque no sirven.

¿Quién dice que no sirven? ¿Lo dicen ellos? *NO.* Lo dicen los otros.

Que se maten los otros. Los grandes médicos que practican la eutanasia a los demás. Los "superbochos" de la psicología que la patrocinan y defienden abiertamente. Los filósofos de la muerte. Los grandes legisladores que... legislan para el propio bien y en contra del de los demás.

Son los que se sienten dominadores del mundo; los que creen que nunca serán viejos y que están exentos de las leyes de la naturaleza. No saben del "efecto boomerang": *Vuelve la espada a su sitio, porque todos los que empuñen la espada, a espada perecerán (Mt 26,52).*

Son aquellos seres humanos en cuya mentalidad la vida sólo es leída en clave de mercado; aquellos cuyos códigos de lectura se limitan sólo a dos aspectos: utilidad o inutilidad. Son los seres humanos que entienden la vida como un producto más de la sociedad de consumo, de tal modo que su valor es exactamente correlativo a su utilidad productiva.

Son los que escriben y filosofan sobre el gran bien que significa para la sociedad la muerte de los viejos "inútiles", sentados muy cómodos en sus confortables escritorios frente a su magnífica PC.

La deformación de las conciencias

Para llevar a cabo sus propósitos se hace indispensable una buena campaña de concientización de la sociedad. Se trata de crear la sensación de que en el mundo hay cada vez más demanda social y se recurre a cifras redondeadas difíciles de controlar; por otro lado se lanzan en la opinión pública casos de gente que declaran haber ayudado a morir a varias personas para liberarlas de una vida ya sin valor. La cosa, más allá de los argumentos, es hacer de la idea de eutanasia algo "normal" y corriente... La cosa es que quede flotando en el ambiente. Nos referimos aquí tanto a la eutanasia como a la "muerte sin dolor".

Lo que se ve en la sociedad, es que el juicio que la gente tenía hace tiempo sobre el aborto, divorcio, y la misma eutanasia, va disminuyendo en su vigor, va debilitándose. Antes era un NO rotundo, luego se incorpora el "tal vez", luego el "depende". Así pasó en Argentina con la ley de divorcio, que empezó por el *no* y terminó con un *sí*. Me hace recordar a un *grafitti*, que decía: "Antes, la homosexualidad estaba prohibida; ahora está permitida... Me voy antes de que sea obligatoria".

No seas ingenuo. No te dejes engañar.

"Eutanasia" viene del griego. Quiere decir "buena muerte". Otro término, por tanto, cuyo contenido ha sido intencionalmente tergiversado. Buena muerte es la del que muere en gracia de Dios, es decir, la de aquel que cuando le llegue la hora ha trabado durante su existencia terrena una fuerte amistad con Dios, que lo llenará de gozo eternamente. Lo otro no es buena muerte. Si te cortan la cabeza mientras estás duermiendo, difícilmente te des cuenta... Pero, ¿estarás preparado?

Sin embargo, la mentalidad de la antivida buscará por todos los medios posibles crear la conciencia de que son héroes los que en realidad no lo son, de que es blanco lo que siempre fue negro y de que está bien lo que los "cavernícolas" y "medievales" retrógrados dijeron siempre que estaba mal.

La necesidad de la trascendencia

La vida temporal sólo se comprende en plenitud si se la comprende en relación con la eternidad. Si no, todo es un vacío, una imbécil ilusión y el hombre mismo se convierte en algo completamente sin sentido, como decía Sartre, en *una pasión inútil.*

Cuando no hay una idea de trascendencia, la idea de que uno va a ser juzgado algun día, que habrá premios y castigos, salvados y condenados, entonces es lógico que aparezca la pregunta: ¿para qué prolongar una vida dolorosa o angustiante, etc.?

Bastaría observar la ley natural, el instinto de conservación que tiene el hombre. Sólo basta con prestar atención, por ejemplo, a un hombre que toque un hierro caliente con la mano; rápidamente los demás miembros del cuerpo acuden en su ayuda... Su fin: la conservación.

Hay varios matices que debemos tener en cuenta para una consideración correcta de la eutanasia. Por ejemplo, se la llama *eugénica,* cuando por falsas razones sociales, económicas, etc., se pretende liberar a la sociedad de los enfermos crónicos, discapacitados, minusválidos, que consumen sin producir y que, en consecuencia, son una carga insoportable para la sociedad. Cuando la intención es aliviar el dolor, se la llama ¡*piadosa*!: es el homicidio por piedad... ¿Entiendes? Yo tampoco.

Hay otra división interesante: la eutanasia es *voluntaria* cuando la solicita el paciente, de palabra o por escrito a través de un testamento; *involuntaria* es la que se aplica a los pacientes sin su consentimiento, o con una información imprecisa, borrosa o ambigua. Fue el método de Hitler para eliminar del país a los discapacitados.

Las excusas

Los propagandistas de la muerte inventan muchas excusas. Se habla de situaciones en las que se han agotado todos los medios ordinarios y extraordinarios. De una breve supervivencia pronosticada por menos de un mes. De un estado general sumamente grave en el cual ya el sujeto no puede cuidarse a sí mismo, no puede atender a nadie ni responder estímulos. Insuficiencia orgánica al menos en dos sistemas. De una comprobada y reiterada ineficacia de los tratamientos, falta de tratamientos alternativos, complicación irreversible, etc. Podríamos seguir. No vale la pena. No merecen otro renglón. Se trata de un claro intento de atropello al dominio de Dios sobre la vida humana.

El sentido del dolor y de la muerte

Todos los hombres pasamos por la experiencia del dolor físico o moral durante la vida, en mayor o menor grado. Todos vamos a morir alguna vez. Pero el dolor y la muerte no tienen una explicación integral y completa, sino a la luz de la fe y de la trascendencia.

Es verdad que son consecuencias del pecado original: *por un solo hombre entró el pecado en el mundo, y por el pecado la muerte* (Ro 5,12). Es una verdad mayor que han sido asumidos por Cristo: Jesucristo, Dios al hacerse hombre, ha querido sufrir y ha querido morir. Sufrió en la cruz todos nuestros sufrimientos. Murió todas nuestras muertes.

Eso significa que, desde que Dios murió en Jesucristo, desde que Dios hecho hombre sufrió como los hombres, el sufrimiento humano y la misma muerte han adquirido una dimensión divina. También en nuestro sufrir y en nuestro morir debemos imitar a Dios.

Ante Dios los débiles, minusválidos y enfermos son los grandes amados, los preferidos. En cierta forma se entiende la actitud de nuestra naturaleza humana que rehuye del dolor y la muerte e intenta evitarlos a toda costa; es una reacción común y espontánea. Muchos se dejan llevar por el temor frente al dolor, perdiendo verdadero sentido del sufrimiento.

Una sociedad que ayuda a los enfermos a sobrellevar sus dolores, que ayuda a los débiles a continuar su arduo camino, una sociedad generosa que sabe atender a las necesidades de aquellos que ni pueden cuidar de sí mismos, es una sociedad que amando a su hermano, a quien ve, ama a Dios, a quien no ve[49]. Es una sociedad verdaderamente humana.

No tiene el hombre derecho a procurarse, ni a procurar para los demás, la muerte. Su existencia misma es el testigo insobornable de que su vocación originaria es la vida. El hombre es el ser llamado a la Vida.

La eutanasia es un crimen en todo el mundo, menos en Holanda. Ya en Noruega, Suiza, Dinamarca, etc. está atenuada la ley en el código penal. En Holanda la eutanasia y suicidio están socialmente aceptados.

Es una actitud cobarde ante el declinar de la vida temporal.

Ante el enfermo terminal tampoco cabe la actitud pasiva, un encogerse de hombros y esperar que sobrevenga la muerte. Hay que tomar una actitud activa, dinámica, humana, dirigida al paciente y a su entorno familiar.

No aceptar la vida como un don, aun en los casos más difíciles, es una rebelión contra Dios, que es Autor de la vida.

Debemos tomar conciencia del verdadero valor de la vida, para saber cómo "vivir" la propia muerte. No se deben negar a nadie, sea un niño, un deforme, un moribundo, los cuidados mínimos. Hacerlo es caer en la actitud cómoda de una sociedad cuyos negocios no le dejan tiempo para atender a los que no pueden servir en el mercado.

Los jóvenes tienen que descubrir el valor del sufrimiento y de la muerte del cristiano. Tienes que ser capaz de vivir la vida como un don y una vocación. La vida y todo lo que en ella ocurra. La

---

[49] Cf. *1Jn* 4,20.

vida y la muerte: somos responsables ante Dios. Ante Aquél que dijo de sí: *Yo soy el Camino, la Verdad y la Vida* (*Jn* 14,6).

4.

SIDA

"No se está lejos de la verdad si se afirma que,
paralelamente a la difusión del SIDA, se ha venido manifestando
una especie de inmunodeficiencia en el plano de los
valores existenciales, que no puede menos que reconocerse
como una verdadera patología del espíritu".
(Discurso a la IV Conferencia Internacional para la Pastoral
de Agentes Sanitarios, 15-11-198)

S.I.D.A.: *Síndrome de inmuno-deficiencia adquirida.*

–**Síndrome:** conjunto de signos y síntomas que conducen al diagnóstico de una enfermedad.

–**(de)Inmuno:** significa "defensa". Se refiere al sistema defensivo humano, constituido en parte por los glóbulos blancos sanguíneos.

–**Deficiencia:** disminución severa de la función. Llega a la absoluta incapacidad de reacción frente a los organismos patógenos.

–**Adquirida:** porque es una afección que viene de fuera, como algo extraño que se hace inherente de modo crónico al propio organismo.

El SIDA es una de las enfermedades más tristes y destructoras que acechan a nuestra época. Más grave que el SIDA, es lo que yo llamo el **SIDAM**. Es, ante todo, un problema moral.

S.I.D.A.M.: *Síndrome de inmuno-deficiencia adquirida* **moral.**

¿Qué es el SIDA?

Es una enfermedad producida por un virus, llamado V.I.H. (virus de la inmunodeficiencia humana).

Según algunos, los primeros casos se analizaron en Los Ángeles hacia 1981. Los pacientes eran homosexuales masculinos afectados por una seria infección pulmonar y por un cáncer llamado sarcoma de Kaposi. Pero la característica más llamativa era que presentaban una anulación funcional total del sistema defensivo, además de su destrucción anatómica. Como era improbable que el cuadro fuera producido por bacterias, hongos y parásitos conocidos hasta entonces, la búsqueda del agente etiológico se orientó hacia los virus. En 1983, los científicos del Instituto Pasteur de París lo descubrieron, y le dieron el nombre de L.A.V. (linfoadenopatía asociada a virus). En 1984 y en 1985, se descubren en EE.UU. y en Africa dos virus semejantes, productores de SIDA, al que le llaman LTVH-III (leucemia por células T por virus humano), y LAV-II.

Pertenece a la familia de los retrovirus, llamados así porque su código propio de proteínas virales (ácido ribonucleico-ARN), puede transformarse en el código proteico de las células humanas (ácido desoxirribonucleico, ADN), por medio de la transcriptasa inversa. Una vez transformado en ADN, se une al ADN de la célula huésped, altera su información, y termina por destruirla. Luego se reproduce y finalmente abandona la célula para dirigirse, tanto el virus original como sus copias, a otras células, donde realizará el mismo proceso. Se trata de algo así como una quinta columna, como si hubiera una fila del ejército enemigo militando entre las propias, dispuesta a traicionar en cualquier momento.

La peligrosidad del virus radica en su afinidad especial con las células defensivas humanas. Una vez ingresado en el organismo, es detectado por estas células –linfocitos T4 o células de ayuda, encargadas a su vez de estimular la producción de glóbulos blancos– y es absorbido. Pero el virus –como hemos visto–, al infectar la célula, la anula funcionalmente. Así el organismo en su totalidad queda sin defensas (inmuno-deficiencia) frente a cualquier microorganismo patógeno (nuevos virus, bacterias, hongos, parásitos). Se sitúa en todos los líquidos corporales, pero sólo alcanza concentraciones capaces de infectar en la sangre, en el semen, y, en menor medida, en la leche materna y en las secreciones vaginales (de allí las formas de contagio).

El proceso de avance de la enfermedad puede estudiarse en distintas etapas[50]:

a) *Fase precoz o aguda.* Tiene una duración de semanas. El individuo posee el virus en su organismo; pero no presenta síntomas. Sin embargo, puede contagiar. Se llama "Período asintomático".

b) *Fase intermedia o crónica.* Dura meses o años. El individuo comienza con los primeros síntomas. También puede contagiar, pues el virus se multiplica a alta velocidad. Se llama "Período del Complejo Relacionado al Sida" (CRS). Entre los síntomas más conocidos podemos enumerar la pérdida de peso –superior al 10% del peso corporal–; la fiebre de origen desconocido; una diarrea persistente por más de treinta días (intermitente o constante); una severa y constante fatiga.

c) *Fase final o de crisis.* La duración es variable; pero, como es incurable, una vez aparecida esta fase, el pronóstico es irreversible: la persona fallece en semanas, meses o años. Presenta toda la sintomatología correspondiente a las diversas enfermedades que comprende el SIDA (neumonías, cáncer, micosis sistémicas, infecciones gastrointestinales, trastornos del sistema nervioso central que pueden conducir a la demencia, etc).

---

[50] Cf. DR. JOSEP M. GATELL ARTIGAS Y COLABORADORES, *Guía práctica del SIDA, Clínica, diagnóstico y tratamiento*; Ed. Científicas y técnicas, S.A., Masson-Salvat Medicina, cap. 3, p. 16, 1992.

Hemos dicho que desde el primer momento la enfermedad es altamente contagiosa. Los mecanismos de contagio se reducen a tres[51]:

1)Transmisión parenteral:

–Drogadicción, por vía endovenosa;
–Transfusión de sangre y/o derivados;
–Transplante de órganos o tejidos;
–Exposición cutáneo-mucosa y/o parenteral accidental.

2)Transmisión sexual:

–Relaciones homosexuales;
–Relaciones heterosexuales.

3)Transmisión vertical:

–Hijo de madre infectada;
–Infección intrauterina;
–Infección durante el parto;
–Infección durante la lactancia.

Pero *no* se transmite por:

–uso común de aparatos telefónicos, de sanitarios o higiénicos (aunque SI se transmite por usar en común hojas de afeitar, cepillos de dientes, navajas, tijeras u otros objetos punzantes);

–tos, estornudos, saliva;

–alimentos, agua, mate con bombilla;

–manifestaciones de afectos: besos, abrazos, caricias;

–compartir habitaciones, medios de transporte, piscinas, toallas, ropas;

–relaciones familiares, escolares, laborales o deportivas;

–insectos, animales (gatos, perros, aves, etc.).

Aunque se han dado múltiples estadísticas y el número de infectados va en constante aumento, como para darnos una idea podemos decir que entre 1981 y 1988 se informaron a nivel

---

[51] *Ibidem,* cap. 2.

mundial 119.818 casos de enfermos. En 1991, los notificados fueron 500.000 (pero como hay casos sin registrar, se estima que el número real es de 1.200.000 enfermos). El número de portadores asintomáticos es mucho más alarmante: Se calcula que es de 50 a 100 veces el número de enfermos, lo que elevaría a un total de 60 a 120 millones el número de portadores asintomáticos[52]. Es decir, uno de cada 80-90 individuos es portador. Y recordemos que el portador es también un transmisor.

Esta plaga se encuentra distribuida en todos los continentes del mundo:

–En el continente americano, E.E.U.U. es el país más afectado, con el 60% de los casos totales; siguen Brasil, México, Canadá, Haití, Argentina y Venezuela.

–En Europa occidental, está en todos los países. Francia en primer lugar, luego Italia, España y Alemania.

–En los continentes africano y asiático, la enfermedad se difunde a gran velocidad (se supone que el VIH es una mutación del virus del mono verde, un mono doméstico africano que se usa en algunas comidas. Probablemente haya pasado al hombre en el proceso de faenamiento).

✠   ✠   ✠

Hasta aquí, lo que podríamos llamar "aspectos técnicos" del SIDA. Pero no queremos detenernos más en ellos porque no son, ni de lejos, lo más importante.

Hemos hablado de SIDA**M**. La gravedad del SIDA está, sobre todo, en la denuncia que significa. ¿Por qué?

Porque el SIDA es, en última instancia, la denuncia que hace la naturaleza misma de los abusos a los que la somete el capricho

---

[52] Folletos "*Nueva Cristiandad*" (Institución Social Católica). "*Léame, yo soy el SIDA*", "*El SIDA y los preservativos*".

de los hombres. Fíjense, queridos jóvenes en cualquiera de los libros que imparcialmente hablan sobre el tema. Se encontrarán de inmediato con que los comportamientos que favorecen su difusión son, entre otros, la prostitución[53], la promiscuidad sexual, la homosexualidad, la infidelidad conyugal, la drogadicción, el uso del preservativo... Se trata de comportamientos amparados como "normales" en una sociedad cuyos valores supremos están regulados por criterios hedonistas y la relativización del bien moral.

Es notable. Hay personas que proponen el preservativo como "terapia". Es algo realmente ridículo. Muchas veces hemos tenido oportunidad de leer *grafittis* con la inscripción: "SIDA. Por amor, usa preservativo". Es increíble. Tan increíble como si un enamorado dijera a su amada: "Nos están atacando. Por amor, juguemos a la ruleta rusa". Y esto ciertamente es así, porque el preservativo contribuye a difundir el SIDA por dos motivos:

– su absoluta ineficacia para impedir la infección (el paso del virus a través de los poros del látex es de una enorme probabilidad, ya que el virus mide 0,1 micrones y el poro 0,09 micrones. Incluso se ha comprobado el paso de espermatozoides, de tamaño treinta veces mayor).

– el porcentaje de fallas en el uso de los preservativos es muy alto, del orden del 40 al 50% (es decir, falla uno de cada dos o tres).

Pero, contra esto último, supongamos por un momento que se inventase *un preservativo ultra-seguro* (algo absolutamente improbable en la práctica) que efectivamente no dejase pasar ni un solo virus: éste sería el peor de todos, porque daría una falsa

---

[53] Una joven que ejercía la prostitución en una provincia argentina se sintió enferma y cuando se hizo los estudios correspondientes pudo verificar que tenía SIDA. Luego contó que realizaba alrededor de 10 trabajos por noche. Imaginemos la cantidad de contagios que esto habrá provocado. Incluso los posibles casos de infidelidad, que luego se convierten en una fuente de muerte para los propios seres queridos.

sensación de seguridad. En vez de solucionar el problema, lo agravaría. Lo agravaría porque, en realidad, lo que haría no sería más que acentuar la adicción-genital.

Los que proponen la solución del preservativo son aquellos que no quieren destruir el mal en su origen, porque no quieren cambiar el modelo de vida y la inversión de valores que orientan su caminar por el mundo. E incluso a nivel técnico, es una falsa solución.

Por eso digo que más grave que la inmunodeficiencia física, es la inmunodeficiencia moral a la que está sometida gran parte de la humanidad en esta noche ética que parece haber caído sobre el mundo, en este eclipse de la conciencia moral.

El hombre no está hecho sólo para gozar. El sexo tiene la finalidad de transmitir la vida; pero usado de modo incorrecto, sometido a las decisiones caprichosas de seres humanos sin principios, se convierte en semilla de muerte. El SIDA es, por eso, una advertencia de la naturaleza. Si me tiro de un vigésimoctavo piso, en el aire me puedo arrepentir y Dios me perdonará; pero no me perdonará la naturaleza, porque tiene sus leyes y esas leyes no operan según mi decisión personal. Si hago un uso indebido del sexo, si no vivo como un verdadero ser humano la realidad de mi sexualidad, es decir, de modo **racional**, la naturaleza protestará a su manera y no me perdonará.

Por eso, queridos jóvenes, de nada valdrán las "vacunas de látex"; de nada valdrán las campañas que enseñan abstractamente cuáles son los modos de contagio y el modo en que opera el virus. Lo único que vale e importa es ir a la raíz del problema.

¿Cuál es la raíz del problema?

Que el hombre no fue hecho para el placer, sino para amar. Y para amar de verdad. La solución es, entonces, apostarlo todo al amor; y al amor verdadero.

La solución más eficaz al problema del SIDA la propuso Dios en el Monte Sinaí cuando mandó al ser humano: *¡No fornicar!*

5.

LOS RESENTIDOS

"A veces sucede que bajo el peso de un dolor agudo e insoportable
alguien se dirija a Dios con una queja,
acusándolo de injusticia;
pero la queja muere en los labios de quien contempla
al Crucificado que sufre «voluntaria e inocentemente».
¡No·se puede acusar a un Dios solidario con los sufrimientos humanos!".
(Mensaje para la II Jornada Mundial del Enfermo, 08–12–1993)

I.

Por así decirlo, en el alma, en el corazón hay cien ventanitas; uno puede tener noventa y nueve cerradas, pero si deja una abierta, por ella puede entrar humo y hacer que toda el alma, todo el corazón, se convierta en humo. Éste queda en tinieblas y oscuridad. Así no se puede ver por donde uno camina y se extravía, se pierde, no alcanza la meta. Una de esas ventanitas se llama **resentimiento**.

Hoy día es muy común encontrarse con personas **resentidas**.

II.

¿Quiénes son personas **resentidas**? Son las que muestran o tienen algún resentimiento o enfado, lo cual es una impresión desagradable y fastidiosa que causan en el ánimo distintas cosas. A veces, son los que se sienten maltratados por la sociedad o por la vida en general.

¿Qué es el **resentimiento**? Es la acción y el efecto de **resentirse**, o sea, de empezar a perder fuerzas; de ofenderse, tener enojo o pesar por una cosa.

III.

¿Cómo obra el **resentido**? A mi parecer son dos las principales características del actuar del resentido.

1ª característica. En vez de luchar para salir adelante, el resentido se debilita dejándose llevar por sus sentimientos desagradables, lo que aumenta su desagrado y su fastidio. Digamos que es muy proclive al disgusto, a la desazón, al tedio, al enfado... Es como si estuviese "envenenado" y es como si buscara envenenar a los demás con sus "depresiones y pesimismos".

Puede ser por muchas cosas:

–Porque no tiene la inteligencia que le gustaría tener;

–Por no tener la hermosura física, si es mujer; o fuerza física, si es varón.

–Por tener poco dinero...

–Por tener que estudiar...

–Por no conseguir trabajo o novio o cualquier otra cosa ...

IV.

2ª característica. ¿A quién le echa la culpa? La culpa siempre la tienen los otros, nunca él.

¿Quiénes son los otros?

* Pueden ser los padres: por ser pobres, o por no tener estudios, o por que no le dan lo que él cree que es su obligación darle, por estar separados...

* Pueden ser los amigos y compañeros: porque tienen "suerte" o éxito, porque tienen más dones o talentos, porque son mejores o más felices...

* Puede ser la sociedad en general: que no lo comprende, que lo maltrata al no darle posibilidades... Y entonces suelen ser los que dañan las señales de tránsito, rompen luces de alumbrado público, destrozan o arruinan estatuas y monumentos en las plazas, hacen vandalismo con teléfonos públicos, o en los sanitarios, en las escuelas... En fin, terminan siendo unos inadaptados.

𝒱.

¿Y en última instancia? En última instancia, *y esto es lo más grave, los resentidos le echan la culpa de lo que les pasa a Dios.*

Sus razonamientos serían estos:

Tuve un accidente por exceso de velocidad, ¡la culpa la tiene Dios!

No soy todo lo linda que tendría que ser, ¡la culpa la tiene Dios!

Mis padres se separaron y me abandonaron, ¡la culpa la tiene Dios!

No encuentro trabajo, ¡la culpa la tiene Dios!

Me va mal en los estudios, ¡la culpa la tiene Dios!

No tengo dinero, no encuentro novio, ¡la culpa la tiene Dios!

Soy infeliz y desgraciado, ¡la culpa la tiene Dios!

La sociedad me maltrata, ¡la culpa la tiene Dios!

Ahora bien, Dios *no quiere el mal, no causa el mal, no crea el mal, sólo lo permite –lo tolera– , y ello por dos razones: 1° porque respeta nuestra libertad, y 2° porque Él es capaz de sacar del mal grandes bienes.*

¿Quién apretaba el acelerador en el accidente? ¿Dios?

¿Quién decidió que tus padres se separaran? ¿Dios?

¿Quién tiene la culpa de que no estudies? ¿Dios?

¿Quién tiene la culpa de que por tu mal carácter no encuentres novio? ¿Dios?

¡No tienes fe en Dios, ni tienes esperanza en sus promesas, ni lo amas como corresponde y eres infeliz y desgraciado! ¿Quién tiene la culpa? ¿Dios?

La sociedad no te trata bien, pero ¿qué haces tu por la sociedad? ¿La culpa la tiene Dios?

VI.

No hay que dejarse llevar por el resentimiento. Por el contrario, debemos aprovechar todas las cosas que nos parecen son un mal.

– Tuviste un accidente y estás con vida: ¡da gracias a Dios por ello! No aceleres tanto en adelante, sé más prudente.

– ¿No tienes un rostro muy agraciado? No te preocupes, generalmente, las chicas que tienen cara de muñeca son huecas por dentro y, por el contrario, las no muy agraciadas son de un espíritu muy hermoso, que es lo que más vale, y finalmente, lo único que cuenta.

– Tus padres se separaron, a lo mejor porque se pusieron de novios desde muy chicos o porque se casaron sin conocerse bien o porque no pensaron si eran realmente el uno para el otro o porque Dios fue un convidado de piedra en la familia o.... Conoce bien a la que será la madre de tus hijos. Pide consejo a personas prudentes. Instruyete acerca de lo que es el matrimonio cristiano. No es lo que aparece por las telenovelas de color rosa. Muchas veces por no estar bien preparados se les pasa muy pronto la luna de miel; se les va la miel y les queda la luna. Reza desde ahora por tu futuro esposo o esposa, por tus futuros hijos, y Dios te bendecirá.

– Ponte a estudiar seriamente y deja de vivir en las nubes.

– Cambia el carácter avinagrado. Sé dócil al Espíritu Santo y vivirás uno de sus frutos: la alegría. Vive según la caridad cristiana y alcanzarás uno de sus efectos: la alegría. Y si eres auténticamente alegre, conseguirás un buen novio, porque la gente buscará tu compañía y podrás elegir bien.

– Cree en Dios, ten esperanza en sus promesas ¡nunca falla!, ámalo sobre todas las cosas y ya en este valle de lágrimas serás feliz.

– En vez de quejarte de los demás, pon el hombro. ¡Edifica! ¡Construye! ¡No te dejes llevar por tus "depresiones ni por tus pesimismos" ni por las de los demás!

147

6.

LA SOLEDAD

"El hombre no puede vivir sin amor.
Permanece para sí mismo un ser incomprensible,
su vida está privada de sentido si no se le revela el amor,
si no se encuentra con el amor, si no lo experimenta
y lo hace propio, si no participa en él vivamente.
Por esto, precisamente, Cristo Redentor
revela plenamente el hombre al mismo hombre".
(Redemptor Hominis, 10a)

Vivimos en un mundo de solos. Y es una de las tantas contradicciones que vemos en nuestros días. Porque mientras el mundo predica que la humanidad debe ser una gran familia, y hace alarde de buscar la paz y unión entre las naciones, al mismo tiempo, con sus slogans y principios no hace otra cosa que formar hombres solos, que viven su vida sin preocuparse de los demás, que buscan su propio interés, que no dialogan, que se encierran con siete llaves en el baúl de su egoísmo.

1 La soledad destruye al hombre. El hombre es por naturaleza un ser sociable, un ser que puede y debe comunicarse.

Tipos de soledad

Podemos observar diversas formas de soledad.

Está la soledad buscada libremente –salvo caso de enfermedad– por quienes no aguantan la compañía de los hombres. Es la conducta de quienes viven por debajo de la condición humana común. Esta es conducta de bestias[54].

Hay otra soledad, la de los ermitaños, libremente buscada para entregarse a las cosas de Dios; este hecho los eleva por encima de la condición humana común. Es una soledad especial. No se opone a la naturaleza del hombre, sino que la eleva; es *sobrenatural*. Pensemos, por ejemplo, en San Pablo ermitaño, San Antonio Abad, Santa Pelagia, San Simón estilita –llamado así porque vivía arriba de una columna–, San Benito en Subiaco, San Francisco de Asís en el Valle Santo, Don Orione en el Monte Sorate... Pero no todos están llamados a esta soledad.

Decía Aristóteles, hace 25 siglos, que "*quien se aparta del trato de los hombres o es un bruto o es un dios*", es decir, un hombre divino[55].

Hay otra soledad intermedia, que nos alcanza en tanto y en cuanto seamos deudores de la así llamada cultura moderna. Por ejemplo, el existencialismo que "encuentra lo absoluto únicamente en el núcleo más interno de la propia alma, únicamente en el más *desesperanzado aislamiento y retiro* del hombre... (se vive así) la acosante vivencia espiritual del desamparo..."[56]. Es el hombre encerrado en sí mismo, sin puntos de referencia externa que lo ayuden a trascender.

Esta soledad muchas veces trae como consecuencia otra forma de soledad, a la que con mayor extensión nos vamos a referir. Es la soledad *inmitigable* que produce la sociedad de consumo. La de aquellos, que vivan o no en compañía de otros, *deambulan con su encierro a cuestas* aunque se apretujen en un autobús o en una tribuna de fútbol[57]. Este tipo de solitario

---

[54] Cf. SANTO TOMÁS, *S. Th.*, 2-2, 188, 88, 5: "...*hoc est bestiale*...".
[55] *Idem*.
[56] OTTO FRIEDRICH BOLLNOW, *Filosofía de la esperanza*, Cía. Gral. Fabril Editora, Buenos Aires., 1962, pp. 22-23.
[57] En esto seguimos libremente la investigación de Jorge Palomar en su entrevista al profesor Héctor Fernández Álvarez, publicada en *La Nación* Revista, pp. 54–56.

puede ser un exitoso empresario, un deportista fenomenal, un político carismático o un adolescente que mira con añoranza la niñez dejada para empezar a observar con angustia el mundo de los adultos al que debe ingresar.

Quienes experimentan esta soledad intensa, suelen tener estas características más comunes:

– retraimiento,
– dificultad para iniciar nuevas relaciones de amistad,
– timidez,
– muy baja autoestima,
– creen que el éxito propio depende de los demás y que los fracasos son sólo suyos, lo que muy a menudo puede desembocar en una disfunción de la identidad.

Múltiples son los factores que empujan a algunos a esta soledad inmitigable. A veces el desempleo, la inseguridad económica o también psicológica, la violencia, el futuro incierto y el agobio que significa el vivir siempre al día, la falta de armonía que rodea a algunos, que los conduce a una actitud de repliegue; la carencia de verdaderas amistades, pues quienes han "fracasado" alguna vez en la amistad muchas veces se encierran en sí mismos y se hacen incapaces para nuevas amistades; la intolerancia hacia los demás, el no tener capacidad para sobrellevar los defectos del prójimo. Esto hace que algunos se aíslen de tal modo que lleguen al punto de odiar al género humano. Puede citarse el caso de uno de los profetas de la soledad del existencialismo (ese movimiento filosófico que citamos arriba), Jean Paul Sartre, que llega a decir que *el infierno son los otros*.

Pero, como ya dijimos, la soledad es algo totalmente contrario y opuesto a la naturaleza humana. Termina por destruir al hombre. Termina por llevarlo a la muerte porque engendra en él el tedio de la vida. Y no hay cosa más terrible que el no amar la vida. Por eso la soledad es un túnel que suele desembocar en los siguientes problemas que son diametralmente opuestos al amor a la vida:

Las adicciones: no sólo la drogadicción, el alcoholismo, sino toda clase de vicios, como pueden ser la violencia, la teleadicción –que manifiesta sintomáticamente la soledad que padece el hombre de hoy–, el sexo desenfrenado, etc.

Depresión: que muchas veces es verdadera desesperación y que puede terminar en el suicidio.

Suicidio: Basta mirar los hechos para tomar conciencia del incremento de este triste fenómeno en nuestros días, especialmente entre los jóvenes.

Desgraciadamente quienes se sienten más solos son los adolescentes. Tienen una tendencia muy grande a desarrollar expectativas ideales y eso los lleva a considerar la gran diferencia que hay entre lo que tienen y lo que desearían tener, entre lo que hacen y lo que desearían hacer. Además, hay una correlación muy alta entre la soledad que sufren los padres y la de los hijos. Por último, otro detonante es la falta de afecto que reciben de sus padres, de sus familias.

Paradójicamente, es en las grandes ciudades donde hay una enorme proporción de personas y, sobre todo jóvenes, que se sienten profundamente solas.

¿Cuál es la raíz última de toda soledad contraria a la naturaleza del hombre?

Es otra forma de soledad. Es la soledad más perniciosa y destructora. Es una soledad verdaderamente demoledora: cuando se apodera de un hombre, lo destroza sin piedad. Es la *soledad del ateo*.

Las demás maneras de soledad no son más que manifestaciones de esta soledad, al menos a nivel social.

El hombre necesita de otros para alcanzar su fin. De otros hombres para sus fines naturales: la propia educación, el desarrollo de su vida, la educación de sus hijos, etc. Pero para ser feliz, no puede prescindir de Dios mismo, que es la fuente de la felicidad y lo auxilia con la gracia.

El mundo actual ha roto con Dios. Ha querido poner al hombre como centro del universo. Ha querido edificar sociedades enormes prescindiendo del fundamento de todo: Dios. Tal cosa es imposible, y por ello, todo ha quedado sin centro: sin Dios porque el hombre lo quitó; sin el hombre, porque no puede reemplazar a Dios. Y, porque, sin Dios, el hombre no es hombre. De este modo, el mundo se ha sumergido en un caos. El hombre mismo, sin Dios, es un extraño en el universo. No tiene adónde ir; no puede explicar su propio origen; la existencia misma se le vuelve una tortura insoportable: ¿para qué los sufrimientos? ¿para qué los placeres y los gozos?

Hay un ateísmo teórico y hay un ateísmo práctico. El ateísmo teórico es el de aquellos que procuran la soledad de la humanidad negando con su inteligencia que Dios existe o que se lo pueda conocer; el ateísmo práctico es el de aquellos que, aún respondiendo afirmativamente a la pregunta que interroga sobre Dios, quieren realizar su proyecto de vida al margen de Dios, haciéndolo desaparecer del horizonte de su existencia personal. No son ateos; pero viven como ateos. Saben que Dios existe; pero aman el pecado. Por eso viven solos: no soportan la compañía de Dios ni de los buenos, porque esa compañía los acusa permanentemente.

Vemos en este fin de siglo toda una ola de inmoralidad y de pecado que se nos ha venido encima. En el mundo siempre hubo mal; pero nunca tanto que amenazara con ahogar el bien. Por esto mismo el Papa Juan Pablo II llamó a esta cultura "cultura de la muerte" o "cultura del pecado", cosas ambas que van juntas. Porque el pecado es la aversión a Dios, y eso es lo que ha hecho el hombre de hoy: ha vuelto sus espaldas al Creador, ha rechazado a Dios. Y es por este motivo por lo que padece profunda soledad. Porque, como dice el Papa, cuando el hombre peca, cuando da sus espaldas a Dios, se da en él una profunda ruptura, que son tres grados de descenso en la misma soledad.

1º **Ruptura con Dios:** en este sentido es un acto suicida, ya que se rompe con la fuente de la vida. Y de aquí se desprenden algunos de los efectos que ya vimos: depresión, desesperación; tristeza profunda; sentimiento trágico de la vida; pereza para realizar los fines de nuestra vida. Pereza que, paradójicamente, a veces se manifiesta como un hiperactivismo: aquella multitud de actividades secundarias que ahogan la vida de las personas y en las cuales quieren esconder su soledad; la hiperactividad de los que hacen muchas cosas olvidando la más importante: poner los medios necesarios para alcanzar el último fin y vivir la vida según su verdadero sentido. Mucho ruido y pocas nueces.

2º **Ruptura con los demás:** desgarrado de este modo, el hombre extiende necesariamente su ruptura hacia los otros hombres. De aquí otros efectos: incapacidad para la amistad; falta de solidaridad; y otro efecto característico de nuestra época: el egoísmo.

3º **Ruptura consigo mismo:** en este grado, que es el más profundo y penoso de la soledad, el hombre rompe consigo mismo; con su persona. Ya no tiene noción de lo que es mejor para él, sólo busca salir a cualquier precio del pozo en que se encuentra, aunque esto signifique quitarse la vida. En este punto, el hombre queda vacío. El rencor que siente hacia sí mismo alimenta su rencor contra Dios, y viceversa. Se trata de una actitud verdaderamente demoníaca. No por nada en el Evangelio se habla de un demonio "mudo": encerrado completamente en sí mismo, vivía en una soledad total que le impedía comunicarse. En este caso, como el hombre no puede vivir en absoluta soledad busca reemplazos; busca compañía en cosas que no pueden saciar su soledad. Y cuando fracasa, muchas veces busca acabar con su propia vida.

✠   ✠   ✠

¿Qué hay que hacer para no dejarse atrapar por esa soledad sin sentido?

Jesucristo. Él es Dios hecho hombre. Dios que se hizo uno de nosotros para acompañar nuestro peregrinar por esta tierra. Él redimió todos los pecados y males de los hombres; también redimió nuestras soledades...

La gran solución es, entonces, vivir en plenitud la vida cristiana. De manera especial, cumplir el primero y más esencial mandamiento: *Amarás al Señor tu Dios y al prójimo como a ti mismo*[58]. El cristiano auténtico nunca está solo. Siempre disfruta de la íntima compañía de Dios y del Señor Jesús: **Si alguno me ama, guardará mi palabra y mi Padre le amará, y vendremos a él, y haremos morada en él** (*Jn* 14,23). El cristiano eleva su mente y su corazón a Dios en la oración, varias veces al día, y por eso nunca se considera solo. Le dice a Jesús, una y otra vez: **¡Quédate con nosotros, Señor...!** (*Lc* 24,29).

El cristiano que vive el gran mandamiento de amar al prójimo, nunca estará solo, porque ve en el pobre, en el enfermo, en el necesitado al mismo Cristo y *"por la entrega sincera de sí mismo a los demás"*[59] alcanza la plenitud de sí mismo.

Y el Señor que prometió: **Yo estoy con vosotros todos los días hasta el fin del mundo** (*Mt* 28,20) se quedará con nosotros y será nuestro gran compañero de camino y amigo.

Por eso, con renovada confianza le decimos: **"¡Quédate con nosotros, Señor...!"**

---

[58] Cf. *Mt* 22,37-39.
[59] CONCILIO VATICANO II, *Constitución pastoral sobre la Iglesia en el mundo actual "Gaudium et spes"*, 24.

7.

SUICIDIO

"Cuando viene al mundo,
el hombre trae consigo el anuncio de su propia muerte.
Cierta corriente de la filosofía contemporánea
interpreta la existencia como una vida intrínsecamente orientada hacia la muerte.
Pero el hombre no puede realizarse en la muerte:
alcanza su realización sólo mediante una vida plena y definitiva".
(Homilía, 01–01–1995)

La muerte que normalmente es considerada "absurda" cuando se presenta como la interrupción repentina del despliegue de una vida llena de esperanzas, se ha convertido para muchos en una "liberación reivindicada". Se considera que la existencia carece ya de sentido por estar sumergida en el dolor e inexorablemente condenada a un sufrimiento posterior, más agudo, cuya previsión hace intolerable el momento presente.

Debemos valorar el don de la vida

El hombre moderno se ha proclamado rey de la vida y, paradójicamente, subiendo al trono del orgullo ha decretado la propia muerte.

¿Qué es la vida? Es un don. Es el don fundamental de la propia existencia. Podemos considerarla como correlativa a nuestro ser mismo. Nuestro ser es algo que hemos recibido; también nuestra vida. Es un don que procede, en última instancia, de la fuente de la vida; de Dios. Si el hombre fuese causa de la propia vida tendríamos la condición de inmortales. Pero la vida escapa a nuestro poder... Hay un ser superior que tiene esa perfección en grado máximo y que la participa a los demás: Dios.

Dice Chesterton que los hombres en general, suelen mostrarse muy agradecidos con aquél que les regala un par de zapatos; y, sin embargo, pasan indiferentes al don de poder ponérselos cada día. Ese don, la vida, es el regalo sin el cual los otros regalos no tienen asidero, pues nadie puede dar algo a la nada.

Ahora bien, mientras que a todas las especies de animales Dios les dio al crearlas la capacidad de "crecer y multiplicarse", la activación de esta capacidad en el hombre viene acompañada por una intervención especial de Dios: la creación de cada alma espiritual en el momento de la concepción. Ese nuevo ser, tiene una acogida amorosa en la familia que se halla, a su vez, insertada en una comunidad con derechos y deberes establecidos.

Por eso cuando un hombre hace uso de su vida tiene que dar cuenta de ella ante tres "tribunales":

1°. El personal: *la conciencia*, que puede oscurecerse por una voluntad desviada y las pasiones no dominadas; pero que siempre, de una u otra manera, nos da su parecer.

2°. El comunitario: *la justicia civil*, que siendo humana es imperfecta; pero no falla si se guía por la recta razón natural.

3°. Dios: *la justicia divina*, que dice: *Yo doy la muerte y doy la vida* (*Deut* 32,39).

El suicida, en consecuencia, es una persona que por múltiples motivos falla en su valoración del don de la existencia: ¡no sabe cuánto vale la vida! Una persona que quizá se ha conducido con una escala de valores que la ha engañado, que no le ha concedido lo que le prometía y que, por último, la ha llevado a la soledad, al cansancio y a la tristeza.

Testamento de un suicida

Un suicida escribió antes de matarse:

"Hace años que nada me emociona, me siento culpable desde hace mucho tiempo. Cuando estoy detrás del escenario se encienden las luces y el público grita enfervorizado; pero a mí no me afecta. El hecho es que ya no puedo engañar ni a ti, ni a mí, ni a nadie. No puedo mentirle a la gente simulando que me estoy divirtiendo en un cien por ciento. El peor crimen es fingir. A veces me parece que marco la tarjeta en el reloj de control cuando estoy por subir al escenario.

He perdido la alegría de vivir... Es mejor marcharse de golpe que morir día a día. Tengo necesidad de alejarme de esta realidad para recuperar el entusiasmo que tenía desde niño... Desde hace años el estómago me arde, tengo náuseas. Hace años que no pruebo más nada. He perdido todo el entusiasmo. Incluso mi música no es más sincera. Todos se han dado cuenta".

Se trata del conocido Kurt Cobain, del grupo punk "Nirvana". Del análisis de estas líneas, a la vez que podemos ver con claridad la gravedad del problema, podemos extraer los principios de solución.

En primer lugar, se lo presenta como *"la solución"* para los problemas: *"es mejor marcharse de golpe..."*.

Grave equivocación. Generalmente el joven que desea el suicidio, lo desea porque está cansado de la vida. ¿Pero es **vida** la vida que lleva? ¿No estará acaso cansado de andar por caminos equivocados? ¿No estará más bien cansado de sus errores —en última instancia, del pecado— que de la vida?

Los expertos dicen que muchas veces el suicida antes del acto fatal, envía un S.O.S. a las personas que lo rodean, al menos solapadamente. El hecho del suicidio consumado en muchas ocasiones responde a una indiferencia profunda al llamado de atención... Por eso debe haber alguien que sepa y quiera explicar al suicida que la vida es el bien más precioso que poseemos y que, por tanto, perderlo es el peor mal que se puede realizar. Y nunca un mal puede ser solución de ningún mal, ni del más insoportable. Si vemos alguna vez a una persona que intenta tirarse de una cornisa, deberemos esforzarnos seriamente en demostrarle que siempre e invariablemente la calle estará más dura que la vida.

✠   ✠   ✠

Elton John, célebre rockero inglés, explica así su recuperación de los dos intentos de suicidio:

"Un día conseguí pronunciar las dos palabras mágicas: «necesito ayuda»".

Fue entonces cuando le dieron un remedio efectivo:

"Hacer las cosas por uno mismo es la mejor terapia. Pasar la aspiradora, lavar, planchar, todo eso resultó una experiencia fascinante que me permitió poner los pies en la tierra".

Ante el aislamiento interior del sujeto, lo mejor es el trabajo. Pero ese trabajo debe elevarlo a un fin superior porque de lo contrario sucede lo que decía Cobain: "*a veces me parece que marco la tarjeta en el reloj de control*".

Para Elton John:

"el detonante fue el caso de Ryan White, un adolescente que contrajo el SIDA por una transfusión. A Ryan no le dejaron ir más al colegio y le pusieron una bomba en la casa. Me acerqué a él y su familia y los ayudé a mudarse de ciudad porque la gente los trataba como si estuviesen apestados".

Ante el dolor ajeno se despierta la compasión y, con ésta, el alma se abre a la misericordia, considerando sus problemas como ínfimos en comparación al de los demás.

"Pasé con ellos en el hospital –continúa–, la última semana de la vida de Ryan. Allá estaba yo con aquel niño inconsciente, viendo cómo su madre perdonaba a quienes habían sido crueles con ellos y ahora se disculpaban... ¡Y yo me quejaba de todo! Si tenía alguna duda, durante esos días confirmé que mi vida y mis prioridades estaban equivocadas".

Sobre todo hay que sacar aquí provecho de la última frase, más allá de cómo haya sido después efectivamente la reordenación personal de las prioridades de este hombre. Pero la agudeza de la observación es notable: hay que cambiar las prioridades; hay que cambiar la escala de valores.

Un joven que no se mueve por la inteligencia, sino por las pasiones; un joven que no tiene principios firmes sobre los cuales edificar su existencia, sino que es como una hoja de invierno, separada de la rama y arrastrada por el viento a cualquier parte; un joven sin ideales nobles; un joven a quien hace cambiar fácilmente de parecer la mayoría, que, por lo general, no tiende hacia lo difícil ni lo alto, sino hacia lo fácil y bajo; un joven así es un candidato perfecto a la depresión, a la soledad, al resentimiento, al cansancio de la vida... al suicidio.

Decía Fulton Sheen que así como la ausencia de presas hace que el cazador se canse de su deporte, la ausencia de un destino hace que la mente se canse de la vida.

Pecado y suicidio

Por último, hay algo más importante en las declaraciones de Cobain: "*me siento culpable...*".

El problema de fondo del suicida –y también de nuestra sociedad, que con la "cultura de la muerte" es la promotora primera del suicidio– tiene una única causa: el pecado, es decir, el buscar la felicidad donde no se la puede encontrar, lo cual genera un vacío existencial que arroja al hombre a desesperar de alcanzar un día la felicidad. Tiene, por tanto, una única cura definitiva: el acercamiento a la fuente de la felicidad, es decir, a Dios. Y este a través, sobre todo, de los sacramentos de la Iglesia: la confesión frecuente, la comunión... Ellos son el único bálsamo para nuestros sufrimientos, angustias, desesperaciones, decepciones y pecados porque fueron instituidos por el *Cordero de Dios que quita el pecado del mundo* (*Jn* 1,29). Él dijo una vez: *Venid a Mí todos los que estáis cansados y agobiados, que Yo os aliviaré* (*Mt* 11,28).

Muchos intelectuales de nuestro tiempo nos aseguran que no hay derecho a llamar "pobre hombre" al suicida. Muchos han querido hacernos creer que el hombre es un ser para la nada, un ser para la muerte, una pasión inútil. En ese caso Hemingway, Cobain, Marilyn Monroe, y tantos otros serían "envidiables" y dignos de imitación, porque habrían realizado en sus vidas la esencia misma de la naturaleza humana... Pero sabemos que no es así. **Todo lo contrario.** Que se suiciden ellos, que pongan en práctica sus principios, en vez de escribir falsedades que engañan a los demás.

Quiero terminar con un fragmento de Chesterton, un abanderado de la vida:

"El suicidio no sólo es un pecado; es el Pecado. La perversidad más absoluta y refinada consiste en rehusarse a todo interés por la existencia; en rehusarse al juramento de lealtad hacia la vida (...) El suicida es la antípoda del mártir. El mártir es un hombre que se ocupa hasta tal punto por lo ajeno, que olvida su propia existencia. Y el suicida se preocupa tan poco de todo lo que no sea él mismo, que desea el aniquilamiento general. Si el uno anhela provocar algo nuevo, el otro desea acabar con todo. En otras palabras: el mártir es noble porque, aun cuando renuncie al mundo o execre a la humanidad, reconoce ese último eslabón que lo une con ellos: pone su corazón fuera de sí mismo, y sólo consiente en morir con el fin de que algo viva. El suicida en cambio, es innoble porque carece de toda ligadura con el ser: no es más que un destructor, y, espiritualmente, destruye el universo"[60].

---

[60] G. K. CHESTERTON, *Ortodoxia*, cap. 5.

Por eso el mismo Chesterton escribió una vez el siguiente poema, titulado "Eclesiastés":

"Hay un solo pecado: decir que es gris una hoja verde.
Y se estremece el sol ante el ultraje.
Una blasfemia existe: el implorar la muerte;
pues sólo Dios conoce lo que la muerte vale.
Sólo un credo: jamás se olvidan las manzanas
de crecer en los manzanos, pase lo que pase.
Hay una sola cosa necesaria: TODO.
El resto es vanidad de vanidades".

CAPÍTULO 4

Los llamados de Dios

"Jesús, poniendo en él sus ojos, lo amó" (Mc 10,21)

"... el señor les propone nuevos horizontes;
el Señor les propone metas más elevadas
y les llama a entregarse a ese amor sin reservas.
    Descubrir esta llamada, esta vocación
es caer en la cuenta de que Cristo tiene
fijos los ojos en ti
y que te invita con la mirada
 a la donación total en el amor
        Ante esta mirada, ante este amor suyo,
el corazón abre sus puertas de par en par
y es capaz de decirle que sí."

(Asunción, Paraguay, 19-06-1988)

1.

JESUCRISTO
"ETERNAMENTE JOVEN"

> *"Al contacto con Jesús despunta la vida.*
> *Lejos de él sólo hay oscuridad y muerte.*
> *Vosotros tenéis sed de vida. ¡De vida eterna! ¡De vida eterna!*
> *Buscadla y halladla en quien no sólo da la vida,*
> *sino en quien es la vida misma".*
> *(Santiago de Chile, 12-04-1987)*

I.

Rápido pasan las modas y con ellas los típicos personajes del momento. ¿Qué joven se acuerda hoy del "dandy", del "fifí", del "shusheta", del "pituco" o del "petitero"? Apenas si recordará alguno al "hippie". La figura de hoy es el "cheto", el "snob", el "concheto" o el "punk". Y dentro de unos años, ¿quién se acordará que alguna vez existieron "chetos", "conchetos" y "punks"? Para los jóvenes de entonces serán piezas de museo, como son ahora piezas de museo el dandy, el fifí, y los demás que nombré. Por eso nos reímos cuando vemos fotos antiguas, por que son piezas de museo: polainas, sombreros en mano, los anteojos y los peinados tan llamativos, las mujeres con miriñaques... Como seguramente se reirán dentro de unos años los jóvenes cuando vean en fotos a sus parientes femeninas luciendo un peinado "África look", o a lo Bo Derek, o imitando a Xuxa, o a Claudia Schiffer... ¡Cosas obsoletas, pasadas de moda, piezas de museo, olor a naftalina...! ¡Qué desfasadas les parecerán!

Con Jesucristo no pasa así: Él es "eternamente joven"[61]. Por la fuerza de su resurrección, porque *ya no muere más* (*Ro* 6,9), nunca jamás pasará de moda, nunca jamás perderá actualidad: *JESUCRISTO, es el mismo ayer, hoy y siempre* (*Heb* 13,8).

Cristo no es una reliquia insigne, que es sólo del pasado. No.

Cristo no es una valiosa pieza de museo, pero sin vida. No.

Cristo no es una grandeza pretérita como las obras faraónicas, a quienes el viento y la lluvia, la arena y los turistas van desgastando. No.

Cristo no es un gran héroe del que sólo se recuerdan sus pasadas epopeyas. No.

II.

Jesucristo al tercer día de morir en la cruz y ser sepultado, resucitó. ¡Vive! ¡Y en la actualidad vive! ¡No muere más! Murió una sola vez para pagar por nuestros pecados.

Hoy día sigue realizando la gesta más grande de que el mundo tenga memoria. Hoy día sigue conquistando y cautivando los corazones de los hombres y mujeres, de los niños y de los ancianos, de los jóvenes y de los adultos. Hoy día es el personaje más importante, el que bate todos los records de "rating" (basta con contar todas las personas que domingo a domingo se reúnen para la Santa Misa. Ningún político reúne semana a semana tanta gente). El más buscado. El más amado. El más seguido... y eso que es el más exigente, porque exige *todo*...

No solamente hizo *todas las cosas... y sin Él no se hizo nada de cuanto ha sido hecho* (*Jn* 1,3), sino que además, *todo subsiste en Él* (*Col* 1,17). Los peces, los pájaros, las flores, los ángeles, los ríos, las montañas, las ciudades; todos y cada uno de

---

[61] *Mensajes del Concilio Vaticano II a los jóvenes*, 2.

los hombres y mujeres *existen* ahora, *hoy*, en este mismo momento, porque Él los *sustenta* en el ser.

No solamente **todo fue creado por Él y para Él** (*Col* 1,16), sino que en su exaltación, en su glorificación, lo **llena todo** en el pleroma[62].

No solamente se hace **carne** (*Jn* 1,14), sino que **recapitula todas las cosas en sí, las de los cielos y las de la tierra** (*Ef* 1,10), reagrupa en sí a Adán, a toda la humanidad y a todo el universo, que canta su gloria. Como está revelado en el libro del Apocalipsis: **Digno es el Cordero que ha sido degollado de recibir el poder, la riqueza, la sabiduría, la fortaleza, el honor, la gloria, y la bendición**[63].

Así como Cristo, el Verbo, por la Creación es principio de la existencia de todas las cosas, así por el misterio pascual es el principio de la reconciliación y de unión de todas las criaturas, constituyendo Él el principio orgánico de la nueva creación.

Así como por la transgresión de uno sólo, Adán, *reinó la muerte* (*Ro* 5,17), por la justicia de uno sólo, Jesucristo, mucho más *reina la vida*[64]. Así como la serpiente de bronce que levantó Moisés en el desierto curaba a los que la miraban, así Jesucristo levantado entre el cielo y la tierra es el Salvador de todos los hombres y a todos los hombres los atrae hacia sí[65].

Por eso Cristo nunca pasará de moda. Cristo es lo más actual de lo actual, es el que no pasará jamás.

Está presente, *vivo*, **donde hay dos o tres reunidos en mi nombre, allí estoy yo en medio de ellos** (*Mt* 18,20).

---

[62] Cf. *Ef* 4,10.
[63] Cf. *Ap* 5,12-13.
[64] Cf. *Ro* 5,17.
[65] Cf. *Jn* 12,32.

Está presente, *vivo*, en la persona de los pobres, los hambrientos, los perseguidos, los enfermos[66].

Está presente, *vivo*, en la persona de los niños: *el que por mí los recibiere, a mí me recibe* (*Mt* 18,5).

Está presente, *vivo*, en los cristianos, habitando en sus corazones por la fe, como enseña San Pablo en la carta a los Efesios y San Juan en su evangelio: *si alguno me ama, guardará mi palabra, mi Padre le amará y vendremos a él y en él haremos morada*[67] (*Jn* 14,23).

Está presente, *vivo*, en los pastores que rigen el Pueblo de Dios: *quien os desprecia, a mí me desprecia* (*Lc* 10,16).

Está presente, *vivo*, substancialmente, en la Eucaristía, en el momento solemnísimo en el que los celebrantes dicen: "...esto es mi Cuerpo... este es el cáliz de mi Sangre...".

Nos habla, hoy día, por la Sagrada Escritura ya que a Él se refiere toda Ella.

Nos habla, hoy día, en la Santa Misa "ante todo, con la fuerza de su Sacrificio. Es un discurso muy conciso y al mismo tiempo ardiente" (*Juan Pablo II*).

Nos habla, hoy día, por la voz de su Vicario, el Papa, el "dulce Cristo en la tierra", a quien le mandó: *Apacienta a mis ovejas* (*Jn* 21,16).

Sólo en Él "se esclarece el misterio del hombre"[68].

Sólo Él dará *vida a nuestros cuerpos mortales* (*Ro* 8,11).

Sólo Él *tiene palabras de vida eterna* (*Jn* 6,68).

---

[66] Cf. *Mt* 25,34-40.
[67] Cf. *Ef* 3,17.
[68] CONCILIO VATICANO II, *Constitución pastoral sobre la Iglesia en el mundo actual "Gaudium et spes"*, 22.

Sólo Él tomó carne, de la carne purísima de la Virgen.

Sólo Él *¡Es el Señor!* (*Jn* 21,7).

Sólo Él sigue suscitando vocaciones sacerdotales y religiosas: apóstoles, mártires, predicadores, misioneros; y nos inspira para que recemos por su aumento y su santidad.

Sólo Él suscita esposos santos, que se amen a ejemplo del amor de Cristo por la Iglesia, y de la Iglesia por Cristo.

Cristo no está perimido.

Cristo no está desfasado.

Cristo no es obsoleto, más aún, **Cristo no estará nunca jamás pasado de moda...**

El cielo y la tierra pasarán ...de moda, pero *sus palabras no pasarán*[69], porque *JESUCRISTO es el mismo ayer, hoy y siempre* (*Heb* 13,8).

Hoy es como ayer.

Que sigamos siempre con entusiasmo a ese Cristo que vive para siempre, que ya no muere, que ha triunfado sobre el mal, sobre el pecado y sobre la muerte.

---

[69] Cf. *Mt* 24,35; *Mc* 13,31; *Lc* 21,33.

2.

LA GRAN AVENTURA
DE CONOCER A JESUCRISTO

"La cercanía de Dios al hombre mediante la Encarnación
es el resultado de un acto libre de amor por parte suya.
Sin esa cercanía amorosa la humanidad
estaría totalmente perdida".
(Yakarta, Indonesia, 10-10-1989).

Hay algunas preguntas que se han dirigido a todos los hombres de todos los tiempos. Preguntas cuya respuesta debe dar cada hombre. Son preguntas tan fundamentales que su respuesta tiene sabor a eternidad.

Entre esas preguntas hay una que es especialísima. Una pregunta que, si se responde correctamente, haciendo vida la respuesta, tiene una fuerza irresistible, capaz de resucitar muertos y trasladar montañas... Capaz de hacernos caminar sobre las aguas. Es la pregunta que interroga por Jesucristo.

Por eso, del mismo modo que Jesús se lo preguntó a los apóstoles, quiero preguntarte hoy quién es para ti Jesucristo. Quiero también ayudarte a hacer vida la respuesta.

✠   ✠   ✠

Primero hay que saber que es el mismo Jesús, el Hijo Único de Dios, el Hijo de la Santísima Virgen. Y que también te pregunta por el amor que le tienes a Él. Tal vez haya alguno de ustedes que no pueda responder como Pedro: *Sí, Señor, tú sabes que te amo* (*Jn* 21,15), porque a lo mejor poco ha escuchado hablar de Jesús; a lo mejor poco le han enseñado a amar a Jesús. Basta que ya en este momento –no importa lo pasado–, tengan la intención de amar a Jesús, que ya lo comiencen a amar y así Él los va a seguir amando más intensamente.

San Pablo, llega a decir: *Vivo en la fe del Hijo de Dios,* de Jesucristo, *que me amó y murió por mí* (*Ga* 2,20).

A más de uno quizá le podrá haber sucedido, a través de la vida, haber recibido muy poca enseñanza de la Sagrada Escritura, de la Biblia; a lo mejor incluso ni siquiera catecismo.

Me tocó una vez misionar en las Islas del Paraná, del Paraná Miní. Hacía treinta años que no iba ningún sacerdote por ese lado. Los niñitos me rodeaban, era una especie de cañaveral donde estábamos, donde abundaban los dorados, que los tenían en especie de jaulas hechas con cañas metidas debajo del agua. Y les pregunté por Belén.

–Bueno, a ver: ¿dónde nació Jesús? Nadie me sabía decir. ¡Qué tristeza!, porque como hacía tantos años que no iba ningún sacerdote..., y cuando uno le pregunta a un niño y el niño no te responde, éste se queda mal. Entonces busqué una manera de que no se sintieran mal por no saber dónde nació Jesús: –¿y saben lo que es un pesebre?, les pregunté. Tampoco lo sabían. Entonces se me ocurrió cambiarles la pregunta: – Y ¿dónde murió Jesús? "Murió en la cruz", me respondieron. No sabían dónde había nacido pero sí sabían que había muerto en la cruz.

–Y ¿por qué murió en la cruz?, y ellos me miraron como diciéndome: ¿no lo sabes? "Murió para salvarnos de nuestros pecados", fue la respuesta..

A Jesús se lo conoce frecuentando los sacramentos. Muchos de ustedes han tenido la oportunidad de confesarse. El mismo Jesús por labios del sacerdote es el que dice: "Yo te perdono" y el alma queda limpia de todo pecado. Queda como recién bautizada, se le perdona de verdad. ¿Por qué se le perdona? Porque es el mismo poder de Jesucristo, y la absolución se da en el nombre de Jesucristo. Entonces uno confesándose a menudo, recibiendo el perdón de Jesús, va conociéndolo a Él, que es el que perdona. *Aunque tus pecados sean rojos como la grana yo los volveré blancos como la nieve (Is* 1,18). *Hay más alegría en el cielo por un pecador que se convierte que por noventa y nueve justos que no necesitan penitencia (Lc* 15,6). Esas son palabras de Jesús como también éstas: *No he venido por los sanos, sino por los enfermos.* ¿Para qué está el médico? ¿Por los sanos? No, para curar a los enfermos: *Yo no he venido por los justos sino por los pecadores (Mt* 9,13).

Y ese otro gran sacramento que tienen que conocer y que tienen que amar es la Eucaristía, la Misa. Allí, de un modo misterioso pero real; allí, de una manera que la entiende aquella persona más ignorante que puede haber sobre la tierra, pero que a su vez es de tal plenitud de misterios que las cabezas más extraordinarias, los genios más grandes, los teólogos mejores, se quedan temblando ante la grandeza del misterio; allí Jesús quiso quedarse con su Cuerpo y con su Sangre, con su Alma y con su Divinidad.

Jesús dijo: *Quien come mi carne y bebe mi sangre vive en mí y yo en Él (Jn* 6,56). En la Última Cena hizo Él lo que en la Misa hace el sacerdote: *Tomó pan y dijo: esto es mi Cuerpo, tomó una copa con vino y dijo: esta es mi Sangre*[70], y el pan se convirtió en su Cuerpo y el vino se convirtió en su Sangre. Y de tal manera ocurre eso que allí mismo, en eso mismo que sucede, se perpetúa el sacrificio de la cruz, de tal modo que es como si nosotros estuviésemos en cada Misa, a los pies del Calvario donde Jesús murió.

Y por último, quiero decirte que a Jesús se lo conoce también de una manera muy íntima, muy personal, única. *en la medida en que*

---

[70]*Mt* 26,26-28; *Mc*, 22-24; *Lc* 22,19-20.

nosotros conozcamos a su Madre, en la medida en que nosotros amemos a la Santísima Virgen.

Cuando uno conoce a la Virgen, la Virgen te lleva a Jesús: *Haced lo que el os diga (Jn* 2,5), y cuando uno conoce a Jesús, Jesús te da a su Madre por Madre tuya: *Mujer he ahí a tu hijo (Jn* 19,26), dijo Jesús colgado en la cruz señalando a San Juan, y en la persona de San Juan estábamos representados todos.

✠   ✠   ✠

¡Cuánto ha hecho Jesucristo por ti! Se jugó hasta la muerte. Lo dio todo. Se enamoró de ti hasta el punto de olvidarse de sí. Te amó y te ama de verdad.

Por eso yo les propongo una aventura, la gran aventura que todo joven debe emprender, y que tiene que emprender por sí mismo. **Esa gran aventura es el conocimiento personal, íntimo, insustituible de Jesucristo.**

Esa aventura es, precisamente la respuesta: un conocimiento vivo de Jesucristo.

Están en la edad en la cual ya tienen que hacer esa experiencia. Ya no basta lo que les puedan decir los padres, lo que puedan haber escuchado de los sacerdotes, sino que ustedes, por ustedes mismos, tienen que conocer a Aquél que dijo de sí: *Yo soy el Camino, Yo soy la Verdad, Yo soy la Vida (Jn* 14,6).

Y para eso, hay que decidirse a conocer la enseñanza de Jesús. La doctrina de Jesús no ha sido superada y no será superada jamás por nadie, porque es la doctrina más sublime y más excelsa que jamás haya salido de labios humanos. Es la doctrina que enseña el perdón a los enemigos; es la doctrina que enseña a amar al prójimo; es la doctrina que nos enseña a ayudarnos mutuamente, a ser solidarios unos con otros; es la doctrina que nos enseña a amar, a defender, y a celebrar la vida, toda vida, aun la vida de aquellos niños discapacitados, con problemas mentales, con problemas psiquiátricos, niños deformes o abandonados... ¿Por qué? **Porque por todos murió Jesús.**

No hay persona —así sea la más viciosa que se pueda imaginar, así sea la más miserable que exista sobre la tierra— a la cual uno no le deba respeto, no le deba amor. ¿Por qué? *Porque el mismo Hijo de Dios derramó su sangre por amor a esa persona.*

También por amor a ti.

3.

ATAQUES AL MATRIMONIO Y A LA FAMILIA

> *"La familia tiene que ser defendida y respetada*
> *por el bien de la humanidad".*
> *(Bamenda, Camerún, 12-08-1985)*

La esencia del matrimonio

Uno de los más grandes pensadores de occidente y ciertamente, el teólogo más grande de todos los tiempos, Santo Tomás de Aquino, dice que la familia es como un útero espiritual[71], en una comparación muy hermosa: así como todos nosotros hemos necesitado del útero físico de nuestra madre para allí comenzar a existir, recibir alimento, cariño, desarrollarnos y luego poder ver la "luz del día", por decirlo de alguna manera; de modo semejante todo hombre necesita de ese segundo útero o útero espiritual que es la familia porque es el lugar natural donde el hombre, la mujer, el niño se siente protegido, es ayudado, es educado, es amado, se le enseña a hacer el bien, evitar el mal, se le enseña la práctica de todas las virtudes que son finalmente las que hacen al hombre auténticamente hombre. Pero así como en el orden físico, en la actualidad se hace un ataque despiadado a la natalidad, como se ha podido ver en la reciente conferencia internacional de El Cairo, también con la misma intensidad, y tal

---

[71] Cf. SANTO TOMÁS, *S. Th.* 2-2, 10, 12.

vez con más intensidad, se ataca a ese segundo útero, ese útero espiritual que es la familia, y se lo ataca en la misma esencia de lo que es la familia.

La familia es la relación estable de uno con una y para siempre. Ésa es la definición más simple, más sencilla y más hermosa que hay sobre la familia, sobre el matrimonio: *uno con una y para siempre*. Pues contra esto tan sencillo y tan simple, que es de ley natural, sin embargo en la actualidad, por las concepciones de la cultura actual, se enarbolan ataques despiadados desde distintos frentes y desde distintos puntos de vista. Veamos alguno de estos ataques.

Ataques contra la familia

Primer ataque: el creer que el matrimonio es de uno con muchas. Una mentalidad muy extendida lamentablemente aquí en Latinoamérica: por algo se habla del machismo latinoamericano. Un hombre que cree que puede vivir una vida no ya doble sino múltiple siendo infiel a su esposa legítima, que es propiamente lo que se llama "poligamia": uno que se une maritalmente con muchas mujeres. Esto aún ocurre en los pueblos orientales primitivos y sucede en algunas tribus africanas y también en Occidente. Esa poligamia puede ser simultánea, es el caso de los harenes: uno que tiene al mismo tiempo varias mujeres; puede ser también sucesiva, como es el caso de aquellos que tienen ahora una mujer, después otra, otra, otra... Por ejemplo, los que adhieren al divorcio como programa de vida o lo tienen como verdadera solución para sus problemas afectivos: se trata de una poligamia "refinada" y "legalizada", bajo el pretexto de madurez, de respeto a la individualidad privada y de pluralismo cultural.

Un **segundo ataque**, una nueva forma de destruir lo que es la célula básica de la sociedad, la familia, es el de aquellos que entienden que puede darse la familia en una relación de muchos con una. Ya no son muchas con uno, sino una con muchos, como es el caso de la "poliandria" practicada abiertamente en algunas zonas de Asia y encubiertamente en todos los prostíbulos de Occidente, donde hombres viejos y a veces también jóvenes pagan a una mujer que incluso no conocen para tener una relación sexual que ciertamente no es por amor sino que no pasa de ser una masturbación de dos. Incluso en Buenos Aires por ejemplo, en hoteles importantes, para esas mujeres de ejecutivos aburridas les presentan álbumes fotográficos donde aparecen en distintas situaciones, deportistas que se prestan a eso, muestran el coche, lo muestran a él vestido y desvestido, le hacen la propaganda a los lugares donde pueden pasar la noche y terminan, efectivamente, saliendo con él y pagándole.

La **tercera forma** de la destrucción de la familia en la actualidad, de la destrucción de ese "uno con una y para siempre" es el pretendido "matrimonio" de homosexuales o lesbianas, de "uno con uno" o "una con una". Ciertamente hay toda una campaña en la actualidad a favor de la aceptación de esta forma antinatural de relacionarse. Lo que antiguamente se veía con tanta claridad, hoy, por esa suerte de noche ética que ha caído sobre el mundo, por esa oscuridad moral que ha caído sobre la conciencia de muchos, no se ve. Se pierde de vista algo tan elemental como la verdad de que, para que haya un auténtico matrimonio, tiene que haber un varón con una mujer y para siempre. ¡Y pensar que hay incluso algunos países que han legalizado esta práctica aberrante de la junta de pareja de homosexuales! Incluso están trabajando ahora para que les concedan el derecho de adoptar hijos. ¿Se pueden imaginar lo que puede pasar en la cabecita de esos niños el día de mañana? ¿Quién es el papá, quién es la mamá? No solamente porque practican la inseminación artificial, por el uso antinatural de lo que tiene que ser fuente de vida. Si eso se llega generalizar como algunos pretenden, dándole rango de legalidad, se va a la destrucción de la raza humana. Por lo menos, en aquellos que lo vayan a practicar. En esto se llega a tal aberración, como saben, que no solamente se admiten en algunos ambientes esas prácticas homosexuales, sino que se llega también al "transex", a la operación donde se pretende cambiar de sexo y, de alguna manera, se cambia. Recuerdo hace años, cuando era seminarista y enseñaba catecismo en la cárcel de Villa Devoto en Buenos Aires, que era un ambiente del todo especial, llegó un "transex" con sus formas de mujer pero tenía barba y el documento todavía no lo había cambiado: era de varón. El guardiacárcel estaba perplejo porque no sabía qué hacer, y le dijo: "¿le mando un requisa o una requisa?". Porque según los documentos era una cosa y según las apariencias era otra.

Otra desviación, la **cuarta**, respecto de este tema tan importante que es la familia es lo que se ha llamado en inglés "group and sex", o también, en criollo, las "camas redondas". Es la relación entre muchos y muchas, es la multirrelación. Se llega hasta esa corrupción en dos casos distintos: el caso de las llamadas "comunas", algunas de tipo hippie, otras de orientación netamente marxista, como enseguida veremos, y el caso también del llamado "intercambio de parejas" por el cual matrimonios tienen el mal gusto de reunirse para hacer una fiesta y después entre ellos se mezclan los esposos y las esposas.

Respecto a lo de las comunas: le hacen un reportaje a la "Comunidad del Sur", un grupo de uruguayos que se trasladó a la Argentina. Ellos ponían todo en común siguiendo la doctrina marxista hasta las últimas consecuencias: no solamente hay que poner en común los bienes; también hay que poner en común los hijos, también hay que poner en común el esposo, también hay que poner en común la esposa... Y así en este reportaje declaraban estar convencidos de que para lograr algún día "relaciones de no-propiedad", relaciones "libres" entre seres humanos, hay que luchar contra el exclusivismo sexual. ¿Qué es el "exclusivismo sexual"? Que uno se relacione con una para siempre. Algunos han planteado la necesidad de integrar la revolución sexual a la revolución político social. Otros se preguntaban cuáles eran los límites que les impedían tener nuevas relaciones sexuales: son los prejuicios de la sociedad occidental y cristiana. Un hombre así no tiene ningún derecho a festejar ni el día de la madre; y es, por eso mismo, un ingrato: no nació de muchas mujeres a la vez, ni muchas mujeres lo llevaron nueve meses en su seno.

Otro decía que todos sabemos que el matrimonio, la familia tradicional, es la base de la estructura social predominante. Es, entonces, necesario rechazar la concepción tradicional del matrimonio, uno con una y para siempre, para que el hombre no acepte la opresión de su mujer y el rol de autoridad para sus hijos; para que la mujer se emancipe; para luchar contra los prejuicios de la moral burguesa; para reivindicar la posibilidad de amar y de ser amado en una pluralidad de relaciones. Se pueden imaginar lo que sucede allí: ciertamente que las mujeres quedan embarazadas. ¿Quién es el padre?

Otro declaraba querer despojar a las relaciones humanas, al placer sexual, de todas las prohibiciones, de todos los prejuicios, de todas las máscaras, y hacer de él algo más que un juego: un elemento de felicidad subversiva. Es interesante preguntarse a quién le da un beso el niño cuando regresa del colegio. ¿A la comunidad?

La **quinta forma** de destrucción de esa realidad natural, primigenia, anterior incluso al estado, que es la familia, es el llamado "matrimonio a prueba". Lo que en este caso molesta es el "para siempre"; entonces se pretende que uno con una se unan durante un tiempo. Un tiempo, que a veces llaman "tiempo de prueba". Si la prueba sale mal se disuelve esa relación. Pero en caso de disolverse ciertamente la que lleva normalmente la peor parte es la mujer. Por eso es que la Iglesia durante dos mil años ha defendido y seguirá defendiendo eficazmente la dignidad de la mujer y ese baluarte que es la familia y que es el matrimonio, aunque sea impopular. Y lo hace porque por vocación siempre tiene que ser la voz de "los sin voz", la voz de aquellos que muchas veces no pueden defenderse y, en este caso concreto, la Iglesia durante veinte siglos, durante dos mil años, ha levantado la voz para defender la parte más débil, que es la mujer, y, sobre todo, así como también esa voz de los sin voz, la voz de los no nacidos que podrían haber nacido si no hubiesen segado esas vidas.

La **última forma** de destrucción de la familia es pretender que la familia se reduzca a un nivel meramente natural, olvidándose que Jesucristo la elevó a nivel de sacramento y, por tanto, que no solamente es "uno con una para siempre" sino "uno con una en Dios para siempre". Muchas veces los fracasos matrimoniales, las familias incompletas, las dificultades en la vida matrimonial, se deben a que Dios en esa familia se convirtió en un convidado de piedra, no se le da el lugar que corresponde y, por tanto, no hay garantía de unidad, de fidelidad, de fecundidad. Y en un ambiente como el que nos toca vivir, cuando uno se olvida de Dios se va materializando cada vez más, se va materializando la relación del esposo con la esposa, de los padres con los hijos. Y es imposible encontrar en lo material la solución para los graves problemas que tiene que enfrentar la familia hoy día.

4.

LA VISIÓN CRISTIANA DE LA SEXUALIDAD EN LA FAMILIA

"La crisis de la sociedad moderna se superará si se devuelve al matrimonio y a la familia su fisonomía verdadera y su función exacta; y esto puede realizarse plenamente cuando la familia está fundada en el matrimonio único e indisoluble".
(Discurso, 07-12-1991)

Aquí también perdonen que escriba con crudeza; pero me parece que es la única manera de que uno se pueda llegar a entender.

¿Quién creó al hombre con diferencia de sexo? Dios. Por tanto, la diferencia de sexo no es algo malo sino algo bueno; y muy bueno. ¿Por qué? Porque así lo ha hecho y querido Dios. Que haya hombres y que haya mujeres es una cosa muy buena y querida por Dios.

¿Quién fue el que pensó que el hombre debería tener determinados órganos sexuales y la mujer otros determinados órganos sexuales? El mismo Creador, Dios. Por tanto, los mismos órganos sexuales son algo bueno.

En rigor, es una maravilla, porque es lo que garantiza la perpetuidad de la especie. Lo pueden constatar aquellos que han tenido oportunidad de estudiar anatomía, fisiología, etc. La reproducción humana es algo admirable y su estudio nos llena de asombro. Basta pensar en la transmisión de los códigos genéticos, y en los grandes avances que la investigación científica está haciendo en ese campo. Es una maravilla.

Pero hay más. ¿Quién puso esa atracción entre el hombre y la mujer, entre la mujer y el hombre, atracción tan fuerte que solamente es superada por el instinto de conservación? El mismo Dios. Por tanto, la misma atracción sexual del hombre por la mujer y de la mujer por el hombre es algo bueno; y muy bueno. Ha sido creado por el mismo Dios.

Hay más aún. El mismo placer que normalmente se tiene que dar en la relación sexual del hombre con la mujer y de la mujer con el hombre también es algo bueno; y muy bueno. Porque ha sido querido por el mismo Creador, que ha dado al uso del sexo esa cuota de placer por altísimas razones: entre otras, para que el mundo no esté despoblado. Si no hubiese atracción sexual y placer, el sólo pensar los sacrificios que trae la educación de los hijos haría que todavía el mundo estuviese más vacío de lo que está. Entonces estamos con el matrimonio frente a algo que es bueno, que es digno, algo que es laudable e incluso algo meritorio. Cuando los esposos de manera ordenada tienen la relación sexual como Dios quiere, ganan mérito para la vida eterna: es un acto bueno, según la ley moral; es un acto digno, que dignifica a los esposos; es un acto laudable, es decir, que merece alabanza; y es un acto meritorio, o sea, santo, que los santifica. Y eso es así porque en el plan de Dios el matrimonio y la familia tienen altísimos fines.

El primero es la comunicación de la vida. Esa cosa que es el milagro de la vida, que se transmite a nuevos seres, que luego por el bautismo se convierten en hijos de Dios, que son llamados por el mismo Dios a la vida eterna, a la santidad, multiplicar eso es algo grandioso. Es, sobre todo, la gran tarea de la mujer, aunque no únicamente.

Pero no solamente eso. Dios ha pensado así, de esa manera tan espléndida, el matrimonio y la familia para que sea el lugar, el ámbito, de la manifestación del amor mutuo. Es el ámbito en el cual un hombre y una mujer se entregan recíprocamente para llegar a formar algo tan extraordinario que solamente se puede llegar a expresar diciendo que es *lograr la comunión de las personas*. De tal manera que el matrimonio y la familia se convierten en un reflejo magnífico de lo que es esa comunidad de tres que es la Santísima Trinidad, el Padre, el Hijo y el Espíritu Santo. En la familia hay un *yo* que se une al *tú* para llegar a ser el *nosotros*. Es por eso que no hay que dejarse engañar con visiones reductivas del sexo como es lo que se presenta hoy día en tanta telenovela, tanto radioteatro y en tanta revista de poca monta.

Dios ha hecho al hombre varón y mujer para que se unan entre ellos siendo fieles durante toda su vida, para la manifestación del amor mutuo y para la transmisión de la vida, de tal manera que lleguen a vivir la real comunión de las personas. Por eso en este tema solamente caben dos visiones: esta visión del hombre, varón y mujer que son señores del sexo y la otra, que corre tanto hoy día, donde el hombre es esclavo del sexo. Dicho con otras palabras: el sexo es para el hombre –varón y mujer– y no el hombre –varón y mujer– para el sexo. Es mucho más el hombre, varón y mujer, que la parte sexual con todas las bondades que tiene, porque ciertamente no es el fin último del hombre. Y este es el punto clave en que se diferencian estas dos visiones antitéticas irreductibles.

Voy a poner un ejemplo para que se vea con claridad. Cuando el hombre considera a la mujer como un objeto sexual, trata a la mujer como una cosa; una cosa sexual. Por eso ocurre que hoy día hay tanta perversidad, incluso con menores, como ese padrastro que violó a una bebita de dos meses y que le introdujo vidrios para hacer creer que había sido un accidente. Tremendo.

La visión cristiana del sexo pregona el uso del sexo con responsabilidad; no de cualquier manera, sino según la ley de Dios. Cuando no se hace así, la mujer para el hombre o el hombre para la mujer se convierte en objeto, en cosa. Como decía un gran sexólogo, Paul Chauchard: "lo sexual se ha reducido a lo genital, la humanidad se ha convertido en una jungla donde los machos y hembras sin control están al acecho de presas que les permitan saciar sus necesidades".

Así como aquella persona que usa de manera desordenada del alcohol termina siendo un esclavo del alcohol; así como aquella persona que usa de la droga, termina siendo esclavo de la droga, llegando incluso por la droga a ser capaz de matar aun a los mismos familiares; así también pasa con el sexo sin responsabilidad. Cuando una persona renuncia a vivir de manera ordenada su vida sexual se hace esclava del sexo; entonces, después se termina en las mayores aberraciones y vemos las cosas que vemos.

Se trata, por tanto, de dos visiones que marcan a fuego las diferencias entre aquel hombre, varón o mujer, que es señor de sí mismo, y aquel otro que es esclavo del sexo, de sus pasiones desordenadas. Por eso decía el Papa Juan Pablo II que hay una diferencia antropológica, una diferencia en lo que es la concepción del hombre y la mujer en esas dos visiones antitéticas del sexo y al mismo tiempo una diferencia moral.

"A la luz de la misma experiencia de tantas parejas de esposos y de los datos de la diversas ciencias humanas, la reflexión teológica puede captar y está llamada a profundizar la diferencia antropológica y al mismo tiempo moral, que existe entre el anticoncepcionismo y el recurso a los ritmos temporales. Se trata de un diferencia bastante más amplia y profunda de lo que habitualmente se cree y que implica en resumidas cuentas dos concepciones de la persona y de la sexualidad humana, irreconciliables entre sí. La elección de los ritmos naturales comporta la aceptación también del diálogo, del respeto recíproco, de la responsabilidad común, del dominio de sí mismo. Aceptar el tiempo y el diálogo significa reconocer el carácter espiritual y a la vez corporal de la comunión conyugal, como también vivir el amor personal en su exigencia de fidelidad. En este contexto, la pareja experimenta que la comunión conyugal es enriquecida por aquellos valores de ternura y afectividad, que constituyen el alma profunda de la sexualidad humana, incluso en su dimensión física. De este modo la sexualidad es respetada y promovida en su dimensión verdadera y plenamente humana, no «usada» en cambio como un «objeto» que, rompiendo la unidad personal de alma y cuerpo, contradice la misma creación de Dios en la trama más profunda entre naturaleza y persona"[72].

Quiero terminar con una de las páginas tal vez más brillantes acerca de la hermosura de la sexualidad humana que siempre apunta –debe apuntar– a la práctica de la castidad, sea la castidad juvenil, sea la castidad conyugal, sea la castidad viudal. Castidad quiere decir uso ordenado del sexo, en el caso del matrimonio. El texto es del Apóstol San Pablo y dice así:

Todo me es lícito; pero no todo conviene. Todo me es lícito; pero yo no me dejaré dominar de nada. Los manjares son para el vientre y el vientre para los manjares; pero Dios destruirá el uno y los otros. El cuerpo no es para la fornicación sino para el Señor y el Señor para el cuerpo; y Dios que resucitó al Señor nos resucitará también a nosotros por su poder. ¿No sabéis que vuestros cuerpos son miembros de Cristo? ¿Y voy a tomar yo los miembros de Cristo para hacerlos miembros de una prostituta? De ningún modo. ¿No sabéis que quien se allega a una prostituta se hace un cuerpo con ella porque "serán dos en una carne"? Pero el que se une al Señor se hace un espíritu con Él. Huid a la fornicación. Cualquier pecado que comete un hombre fuera de su cuerpo queda fuera; pero el que fornica peca contra su propio cuerpo. ¿O no sabéis que vuestro cuerpo es templo del Espíritu Santo, que está en vosotros y habéis recibido de Dios, y que, por tanto, no os pertenecéis? ¡Habéis sido comprados a gran precio! Glorificad, pues, a Dios con vuestro cuerpo (1Co 6,12-20).

---

[72] JUAN PABLO II, *Exhortación apostólica sobre la misión de la familia cristiana en el mundo acutal, Familiaris Consortio*, n° 32.

5.

EL NOVIAZGO CATÓLICO I

"Jóvenes: No dejéis que destruyan vuestro futuro,
¡no os dejéis arrebatar la riqueza del amor!
Asegurad vuestra futura fidelidad, la de vuestras futuras familias
que formaréis en el amor de Cristo".
(Lima, Perú, 19-06-1988)

Es necesario antes de entrar en el tema del noviazgo, tener en cuenta dos cosas:

– la estructura del hombre,

– la vocación o triple llamado.

a– En el hombre se encuentran: la inteligencia, la voluntad, y las pasiones. La dignidad del hombre, o sea, el hombre es más hombre cuando la potencia superior domina las demás.

¿Cuál es la potencia superior del hombre? ¿Qué lo distingue de los animales? La inteligencia.

Luego el hombre es más hombre cuando la inteligencia domina a las demás potencias, y no al revés, que es cuando se parece más a los animales.

b– Todo hombre tiene un triple llamado (o vocación) de parte de Dios:

191

—en primer lugar, a la existencia, ya que nadie eligió existir, ni pudo pedirlo ya que no existía. Sino que fue Dios quien nos llamó al SER.

—en segundo lugar, a la vida de la gracia. Fuimos llamados por medio del Bautismo y los Sacramentos. Y los que no lo han recibido aún, también fueron llamados.

—en tercer lugar, el llamado a un determinado estado de vida: al sacerdocio, a la vida religiosa, o al matrimonio. Dios me llama a ser santo en el estado que Él pensó para mi desde toda la eternidad, y que me va a llevar a la felicidad.

La vocación al matrimonio tiene como paso previo el noviazgo, el cual se ordena al futuro matrimonio. Por tanto, como sea el noviazgo, será el matrimonio.

Como la mayoría de los fracasos matrimoniales comienza en el noviazgo, hablaremos de las características del buen noviazgo.

Tiempo de conocimiento mutuo

La característica principal del noviazgo es el poder llegar al convencimiento de que ambos "están hechos el uno para el otro", y que él y ella son "tal para cual". Ver si él o ella el día de mañana podrá llevar la vida matrimonial y sobre todo la educación de sus futuros hijos. Hay varias formas de ver si funcionará el matrimonio:

a— Ver si cumplirá bien con su papel de padre o madre, cómo trabaja, qué carácter tiene, cuáles son sus virtudes y vicios. A veces el novio o la novia pone los pies en la tierra cuando se imagina al otro como padre o madre de sus hijos. Muchas chicas se dan cuenta de que deben cortar el noviazgo cuando piensan en sus hijos, y advierten que el joven no está capacitado para ser un buen padre.

b— Otra cosa que ayuda es la opinión de los padres. ¿Por qué?

— Tienen un amor más desinteresado (normalmente),

– Tienen mayor experiencia,
– Han conocido más casos que nosotros, de parientes o amigos, etc.

Nunca hay que casarse sin el consentimiento de los padres, salvo excepciones, que hacen a la regla.

Hoy día hay distintos slogans que son comunes entre los jóvenes acerca de sus padres:

– son anticuados,
– no me entienden,
– no se adaptan a nuestro tiempo,
– antes era distinto,
– etc, etc, etc...

Generalmente, los que se casan sin la aceptación de los padres fracasan en su vida conyugal.

El fin del noviazgo, entonces, es el "conocimiento mutuo en orden al matrimonio". Es un conocimiento en orden a ver si son "el uno para el otro".

Conocimiento limitado

Ya dijimos que es un tiempo de conocimiento. ¿Pero un conocimiento de qué tipo? Es tiempo de conocimiento relativo y limitado; no absoluto. Sólo podrá ser absoluto y total en el matrimonio. Muchos, con la excusa de conocerse más, fomentan las relaciones prematrimoniales, de funestas consecuencias.

a– Hablemos un poco más de las **relaciones prematrimoniales**:

Según una encuesta[73]: *"Casi el 80% está a favor de las relaciones prematrimoniales, y más del 50% contra el aborto. El 14% no utiliza ningún método anticonceptivo. El 61% usa preservativos"*.

---

[73] Realizada por UNICEF Argentina, a los jóvenes en los primeros meses de 1995. Revista *Viva* del Diario *CLARIN*, el domingo 13-08-1995, pp. 56-62.

En el caso de esa profanación anticipada del Sacramento del matrimonio, la mujer lleva la peor parte:

– pierde la virginidad,
– se siente esclavizada al novio que busca tener relaciones cada vez con mayor frecuencia,
– no puede decir que no, porque tiene miedo de que él la deje, reprochándole que ella ya no lo quiere,
– vive con la angustia de que sus padres se enteren de sus relaciones,
– participa de las molestias del acto matrimonial, sin tener la seguridad y la tranquilidad del matrimonio.

El novio, por el contrario, no tiene apuro en concretar la boda, ya que obtiene beneficios como si estuviera casado, sin estarlo y, además, el hombre no queda embarazado (por lo menos hasta ahora), la mujer, sí, y este es un peligro demasiado real como para que ella no lo tema.

Hubo un caso de una joven que viajó a Bariloche con sus compañeras en viaje de fin de curso. Allí conoció a un joven y tuvo relaciones con él. En el momento de la despedida, él le dio un paquete para que lo abriera al llegar a Mendoza. Cuando lo abrió se encontró con una flor y una nota que decía: "Bienvenida al mundo del SIDA".

b– Si ocurre el embarazo, generalmente se empuja a la mujer al **aborto**. Es un "crimen abominable"[74], con tres agravantes: es el homicidio de alguien inocente, indefenso y sin Bautismo. Además que la mujer conservará toda la vida el remordimiento de haber matado a su hijo.

Una vez un joven, que había dejado embarazada a su novia dijo: "Muchos amigos me venían a decir que abortara, que era muy sencillo, que todos lo hacían, que no me "clavara". Tenía el dinero para hacerlo, pero ¿podría ver alguna vez a un niño jugar en la calle? Iba a tener que dar vuelta la cara".

---

[74] Cf. CONCILIO VATICANO II, *Constitución pastoral sobre la Iglesia en el mundo actual "Gaudium et spes"*, 51.

Sin duda que queda el remordimiento por toda la vida. En la película "El grito silencioso", del Dr. B. Nathanson (filmada durante una operación abortiva), en el instante en que el instrumento succionador toca la parte baja de la membrana de la bolsa, se ve a la criatura abrir la boca (de ahí "el Grito silencioso"), y huir desesperadamente hacia el sector superior buscando refugio. En ese momento nos imaginamos (¡que ironía!) a un niño pequeño, temeroso, que pidiendo protección corre a refugiarse en las faldas de su madre. El mismo médico ginecólogo Dr. B. Nathanson, autor de miles de abortos, luego de ver la película juró no realizar un aborto nunca más, ya que se convenció de que estaba frente a una persona[75].

Otras veces la mujer aborta y por estar mal hecha la intervención no puede tener un hijo nunca más. Como lo dice el ginecólogo y obstetra Dr. Juan Garrido, del Dpto. Ginecológico del Hospital José Joaquín Aguirre, de Santiago de Chile: "*entre las complicaciones más graves que produce el aborto, los especialistas coincidieron en señalar a la infertilidad en la mujer debido al compromiso de los ovarios y a procesos inflamatorios crónicos*"[76].

También muchas mujeres mueren en el aborto. En Argentina dicen que se hacen cerca de 350.000 abortos por año, y eso nos indica que mueren alrededor de 350 mujeres por año a causa de infecciones derivadas del aborto[77].

Y podemos sumar a esto la cantidad de mujeres que mueren en el aborto, o los trastornos psíquicos que dejan. Fácil es sacar un hijo del vientre; casi imposible sacarlo de la mente.

A algunas personas que objetan el no tener dinero para mantener los hijos, habría que decirles:

– el aborto es caro de por sí,

---

[75] *Nueva Cristiandad*, (Institución Social Católica), "*El aborto y el sentido común*" y "*¿Es el aborto un derecho?*".

[76] *Diario LA NACIÓN*, "*El aborto causaría un tipo de cáncer*", 04-10-81.

[77] Cf. *ibidem*.

– si no tiene dinero, mate al mayor que vivió más tiempo. ¿Sería una madre capaz de eso?

c– Como el hombre es más cobarde, va a utilizar los **anticonceptivos.**

A aquellos que hacen propaganda en pro del preservativo y de los anticonceptivos, decimos:

– El preservativo no ofrece ninguna seguridad, puesto que hay casos en que falla.

– Desde que se hacen las campañas, se aumentaron los abortos y los casos de SIDA.

– Desde que comenzaron a usarse masivamente los anticonceptivos en el año 1977, aumentaron descomunalmente las enfermedades venéreas.

– Los anticonceptivos producen enfermedades en la mujer como: inflamación de la pelvis, embarazos extrauterinos, etc.

– Todo esto es porque la naturaleza responde cuando es atacada. Y siempre será verdad:

Dios perdona siempre,
los hombres algunas veces,
la naturaleza nunca.

d– Si se llega a **la boda**, será sin alegría, sin ilusión, sin esperar recibir nada ni poder dar nada nuevo. Hay una etapa quemada, que es muy hermosa, el noviazgo. En cambio, los sacrificios que se hagan por conservar la pureza hasta la boda darán sus frutos en el matrimonio.

Tenemos un ejemplo de esto en una carta que escribió una joven a un sacerdote. Dice así:

"Cuando adolescente jamás escuché ese término pureza, nunca me hablaron de ese tesoro tan grande que yo tenía y que debía «defender» con tanto cuidado y, menos que menos, que mi cuerpo era templo del «Espíritu Santo», que por ende debía respetar.

Cuando cumplí 14 ó 15 años me puse de novia, si es que se puede llamar así. Aparte, los consejos de mi madre se limitaban a que debía entregar mi cuerpo al muchacho hasta el día en que me casara, porque si no lo hacía, él se cansaría y me dejaría.

Nunca me habló de la pureza, nunca me explicó que el verdadero amor no se basaba solamente en esto; es decir, jamás me explicó tampoco lo que significa un buen noviazgo, ni se impuso para decirme que era una atrevida y que no tenía edad para estar de novia.

Sabe, Padre, que por ahí me pongo a meditar sobre lo que ha sido mi vida, sobre el tesoro que perdí y lloro, lloro muchísimo, porque me amargo al pensar qué voy a hacer el día de mañana, si me pongo de novia con un buen muchacho, para lograr formar un hogar muy cristiano; porque ahora sí sé que valen más sus virtudes, su alma, su amor a Dios, que cualquier otra cosa.

Por otro lado me siento indigna de un muchacho así".

e– Por último, muchas veces, al tener una discusión en el matrimonio, escuchará con dolor el reproche de su marido, que le recordará su vergonzoso pasado.

Por eso, la Iglesia, al defender a capa y espada la santidad matrimonial, no ha hecho otra cosa que defender a la mujer, a los hijos (que son los que más sufren) y a la familia; para que la mujer no fuese convertida en un mero objeto de placer, ni los niños en meros hijos de incubadora.

Hay que decir entonces que el noviazgo es tiempo de conocimiento RELATIVO. Digan lo que digan los amigos, amigas, o padres. En el noviazgo se da el "ya, pero todavía no": ya se deben amar, pero no todavía como en el matrimonio.

En el noviazgo se debe buscar la unión espiritual entre los novios. Sólo cuando se da la unión espiritual se han de unir en el matrimonio los cuerpos. Si se busca fuera del matrimonio la unión corporal, no había amor verdadero, sino egoísmo. Si se busca la unión corporal solamente, al margen de la voluntad de Dios, ¿en qué nos distinguimos de los animales?

El hecho de que no estén unidos por el sacramento, hace que sea disoluble. Por eso el noviazgo es tiempo de decir que NO, si no lleva a buen término. De esto tenemos un ejemplo muy significativo protagonizado por una joven heroica: *"Sus padres desaconsejaban tenazmente la boda, el novio era un muchacho haragán y muy irascible; el día del enlace nupcial, el novio la tomó del brazo para conducirla al altar, ella tropezó con su vestido largo, y él, de muy malos modos, recriminó a su prometida en estos términos: —¡Tú eres siempre la misma tonta! Llegado el momento del consentimiento, lo dio el novio y cuando el sacerdote preguntó a la novia: "¿Fulana, quieres por esposo a Fulano?", se oyó clara y serena la voz de ella: — "No quiero", respuesta que repitió ante la nueva pregunta del sacerdote, en medio del asombro de todos. En la actualidad está casada, con otro, tiene varios hijos que, cuando se enteren de lo que hizo su madre, no dejarán de agradecérselo por los siglos de los siglos".*

6.

EL NOVIAZGO CATÓLICO II

*"El que dos personas sean una en la entrega
corporal y anímica del uno al otro,
sólo escapará al peligro de convertirse en un dominio avasallador
y a una explotación recíproca,
si va unido a un vivo respeto mutuo".*
(Salzburgo, Austria, 14-08-1988)

Debemos considerar al otro como una persona y no como un objeto que se usa y se tira. Pues si no aprenden a respetarse desde novios, menos se respetarán en el matrimonio. Y podemos afirmar que: "A noviazgo regular, corresponde matrimonio malo; a noviazgo bueno, matrimonio regular; sólo a noviazgo santo, corresponde un matrimonio santo".

Debe quedar bien claro que en el amor verdadero no todo es color de rosa. La realidad es otra. El amor verdadero es crucificado, porque exige el olvido de sí mismo en bien del otro. El amor verdadero culmina en la entrega, el sacrificio, la fecundidad y en la búsqueda de la plenitud del ser amado. El amor falsificado que presenta el mundo moderno consiste sólo en la atracción, simpatía y emoción: gustar, poseer y gozar; que sin la entrega y sacrificio por el otro se convierten en o son sólo distintas formas de egoísmo. Si sólo nos quedamos en el "me gusta", no hay amor sino egoísmo[78].

Como estamos hablando del noviazgo católico, y éste debe ser santo, trataremos sobre las cosas que impiden llevar un noviazgo de este tipo. Entre éstas están:

Las afectuosidades

Muchas veces, por culpa de la propaganda a favor del sexo, fruto de tantas telenovelas y películas, se falsifica el amor: sólo consiste en abrazos, besos interminables, atrevimientos en los bailes, etc. Esos coqueteos, besuqueos y manoseos, que no llegan a una relación sexual completa se realizan, en el fondo, por razón de que los placeres imaginarios son más vivos, más fascinantes, más duraderos, más íntimos y más fuertes que los del cuerpo.

Pero estas "efusividades" tienen sus graves consecuencias, tanto para la mujer como para los dos:

a– LA MUJER

– Son causa muchas veces de **frigidez**.

– También aseguran algunos médicos que pueden ser causa de **infecundidad** en el matrimonio.

b– LA PAREJA

– Estas prácticas empujan a la **masturbación** (también a la mujer), y al joven además, al prostíbulo. Es aquel que hace uso egoísta del sexo, que utiliza al otro como un objeto de placer y nada más. Sólo sirve para satisfacer el goce personal.

– Cuando se cae habitualmente en el pecado solitario, se hace tan crónico que es incapaz de realizar en el matrimonio el acto sexual por amor.

---

[78] Cf. *Nueva Cristiandad*. (Institución Social Católica), "*¡Hola! Aquí te habla el Amor*" y "*Me gustas, te quiero, te amo*".

– Es una de las causas principales de las desgracias familiares. Cuando ella o él descubre que el otro lo usa como "objeto", por egoísmo, la muerte del amor es inevitable.

– Es causa de amarga tristeza, de grandes desilusiones y frustraciones. El fruto del egoísmo no puede ser la alegría ni la paz.

– Es una de las causas de la separación, de los fracasos conyugales, que tiene otra grave consecuencia sobre los hijos, que son los que más sufren. Tenemos como ejemplo la carta que escribió "Juanito", hijo de padres separados: "*Dulce Niño Jesús: te suplico mucho que me lleves al cielo. Quisiera ser ángel. Y te prometo que seré un ángel muy bueno y haré todo cuanto me mandes. Pero aquí estoy muy mal.¿Sabés que papá echó a mamá, porque se casó con otra mamá? Mamá me llevó consigo, pero yo lo paso muy mal con ella. Desde entonces no he tenido bombones. Y aquí hace mucho frío. Mamá llora siempre. Ahora ha venido también un nuevo papá a mamá, pero llora siempre mucho. El nuevo papá es borracho. Mamá se ha quejado a las vecinas, diciendo que no sabe qué hacer, porque nos morimos de hambre. Yo ya he dicho a mamá que voy a matar al nuevo papá. Pero mamá dice que se enojará el Niño Jesús. He aprendido en la escuela que los ángeles tienen una vida muy feliz y no tienen que hacer más que obedecerte a Ti. Por esto yo quisiera ser ángel, porque lo paso muy mal. Niño Jesús, que vengas pronto a buscarme. Te besa las manos: Juanito*".

Podemos terminar este punto diciendo que todos los sacrificios que se hagan en el noviazgo para respetarse mutuamente son nada comparados con tan grandes y dichosos frutos, que por esos sacrificios, se tendrá en el matrimonio.

Frecuencia en el trato

En el noviazgo se han impuesto modas o costumbres. Una de ellas es la gran frecuencia con que se encuentran los novios. No se dan cuenta de que el estar juntos mañana, tarde y noche es un gran error ya que muchas veces hace perder la frescura al amor, los somete a la rutina y va matando la ilusión.

Es porque se ha perdido el sentido del rito y de la fiesta. ¿Y qué es esto?

Acerca de los ritos escribe admirablemente Saint Exupèry, en "El Principito":

"Dijo el zorro al Principito: –Hubiese sido mejor venir a la misma hora. Si vienes por ejemplo a las cuatro comenzaré a ser feliz desde las tres, cuanto más avance la hora, más feliz me sentiré. A las cuatro me sentiré agotado, descubriré el precio de la felicidad pero si vienes a cualquier hora nunca sabré a qué hora preparar el corazón, los ritos son necesarios.

¿Qué es un rito? – preguntó el principito

Es también algo olvidado –dijo el zorro–, y es lo que hace que un día sea diferente de los otros días, una hora de las otras horas. Entre los cazadores, por ejemplo, hay un rito (el zorro le escapa al cazador). El jueves bailan con las muchachas del pueblo; el jueves pues, es un día maravilloso, voy a pasear, etc. Si los cazadores no bailaran un día fijo, todos lo días se parecerían y yo no tendría vacaciones".

Respecto del sentido de la fiesta se ha dicho: *"...Del encuentro del novio con la novia: El hábito, la costumbre, es la escarcha del amor. Lo que vemos, oímos, y tenemos a diario, pierde el matiz de inestable y raro de la historia. Al final llegamos a beberlo sin apreciarlo, sin sentirle su sabor, como si fuera agua. Los novios no pueden cometer mayor error que estar juntos con excesiva frecuencia: «cuanto más escaso tanto más apreciado».*

Pensar siempre uno en otro, anhelar continuamente la presencia del otro; pero estar juntos lo menos posible. El encuentro ha de ser siempre una fiesta y no puede celebrarse fiesta todos los minutos de nuestra vida"[79].

¡Cómo aburren al resto de la familia esos novios de todos los días! Muchas veces se pierde la intimidad del hogar, los padres no pueden ver televisión tranquilos, incluso la novia deja de

---

[79]ANTOINE DE SAINT-EXUPÉRY, *El principito*, cap 21, *Obras Completas*, pp. 555-556, Ed. Paza & Janés, Barcelona, 1967.

arreglarse convenientemente, a veces no terminan sus estudios y pierden el trato con sus propios amigos.

Respecto del trato frecuente en lugares peligrosos, podemos decir con San Isidoro: *Imposible estar cerca de la serpiente y conservarse largo tiempo sin mordeduras. Quien ama el peligro, perecerá en él (Si 3,26).* San Bernardo decía: *"¿No es mayor milagro permanecer puro exponiéndose a la ocasión de pecado que resucitar un muerto? No podéis hacer lo que es menos (resucitar un muerto) ¿y queréis que yo crea de vosotros lo que es más?"*.

Edad

¿A qué edad hay que ponerse de novio? El amor no tiene edad: hay matrimonios felices que se conocieron de muy jóvenes, y también de aquellos que se conocieron siendo más adultos.

Pero por lo general es desaconsejable de muy joven, por varias razones:

– No tienen la madurez que dan los años.
– No tienen plena responsabilidad.
– La perspectiva de un noviazgo largo puede enfriar el amor.
– Pierden los mejores años de su juventud, y el trato con amigos o amigas que es de gran provecho para la vida.
– Muchas veces decae el interés por la carrera.
– El conocimiento del campo de elección es muy estrecho. Con los años se amplía el número de conocidos y de amigos y la elección puede hacerse mejor.

Es como los frutos, ni muy tempranos, porque necesitan madurar; ni muy tarde porque se caen y se echan a perder.

Tenemos un ejemplo en una modelo argentina, que se casó a los 16 y a los 17 ya se había separado: *Deborah de Corral: a los 13 vivía sin su mamá, a los 15 se convirtió en modelo, a los 16 se puso de novia, a los pocos días se fue a vivir con su novio, a los 17 se separó: "Necesito estar un tiempo sola. Quiero estar tranquila y recuperar mi trabajo... Estaba sola con mis 16 años y la pasé mal*"[80].

Dimensión religiosa

¿Cuál es la señal de que los novios se aman de verdad? La señal es el crecimiento en el amor a Dios. Si no se ama a Dios, es señal de seguro fracaso en el matrimonio. Si se ama a Dios sobre todas las cosas, señal de que se hará un sólido matrimonio fundado sobre roca (*Mt* 7,25): caerá la lluvia de las dificultades, vendrán los torrentes de sacrificios, soplarán los vientos de las calumnias; pero el matrimonio permanecerá firme.

Dios quiere el matrimonio, y por eso lo hizo sacramento, por lo tanto es algo grande, que se lo prepara con ese tiempo hermoso que es el noviazgo.

¿Pero cómo prepararse?

– Por medio de la lectura de buenos libros acerca del matrimonio (encíclicas...).

– Colaborando ambos en trabajos apostólicos.

– Ayudándose en cumplir bien el deber de estado.

– Reavivando el primer amor.

– Frecuentando los sacramentos: sobre todo la Misa dominical.

– Mediante una ardiente devoción a la Virgen.

Los jóvenes castos serán los que formen los hogares más firmes, más fecundos, más sólidos y más felices.

Un hermoso ejemplo de noviazgo católico lo tenemos en el joven Bartolomé Blanco Marques que murió mártir en la Guerra Civil Española, a los 21 años de edad, el 2 de octubre de 1936. Antes de morir fusilado por ser católico, dejó cuatro cartas: tres a

---

[80] *Revista Gente*, 27-07-1993, pp. 36-39.

su familia y una a su novia, donde vuelca los elevados sentimientos de su noble alma:

"Prisión Provincial de Jaén, 1 de octubre de 1936

María del alma:

Tu recuerdo me acompañará a la tumba; mientras haya un latido en mi corazón, éste palpitará con cariño para ti. Dios ha querido sublimar estos afectos terrenales, ennobleciéndolos cuando nos amamos en Él. Por eso aunque en mis últimos días Dios es mi lumbrera y anhelo, no impide para que el recuerdo de la persona que más quiero me acompañe hasta la hora de la muerte... Cuando me quedan pocas horas para el definitivo reposo, sólo quiero pedirte una cosa: que en recuerdo del amor que nos tuvimos y que en este momento se acrecienta, atiendas como objetivo principal a la salvación de tu alma; porque, de esa manera, conseguiremos reunirnos en el cielo, para toda la eternidad, donde nadie nos separará. ¡Hasta entonces, pues, María de mi alma! No olvides que desde el cielo te miro, y procura ser modelo de mujeres cristianas, pues al final de la partida de nada sirven los goces y bienes terrenales, si no acertamos a salvar el alma...

Hasta la eternidad, donde continuaremos amándonos por los siglos de los siglos.

Bartolomé".

7.

TE SEGUIRÉ ADONDE QUIERAS QUE VAYAS

"El Señor les propone metas más elevadas y los llama
a entregarse a ese amor sin reservas.
Descubrir esta llamada, esta vocación
es caer en la cuenta de que Cristo tiene los ojos fijos en ti
y que te invita con la mirada a la donación total en el amor.
Ante esa mirada, ante ese amor suyo,
el corazón abre las puertas de par en par
y es capaz de decirle que sí".
(Asunción, Paraguay, 19-06-1988)

Jesucristo realmente vale la pena.

Jesucristo es el gran cautivador. Es el enamorado más grande de toda la historia. El enamorado más ardiente por toda la eternidad. Es el gran cautivador de corazones.

Jesucristo vale la pena. Él merece la entrega de toda una existencia. Y mucho más.

¿Por qué? ¿Qué es lo que, de hecho, en el fondo, mueve a tantos jóvenes a entregarse incondicionalmente a su seguimiento, a seguirlo a donde quiera que vaya?

Según algunos es la Resurrección. No es correcto. No. Con la resurrección difícilmente se despierte alguna vocación, porque creerán que uno está haciendo propaganda, al estilo de esas

207

instituciones que por televisión hacen "jingles" pegadizos: "*Si al escuchar esta música tu corazón late más aprisa, entra en la Escuela de..., tendrás un gran porvenir...*".

Según otros se trata de un "susto" con el infierno; o de algún fracaso amoroso; o de algún "lavado de cabeza", o del fruto de una coacción. Falso!. Si un joven o una joven llega a intentar consagrarse por esos motivos, no dura ni dos horas. Pura mentira.

Me crean o no, a mi modo de ver la vocación al sacerdocio y, en general, a la vida consagrada, es producida por la CRUZ DE CRISTO. Se trata de que *me amó y se entregó por mí* (*Ga* 2,20), y de que *el amor todo lo soporta* (1*Co* 13,7), menos una cosa: que se le pongan límites. Se trata de que por eso Cristo amó hasta la muerte; se trata de que jamás un joven le podrá reprochar que no lo amó lo suficiente. Y eso mueve. Eso llama. Eso quema. Eso atrae. Eso enardece.

El llamado no es, entonces, otra cosa que un llamado a compartir radicalmente los dolores de Cristo. No es un llamado a pasarla bien, sino *a pasarla mal*, como enseña el Espíritu Santo: *Hijo, si te acercares a servir al Señor Dios, prepara tu alma para la prueba* (*Si* 2,1). Es un llamado *a morir cada día* (1*Co* 15,31). Es un llamado a *crucificarse con Cristo* (*Ga* 2,19). Es un llamado a ser "como condenados a muerte"[81]. Es un llamado a subir al Calvario.

Lo dijo de algún modo Jesucristo, en general; y creo que puede entenderse de la vocación, en particular: "*Cuando yo sea elevado a lo alto* —es decir, a la cruz—, *atraeré a todos hacia mí*" (*Jn* 12,32).

Si un joven o una joven está realmente dispuesto a *ser elevado a lo alto* con Jesucristo, es posible que tenga vocación. Si se asusta ante esto, probablemente no la tenga. El que tiene vocación está

---

[81] Cf. *2Co* 4,11.

dispuesto a hacer cosas grandes, heroicas, incluso épicas por Cristo y su Iglesia.

✠   ✠   ✠

Muchas personas, ignorando la naturaleza de la vocación – otros, directamente, con mala intención–, han buscado evitar con falsas razones la concreción de la vocación de muchos chicos y chicas que realmente se sintieron llamados. Por eso quisiera detenerme brevemente a considerar algunas de las más comunes objeciones para mostrar, con la autoridad de los santos, que esas objeciones no tienen ningún fundamento real.

1. Sublimidad del estado de vida consagrada

La entrada misma a la vida religiosa representa, evidentemente, un bien mejor, y quien duda de esto, dice Santo Tomás, *"contradice a Cristo"*[82], que la hizo objeto de un consejo evangélico. En otra parte enseña el Angélico que es *"injuriar a Cristo"*[83] no darse cuenta que la vocación consagrada es un bien mayor. De ahí que diga San Agustín: *"te llama el Oriente"*, es decir Cristo, *"y tú atiendes al Occidente"*[84], es decir, al hombre mortal y capaz de error[85].

Respondiendo a la siguiente objeción, *"si es aconsejable entrar en la vida religiosa sin antes haber pedido el parecer de muchos y haberlo pensado por mucho tiempo"*, responde Santo Tomás que: *"...el que pide el ingreso no puede dudar de que su vocación venga de Dios, de quien es propio «conducir al hombre por caminos rectos» (Sal 142,10)"*[86].

---

[82] SANTO TOMÁS, *S.Th.*, 2-2, 189, 10: *"...derogat Christo..."*.

[83] SANTO TOMÁS, *Contra la pestilencial doctrina de los que apartan a los hombres del ingreso a la religión*, Ed. Desclée, Buenos Aires, 1946, p. 80: *"...iniuriam facit Christo..."*.

[84] SAN AGUSTÍN, *De verb. Dom.*, serm. 100, c.2; ML 38, 604.

[85] SANTO TOMÁS, *S.Th.*, 2-2, 189, 10.

[86] *Ibídem*, ad 1.

CARLOS MIGUEL BUELA

Por eso enseña San Juan Bosco: *"El estado religioso es un estado sublime y verdaderamente angélico. Los que por amor de Dios y de su eterna salud sienten en su corazón el deseo de abrazar este estado de perfección y de santidad,* **pueden creer, sin duda alguna, que tal deseo viene del cielo,** *porque es demasiado generoso y está muy por encima de los sentimientos de la naturaleza"*[87].

2. Temor de que falten fuerzas

Santo Tomás dice, haciendo alusión al miedo de que falten las fuerzas necesarias para perseverar en la vocación: *"Tampoco hay aquí lugar a duda ya que los que entran en religión* **no confían en sus fuerzas para perseverar, sino en la ayuda divina.** *Así, dice Isaías: «Los que esperan en el Señor recibirán nuevas fuerzas; andarán y no sentirán fatiga» (40,31)"*[88]

"El temor de algunos de no llegar a la perfección entrando en la vida religiosa es **irracional** *y refutado por el ejemplo de muchos. ...dice San Agustín*[89] *«...tantos niños y niñas, innumerable juventud y toda suerte de edades, viudas reverenciales y ancianas que envejecieron en su virginidad. Se burlaban de mi con cariño y decíanme con ironía: ¿Y tú no podrás lo que pudieron éstos y éstas? ¿Acaso éstos y éstas lo pudieron por sí mismos y no en su Dios y Señor? Confías en ti mismo y por eso dudas.»"*[90]

Don Bosco afirma al respecto: *"Y no teman, los candidatos, que les falten las fuerzas necesarias para cumplir con las obligaciones que el estado religioso impone; tengan por el contrario, gran confianza, porque Dios, que comenzó la obra, hará que tengan perfecto cumplimiento estas palabras de San Pablo: «El que comenzó en vosotros la buena obra, la perfeccionará hasta el día de Jesucristo» (Flp 1,6)"*[91].

---

[87] SAN JUAN BOSCO, *Obras fundamentales,* Ed. B.A.C., Madrid, 1979, 2ª. edición, p. 644, (resaltado nuestro).
[88] *Op. cit.* (resaltado nuestro).
[89] SAN AGUSTÍN, *Confesiones,* l. VIII, c.11.
[90] SANTO TOMÁS, *S.Th.,* 2-2, 189, 10, 3, (resaltado nuestro): *"...est irracionabilis"*
[91] *Idem.*

3. Prontitud en seguir la vocación

Santo Tomás se pregunta si es aconsejable entrar en la vida religiosa habiendo antes pedido el consejo de muchas personas y luego de haberlo pensado por mucho tiempo. Y responde que es aconsejable lo contrario, o sea, no pedir consejo a muchas personas, ni dejar pasar mucho tiempo.

El consejo y la deliberación se necesitan en las cosas de bondad dudosa, pero no en ésta, que es ciertamente buena, porque es aconsejada por el mismo Jesucristo. De lo cual nos dieron ejemplo los Apóstoles: San Pedro y San Andrés, a la llamada de Jesús, *inmediatamente, dejadas las redes lo siguieron (Mt* 4, 20); y San Pablo contando su vocación dice que respondió: *...al instante, sin pedir consejo ni a la carne ni a la sangre,* ... (*Ga* 1,16). Comenta San Juan Crisóstomo: *"Cristo nos pide una obediencia tal, que no nos detengamos ni un instante"*[92].

a- Los hombres mundanos

Comentando esta doctrina dice Don Bosco: *"¡Cosa singular! Los hombres del mundo, cuando alguno quiere entrar en un instituto religioso para darse a una vida más perfecta y más segura de los peligros del mundo, dicen que se requiere para tales resoluciones mucho tiempo, a fin de asegurarse de si la vocación viene verdaderamente de Dios y no del demonio"*[93].

b- Aun en la hipótesis que fuese una tentación del Diablo.

"Pero no hablan ciertamente así cuando se trata de aceptar un cargo honorífico en el mundo, en donde hay tantos peligros de perderse. Lejos de pensar así, Santo Tomás dice[94] *que la vocación religiosa debería abrazarse*

---

[92] *Super Mt, Homilia 14;* MG 57, 219; Cf. SANTO TOMÁS, *S.Th,* 2-2, 189, 10.

[93] *Op. cit.,* pp. 644-645.

[94] SANTO TOMÁS, *Contra la pestilencial doctrina de los que apartan a los hombres del ingreso a la religión,* Ed. Desclée, Buenos Aires, 1946, pp. 95-96: *"Pero aun suponiendo que el mismo Demonio incite a entrar en religión, siendo esto de suyo una obra buena y propia de ángeles buenos, no hay ningún peligro en seguir en este caso su consejo... Con todo se debe advertir que si el Diablo –aun un hombre– sugiere a alguien entrar en religión para emprender en ella el seguimiento de Cristo, tal sugestión no tiene eficacia alguna si no es atraído interiormente por Dios... Por consiguiente sea quien fuese el que*

aunque viniese del demonio, porque siempre debe seguirse un buen consejo aunque nos venga de un enemigo. Y San Juan Crisóstomo asegura que Dios, cuando se digna hacer semejantes llamamientos, quiere que no vacilemos ni un momento siquiera en ponerlos en práctica"[95].

c- Razones para no dilatar la decisión

"En otro lugar dice el mismo santo que, cuando el demonio no puede disuadir a alguno de la resolución de consagrarse a Dios, hace cuando menos todo lo posible para que difiera su realización, teniendo por gran ganancia si logra que la difiera por un solo día y hasta por una hora. Porque después de aquel día y de aquella hora vendrán nuevas ocasiones y no le será muy difícil obtener más larga dilación, hasta que el joven llamado, hallándose más débil y menos asistido de la gracia, ceda del todo y abandone la vocación"[96].

d- Peligros de la dilación

"Por esto San Jerónimo, a los que son llamados a dejar el mundo, les da este consejo: «Te ruego que te des prisa, y antes bien cortes que desates la cuerda que detiene la nave en la playa». Con esto quiere decir el santo que, así como si uno se hallase atado a un barco y en peligro de sumergirse, no se entretendría en desatar la cuerda, sino que la cortaría; así el que se halla en medio del mundo debe inmediatamente librarse de él, a fin de evitar cuanto antes el peligro de perderse, lo cual es muy fácil".

e- Aceptar el primer movimiento de la gracia

"Véase lo que escribe nuestro San Francisco de Sales en sus obras sobre la vocación religiosa: «Para tener una señal de verdadera vocación, no necesitáis experimentar una constancia sensible; basta que persevere la parte superior del espíritu; por esto no debe creerse falta de verdadera vocación la persona llamada que, antes de realizarla, no siente aquellos afectos sensibles que sentía en un principio; sino que, por el contrario, siente repugnancias y desmayos que acaso le hagan vacilar, pareciéndole que todo está perdido.

---

sugiere el propósito de entrar en religión, siempre este propósito viene de Dios".
[95] *Op. cit.*
[96] *Op. cit.*

No; basta que la voluntad siga constante en no querer abandonar el divino llamamiento, que quede algún afecto hacia él. Para saber si Dios quiere que uno sea religioso, no es necesario aguardar que el mismo Dios hable o que desde el cielo envíe un ángel para manifestar su voluntad. Ni tampoco es necesario un examen de diez doctores para resolver si la vocación debe o no seguirse; lo que importa es corresponder a ella y acoger el primer movimiento de la gracia sin preocuparse de los disgustos o de la tibieza que puedan sobrevenir; porque, haciéndolo así, Dios procurará que todo redunde a su mayor gloria»[97]".

4. Principales enemigos

Los principales enemigos en materia de seguirlo a Cristo en la entrega total suelen ser los padres carnales. De ahí que enseñe en términos generales San Juan Crisóstomo: *"Cuando los padres impiden las cosas espirituales, ni siquiera deben ser reconocidos como padres"*[98].

Santo Tomás respecto a esta cuestión responde: "Así como *la carne tiene tendencias contrarias a las del espíritu» según dice el Apóstol (Ga* 5,17), también los amigos carnales son contrarios al progreso espiritual. Así, se lee en Miqueas (7,6): *Los enemigos del hombre están en su propia casa.* Por eso dice San Cirilo, comentando a San Lucas (9,61): Esta preocupación por avisar a los suyos deja entrever la división del alma, pues informar a los parientes y consultar a gentes contrarias a la justa estimación de las cosas indica un ánimo poco esforzado y retraído». Por eso respondió el Señor: «Nadie que ponga su mano en el arado y vuelva su vista atrás es apto para el reino de Dios» (Lc 9,62). Y mirar hacia atrás es buscar dilación para poder volver a su casa y consultar con los suyos"[99].

La vocación es una flor tan delicada que mucho debe cuidarse. San Alfonso, preguntándose qué se requiere en el mundo para

---

[97] *Op. cit.*
[98] *Op. cit.* p. 646.
[99] SANTO TOMÁS, *S.Th.*, 2-2, 189, 10, 2.

perder la vocación, responde: "Nada. Bastará un día de recreo, un dicho de un amigo, una pasión poco mortificada, una aficioncilla, un pensamiento de temor, un disgusto no reprimido. El que no abandona los pasatiempos debe estar convencido de que indudablemente perderá la vocación. Quedará con el remordimiento de no haberla seguido, pero seguramente no la seguirá..."[100]. ¡Nada!...en el mundo o también en un seminario o convento donde no reina el espíritu de Cristo, sino el espíritu del mundo, no el Israel espiritual, sino el Israel carnal. Porque *el mundo no puede recibir el Espíritu de la Verdad, porque no le ve ni le conoce*[101].

5. Dudas sobre la vocación

Sigue enseñando Don Bosco: "El que se consagra a Dios con los santos votos hace uno de los ofrecimientos más preciosos y agradables a su divina majestad. Pero el enemigo de nuestra alma, comprendiendo que con este medio uno se emancipa de su dominio, suele turbar su mente con mil engaños para hacerle retroceder y arrojarle de nuevo a las sendas tortuosas del mundo. El principal de estos engaños consiste en suscitarle dudas sobre la vocación, a las cuales sigue el desaliento, la tibieza y, a menudo, la vuelta a este mundo, que tantas veces había reconocido traidor y que, por amor a Jesucristo, había abandonado.

"Si, por acaso, amadísimos hijos, os asaltare esta peligrosa tentación, respondeos inmediatamente a vosotros mismos que, cuando entrasteis en la Congregación, Dios os había concedido la gracia inestimable de la vocación, y que si ésta os parece ahora dudosa es porque sois víctimas de una tentación, a la que disteis motivo, y que debéis despreciar y combatir como una verdadera insinuación diabólica. Suele la mente agitada decir al que duda: Tú podrías obrar mejor en otra parte. Responded vosotros al instante

---

[100] *Op. cit.*, pp. 647-648.
[101] Cf. *Jn* 14,17.

con las palabras de San Pablo: **Cada uno en la vocación a que fue llamado, en ella permanezca** (1Co 7,20). El mismo Apóstol encarece la conveniencia de continuar firmes en la vocación a que cada uno fue llamado: **Y así os ruego que andéis como conviene en la vocación a que habéis sido llamados, con toda humildad y mansedumbre, con paciencia** (Ef 4,1s). Si permanecéis en vuestro instituto y observáis exactamente las reglas, estáis seguros de vuestra salvación.

"Por el contrario, una triste experiencia ha hecho conocer que los que salieron de él las más veces se engañaron. Unos se arrepintieron, perdiendo la paz para siempre; otros cayeron en grandes peligros, y hasta hubo alguno que llegó a ser piedra de escándalo para los demás, con gran peligro de su salvación y de la ajena.

"En tanto pues, que vuestro espíritu y vuestro corazón se hallen agitados por las dudas o por alguna pasión, os recomiendo encarecidamente que no toméis deliberación alguna, porque tales deliberaciones no pueden ser conformes a la voluntad del Señor, el cual, según dice el Espíritu Santo, no está en la conmoción[102]. En estos trances os aconsejo que os presentéis a vuestros superiores, abriéndoles sinceramente vuestro corazón y siguiendo fielmente sus avisos. Sea cual fuere el consejo que ellos os dieren, practicadlo y no erraréis; que en los consejos de los superiores está empeñada la palabra del Salvador, el cual nos asegura que sus respuestas son como dadas por él mismo, diciendo: «Quien a vosotros oye, a mí me oye» (*Lc* 10,16)".

6. Conclusión

Cada vocación es una obra maestra de Dios. El Divino Orfebre, quien desde la eternidad ha elegido a determinados

---

[102] Cf. *1Re* 19,11.

hombres y mujeres para su servicio, desde mucho tiempo antes de que hubiéramos decidido seguirlo más de cerca, nos va preparando a través de los padres y madres que nos da, de los demás familiares, por la educación, por los dones, talentos, carácter y temperamento, circunstancias y acontecimientos, etc. La misma decisión vocacional es un maravilloso filigranado de la gracia. Los que ignoran, desconocen o niegan que la vocación a la vida consagrada consiste principalmente en el llamado interior: "...voces interiores del Espíritu Santo... el impulso de la gracia... por inspiración del Espíritu Santo ..."[103], a pesar de toda la propaganda exterior vocacional que puedan hacer, desalentarán, demorarán, trabarán, e incluso, en lo que de ellos dependa, impedirán que los candidatos concreten la vocación. Pues, quien busca impedir la vocación o quien no la decide, se le aplica lo de Santo Tomás: *"quien detiene el impulso del Espíritu Santo con largas consultas, o ignora o rechaza concientemente el poder del Espíritu Santo"[104]*.

En el fondo siguen vivas dos herejías: la de Joviniano en Roma (+ 406) que equiparaba el matrimonio a la virginidad; y la de Vigilancio en la Galia (370-490), que equiparaba las riquezas a la pobreza. Ambas herejías tienen un común denominador: ¡apartar a los hombres de lo espiritual esclavizándolos a las cosas terrenas! Es lo que Satanás hace por medio de hombres carnales, impedir que los hombres sean *"transformados en vistas a la vida eterna"[105]*.

El malvado intento de querer, de mil maneras y con toda astucia, alejar a los hombres y mujeres de la vida religiosa tiene un antecedente en la actitud del Faraón que reprendió a Moisés y a Aarón que querían sacar de Egipto al pueblo elegido: *¿Cómo es que vosotros... distraéis al pueblo de sus tareas? (Ex 5, 4).*

---

[103] *Op. cit.*, pp. 83-84.
[104] *Op. cit.*, p. 87.
[105] *Op. cit.* p.16.

De manera particular, en esta época gnóstica, que busca reducir el cristianismo de acontecimiento a idea[106], tarea en la que está empeñado el llamado progresismo cristiano, se vacían los seminarios y noviciados, porque los jóvenes no se sienten demasiado movidos a entregar su vida por una idea; pero sí por una Persona. El nominalismo formalista, el abandono del ser, no entusiasman a nadie y son infinitamente aburridos. Esto es análogo a lo de aquel párroco que hizo la procesión del Corpus sin llevar el Corpus, porque Cristo está en el pueblo. O sea, Cristo sin Cristo y el pueblo adorándose a sí mismo. Seminarios y noviciados vacíos porque se olvidaron del Acontecimiento, se olvidaron de Cristo y adoran sus ideas acerca de Cristo; pero siguen aferrados a las mismas a pesar de constatar sus frutos nocivos.

No solamente muchos tratan de impedir las vocaciones a la vida consagrada, sino, lo que es peor, muchos de los responsables no saben cuáles son las causas de la falta de vocaciones, ni cuáles son las causas de las defecciones. A veces, incluso, se convierten en ocasión de defección cuando argumentan que hubo falta de vocación; pero, ¿acaso, cuando la Iglesia llama por medio del obispo o del superior religioso, no está por ese mismo acto confirmando que se está frente a una verdadera vocación divina? Enseña San Pablo, y es de fe, que: *Los dones y la vocación de Dios son irrevocables* (*Ro* 11,29). Y así, los responsables, por ignorancia crasa o supina, son incapaces de poner remedio.

Si no se solucionan estos problemas será muy difícil la Nueva Evangelización. Pensar que pueda haber Nueva Evangelización sin evangelizadores, es tan absurdo como el vaciamiento gnóstico de la procesión del Corpus sin Corpus. Por eso decía Juan Pablo II en Santo Domingo: "condición indispensable para la Nueva Evangelización es poder contar con evangelizadores numerosos y cualificados. Por ello, la promoción de las vocaciones sacerdotales

---

[106] Cf. *Vox Verbi*, 1 de abril de 1996, Año 3, n° 60, pp. 30-32.

y religiosas... ha de ser una prioridad de los obispos y un compromiso de todo el pueblo de Dios"[107].

---

[107] *Discurso inaugural en Santo Domingo,* 12-10-92, n° 26; citado en *Documento de Santo Domingo, Conclusiones,* n° 82.

CAPÍTULO 5

Profundizando en la fe

"... tiene el único nombre en que seremos salvos" (He 4,12)

"Queridos jóvenes,
sólo Jesús conoce vuestro corazón,
vuestros deseos más profundos.
Sólo Él,
que os ha amado hasta la muerte,
es capaz de colmar vuestras aspiraciones.
Sus palabras
son palabras de vida eterna,
palabras que dan sentido a la vida.
Nadie fuera de Cristo
podrá daros la verdadera felicidad".

(Mensaje para la XVIII Jornada Mundial de la Juventud. 25-07-2002).

1.

«Y EL VERBO SE HIZO CARNE Y HABITÓ ENTRE NOSOTROS» (JN 1,14)

"En el misterio de la Encarnación el Hijo de Dios
en persona se ha hecho visible:
«Al llegar la plenitud de los tiempos,
Dios envió a su Hijo, nacido de mujer» (Ga 4, 4).
Dios se hizo hombre en Jesucristo, el cual ha pasado a ser así
«el punto de referencia para comprender el enigma de la existencia humana, del
mundo creado y de Dios mismo»".
(Carta a los Artistas, 5, 04-04-1999)

La Iglesia al celebrar el Gran Jubileo a los 2000 años de la Encarnación del Verbo está recordando uno de los misterios centrales de nuestra fe: el misterio de Jesucristo.

Y es una gran verdad que en el mundo no hay cosa más grande que Jesucristo, y por eso creo que la gran experiencia que tienen que hacer los jóvenes de todos los siglos y de manera especial los de este siglo, que son los jóvenes del tercer milenio, es hacer lo que yo llamo la experiencia de Jesucristo, que es algo muy personal, pero como estoy dirigiéndome a mucha gente, no puedo hacerlo como cuando se habla de uno a uno, sino que va a tener algo de impersonal.

Pero el encuentro con Jesucristo no es impersonal, sino que es el encuentro de Él con cada uno, es en la intimidad de la conciencia, en lo recóndito del corazón y del alma, y por eso es más que personal, es personalísimo, porque no hay dos hombres iguales y por tanto no hay dos encuentros con Jesucristo iguales. El encuentro de cada uno y de cada alma con Jesucristo tiene características singulares, porque somos personas, no somos números, ni robots...

Por eso mismo el encuentro con Jesucristo es único, donde nadie puede ocupar mi lugar, donde soy yo el que tiene que poner los medios para que realmente ese encuentro sea un encuentro real, sea fructífero, sea inolvidable, sea un encuentro que realmente me marque para toda la vida.

Y por eso, a mi parecer, hay determinados puntos que hay que tener presente para que esto sea un encuentro auténtico:

1. Unirse a su Persona

Cuando conocemos a alguien, conocemos su exterior, su cara, su rostro, vemos su cuerpo, pero no vemos su alma, no vemos "su persona". Sin embargo lo más importante es "su persona".

Nos damos cuenta de cómo es esa alma, de cómo es esa persona, a través de sus actos, de lo que hace, de lo que habla, cuando vemos sus virtudes.... y recién después podemos decir que lo conocemos; de manera similar sucede con Jesucristo.

Muchas veces, lamentablemente, el conocimiento que se tiene de Jesucristo es un conocimiento superficial, de afuera, es cáscara, es barniz. Creemos que conocemos a Jesucristo porque desde chiquitos aprendemos a distinguirlo al ver un crucifijo, pero mientras no lleguemos a su alma, a su corazón, mientras no lleguemos a "su Persona", no lo conocemos realmente.

Conocerlo significa que puedo dar razón de la pregunta: ¿quién es Jesucristo? Jesucristo es el Hijo de Dios hecho hombre, y que es Hijo de Dios quiere decir que es la Segunda Persona de la Santísima Trinidad. Por lo tanto unirme a su Persona quiere decir unirme a la Segunda Persona de la Santísima Trinidad; unirme a su Persona es poder dar una respuesta convincente, por estar yo primeramente convencido de qué hizo Jesucristo, de cuál fue su vida, su misión en este mundo, de quiénes fueron los predilectos de su corazón, de qué es lo que nos enseñó.

Y así como sucede en el conocimiento humano, que cuando conozco a una persona y en lo profundo, esa persona a su vez, por simpatía, me conoce, porque me he tomado el trabajo de conocerla; del mismo modo acontece cuando lo conozco a Él, tomo conciencia de que Él me conoce, y me conoce no de una manera superficial, no de afuera, no como me conocen los demás que dicen: "es esto, es lo otro", porque se fijan generalmente sólo en cosas exteriores, sino que me conoce en lo profundo, en lo más profundo de mi conciencia, ya que Él es más interior a mí que yo mismo. No hay quien me conozca tanto como Él. Y cuando se da ese conocimiento, necesariamente se sigue el amor: el amarlo, y amarlo como sólo a Dios se puede amar, amarlo con un corazón irrestricto, sobre todas las cosas, con todas las fuerzas del alma, con todas las fuerzas del corazón, con todas las fuerzas de la mente; con un amor afectivo, es decir, con actos de amor de mi voluntad por los cuales yo lo amo y me enamoro de Él y me dejo enamorar; y con un amor efectivo, es decir, haciendo lo que Él quiere. Y ahí descubro también que no sólo me conoce intimísimamente, sino que descubro que me ama intensamente.

En la apertura del Jubileo de los Jóvenes del año 2000, en Roma, el Papa les decía a los jóvenes: "No penséis nunca que sois desconocidos a sus ojos, como simples números de una masa anónima; cada uno de vosotros es precioso para Cristo, Él los conoce personalmente y los ama, incluso cuando no se dan cuenta de ello"[108]. Como decía una gran santa, Santa Catalina de

---

[108] JUAN PABLO II, *Palabras de acogida en la plaza de San Pedro*, OR 33 (2000) 1651.

Ricci: "Él se consume por darnos sus gracias"[109]. Y como en el caso de nuestro Señor estamos en un orden que no es meramente el orden natural, (su cuerpo...) sino que también es sobrenatural (su naturaleza divina, su Persona divina...) el conocimiento que debemos tener de Él es un conocimiento sobrenatural, un conocimiento por la fe, por la esperanza y por la caridad. Por eso es que siempre debemos pedir la gracia de crecer en la fe, siempre debemos alimentar nuestra fe, siempre tenemos que pedir, como pedía aquel del Evangelio: *Creo, Señor, ayuda mi incredulidad* (*Mc* 9,14).

El Papa, en Tor Vergata, en las afueras de Roma, hablando, ante dos millones de jóvenes, hizo una pregunta: "En el año 2000, ¿es difícil creer?". Y respondió: "Sí, es difícil, no hay que ocultarlo". Son tantos los ataques despiadados que se reciben a través de los medios de comunicación social contra la fe, que se va haciendo cada vez más difícil la fe católica. Por eso, hay que aprender a tener una fe viva, una fe valiente, una fe operante, una fe intrépida, una fe que puede llevar, como ha llevado a tantos hermanos nuestros en este siglo que pasó, a dar la misma vida por nuestro Señor, siendo mártires, y sufriendo el martirio cruento. Esa fe que nos enseña nuestro Señor es una fe que nos debe llevar a tener, respecto a Él, distintas características:

a. Confianza. Cuando uno auténticamente cree, puede decir como el apóstol San Pablo: *Todo lo puedo en Aquel que me conforta* (*Flp* 4,13); o como él mismo también dijo: *Sé en quién he puesto mi confianza* (*2Tim* 1,12). Por tanto, no basta una fe meramente cerebral, sino que es necesaria una fe que se tiene que hacer vida en nosotros, una fe por la cual nosotros, a pesar de las dificultades que tengamos que pasar, siempre debemos confiar en Él, porque sabemos en quién hemos puesto nuestra confianza. Y por muy difícil que sea la fe en estos tiempos, por muy difícil que

---

[109] «Egli si strugge a darvi delle grazie». DOMENICO DI AGRESTI, *Caterina de Ricci. L'esperienza spirituale della santa di Prato*, Edizioni Libreria Cattolica (Prato 2001) 87.

sea la fidelidad a Jesucristo, si realmente creemos en Él, no debemos tener miedo: *Ánimo* –dice en varias partes del Evangelio– *no temáis, soy Yo (Mt* 14,27).

b. La esperanza, que es la certeza de que si hacemos lo que tenemos que hacer, un día alcanzaremos el premio. Ella es la que debe movernos a hacer actos grandes en toda virtud, con tal de alcanzar el conocimiento de Jesucristo nuestro Señor.

c. El convencimiento de que sólo la caridad, como decía Don Orione, salvará al mundo. Por eso *la caridad de Cristo nos urge, nos apremia (2Cor* 5,14).

Vivir la caridad como la vivió, por ejemplo, San Alberto Hurtado, que supo hacerse todo para todos, buscando a los pobres, a los necesitados, a los ancianos, abriendo ese Hogar de Cristo, que todavía hoy sigue abierto, y que es una maravilla, un monumento a la caridad cristiana.

2. Tener su espíritu

No basta una unión exterior, ni siquiera basta el cumplimiento externo de determinados ritos o de determinadas obras, sino que hay que tener su espíritu. Pocas palabras hay en la Sagrada Escritura tan graves como aquellas del apóstol San Pablo en la carta a los Romanos: *El que no tiene el espíritu de Cristo, ése no es de Cristo* (8,9). Puedo venir de una familia muy católica, puedo ser de un ambiente, de una sociedad muy cristiana, puedo haber recibido todos los sacramentos habidos y por haber, puedo conocer de memoria el Evangelio y toda la Biblia, pero si no tengo el espíritu de Cristo, no soy de Cristo. Hay que tener su espíritu, por eso el Apóstol insiste *Llenaos del Espíritu Santo (Ef* 5,18).

Y, ¿cómo sé si tengo el espíritu de Cristo? Sé si tengo el espíritu de Cristo, en tanto y en cuanto vea en mí los frutos del espíritu.

Y, ¿cuáles son los frutos del espíritu?

Lo dice San Pablo en la Carta a los Gálatas: *los frutos del espíritu son caridad, gozo, paz, longanimidad, afabilidad, bondad, fe, mansedumbre, templanza* (5,22). Ese espíritu es el mismo reino de Dios, como también dice el Apóstol en la carta a los Romanos: *el reino de Dios es justicia, paz, y alegría en el Espíritu Santo* (14,17). Por eso, los que son movidos por el Espíritu Santo, son hijos de Dios.

3. Asimilar su doctrina

El Verbo se hizo Carne. Y así como el Verbo se hizo carne en Jesucristo, el Verbo también –por así decirlo– se hizo letra en los Evangelios, porque quiso dejarnos documentos escritos, que nos transmiten los Apóstoles y la Iglesia, por la cual, de una manera verdadera, nos llega la verdad cierta acerca de Jesucristo.

Lo cual nos obliga a conocerlo para saber defender su doctrina, porque como decía Juan Pablo I, "Hoy de la fe sólo se tiene lo que se defiende"[110]. Esto lo recordaba el Papa Juan Pablo II, en Tor Vergata, a la noche. Quiso dejar a los jóvenes un regalo, para que puedan ser los cristianos del tercer milenio: el Evangelio. Y les decía: "La Palabra que contiene es la Palabra de Jesús. Si la escucháis en silencio, en oración, dejándoos ayudar por el sabio consejo de vuestros sacerdotes y educadores con el fin de comprenderla para vuestra vida, entonces encontraréis a Cristo y lo seguiréis, entregando día a día la vida por Él"[111]. Asimilar la doctrina de Jesucristo es llegar a comprender lo que es el corazón del Evangelio, lo que son las Bienaventuranzas. Comprender el corazón del Evangelio es comprender aquello que es diametralmente opuesto a lo que el mundo quiere. Así, por ejemplo:

– El mundo reclama riquezas; Jesús dice: *Bienaventurados los que tienen alma de pobres* (*Mt* 5,3).

---

[110] ALBINO LUCIANI, *Ilustrísimos Señores* (Madrid 1978) 93.

[111] JUAN PABLO II, *Homilía durante la vigilia de oración celebrada en Tor Vergata*, OR 34 (2000) 1652.

– El mundo busca vengarse; Jesús dice: *Bienaventurados los mansos porque poseerán la tierra (Mt* 5,4).

– El mundo tiene hambre y sed de cosas materiales; Jesucristo dice: *Bienaventurados los que tienen hambre y sed de justicia (Mt* 5,5).

– El mundo no perdona; Jesús dice: *Bienaventurados los misericordiosos (Mt* 5,6).

– El mundo vive en los excesos, y en la idolatría de la carne y del sexo; Jesús dice: *Bienaventurados los puros (Mt* 5,7).

– El mundo cree que va a solucionar las cosas con guerras, luchas y peleas; Jesús dice: *Bienaventurados los pacíficos (Mt* 5,8).

– El mundo cree que lo mejor es el confort, el pasarla bien, y ¿qué me importa lo demás?; Jesús dice: *Bienaventurados los que sufren persecución. Alegraos y regocijaos entonces, porque grande será vuestro nombre en los cielos* (Mt 5,9).

Él es *el único que tiene Palabras de vida eterna (Jn* 6,68).

Yo ya tengo años; ¡tanto he escuchado mentir!, ¡tanto…!, por la radio, por la televisión, por los diarios, en los libros, en las conversaciones, en las promesas electorales –yo ya no sé cuántas elecciones he pasado en este país– ... ¡Están hablando y les están mintiendo! Sin embargo, están en pose, desayunan con bronce, para tener un busto en la plaza... Y ¡te están mintiendo! ¡Mienten! Jesucristo, no; Jesucristo no miente. ¡Es el único que no miente! Y no solamente no miente, sino que es el único que tiene palabras de vida eterna: *El cielo y la tierra pasarán, pero mis palabras no pasarán* (Mc 13,31). Cambiarán las modas, las costumbres, el modo de vestir, se comerá con píldoras, será todo de plástico... vaya a saber las cosas que van a venir todavía... Pero Jesucristo no cambiará; su Palabra no cambia. *Yo soy Dios y no cambio (Mal* 3,6). Jesucristo es *"el mismo hoy, ayer y siempre"* (*Heb* 13,8). Por eso Él dijo: *Yo soy la Verdad (Jn* 14,6).

Es necesario descubrir la sublimidad de la doctrina de Jesucristo, su belleza; la doctrina de Jesucristo es algo tan extraordinario, que aún hoy, después de dos mil años desde que Él la ha enseñado, es algo extremadamente actual. Es la única novedad, porque es la cosa más perfecta que se conoce. La sublimidad de la doctrina está dada por varias notas, lo que muestra su excelencia extraordinaria:

a. Por su integridad: da una enseñanza completa sobre Dios, el hombre, el mundo. Resuelve los problemas que más han angustiado a la humanidad en todos los tiempos: cuál es el origen del mundo, del hombre, del mal, cómo se hace para luchar contra el mal, cuál es el sentido de la muerte, cómo hay vida después de la muerte en este mundo, cuál es el fin del hombre.

b. Por su santidad: da normas que regulan perfectamente la vida del hombre. Respecto de Dios, en el culto cristiano, perfectísimo, el culto que el mismo Hijo de Dios Encarnado da al Padre: *en espíritu y en verdad* (*Jn* 4,24). Respecto a los hombres, enseñándonos a amar aun a los enemigos: amar a los pecadores, amar a los pobres, que son las grandes señales del amor cristiano. Respecto a nosotros mismos, respetar nuestra dignidad de hijos de Dios, y de tener por el bautismo, como dice el apóstol San Pedro, *una participación en la misma Naturaleza divina* (*2Pe* 1,4). Además, nos da medios eficaces para cumplir con esas normas; medios eficaces que son el auxilio externo: el ejemplo de nuestro Señor Jesucristo, su vida y el auxilio interno, la gracia, que nunca falta si nosotros hacemos lo que tenemos que hacer, que nos viene por los sacramentos dignamente recibidos.

c. Por el premio perfecto que nos da en esta vida: el máximo de felicidad que se puede tener en este valle de lágrimas, que es la paz de la conciencia, la alegría del alma, aun en medio de las cruces, y en el otro, la vida eterna, el gozo sin fin.

d. La unidad armónica de todos los dogmas entre sí: de la Santísima Trinidad con la Encarnación del Verbo; el misterio de Jesucristo con el misterio de la Santísima Virgen; el misterio de la Iglesia en el misterio de Cristo; y así, una armonía maravillosa, una armonía de la fe con la razón, de los misterios, con los mismos preceptos de la ley natural.

e. **Es aptísima, porque se acomoda a todos los hombres, de todo género y condición, porque es profunda y sencilla.** Queda admirado de esa doctrina el sabio, si es verdaderamente sabio, y queda admirado de esa doctrina el hombre de campo, que a lo mejor es analfabeto; de toda nación y lugar, a través de todos los tiempos, en todas las geografías.

Y que muchos no alcancen la santidad que deberían se debe a que los pueblos están apostatando de Jesucristo. Se buscan falsos dioses: el Estado, el dinero, el sexo... se cae en la idolatría y así es como van las cosas.

En definitiva asimilar su doctrina es conocer ese monumento que tenemos a nuestro alcance, resumen de toda la fe católica, que es el *Catecismo de la Iglesia Católica*, que deberíamos conocer mucho mejor. Asimilar su doctrina es actualizarse frente a los modernos ataques, como por ejemplo los de la New Age, los de las sectas que dicen cualquier barbaridad, que debemos saber refutar.

4. Cumplir sus mandamientos

El que me ama cumple mis mandamientos (Jn 14,21), no todo el que dice Señor, Señor, entrará en el reino de los cielos, sino quien cumpla mis mandamientos (Mt 7,21).

Hoy no se cumplen los mandamientos de la ley de Dios. Recuerdo y recordarán algunos que habrán estado presentes, hace años, frente a la catedral de San Rafael, era la fiesta patronal, presidía monseñor León Kruk, quien, en un momento de su sermón, dijo: "La Argentina se arregla con dos cosas –yo me agarraba la cabeza, y decía, «si los problemas son tan complejos, ¿cómo con dos cosas solas se va a arreglar?»–: con cumplir dos mandamientos: no mentir y no robar". Y tenía razón. Miren si los dirigentes que tenemos dejasen de mentir, y dejasen de "meter la mano en la lata"... simplemente con eso. Me hizo recordar en ese momento a otro grande de este tiempo, que sufrió campo de concentración: Alexander Solzhenitsyn, se encontraba en la época de mayor fuerza del régimen soviético, y sin embargo hacía la denuncia contra el régimen, y en uno de sus libros, decía: "¿qué se puede hacer frente a un imperio del mal, a un imperio policial, dominado por la mentira? Nos tenemos que comprometer a una cosa, a no consentir en la mentira". Pero uno decía, "¿los misiles que tienen, los submarinos atómicos?". Sin embargo, tenía razón, porque en cuanto se empezó a luchar contra la mentira un poquito... cayó todo, como un castillo de talco, como por implosión.

Y además de que no se cumple los mandamientos, se los quiere cambiar. Así, el señor Ted Turner, el dueño de la CNN, que tiene mucho dinero y que por eso se cree dueño del mundo, dijo que hay que quitar un mandamiento: "no fornicar", y con eso se definió a sí mismo, puesto que lo que él busca es fornicar, es un viejo verde. También los participantes de la nueva cumbre de la tierra de la reunión preparatoria de las Naciones Unidas, que se celebró en Río de Janeiro entre el 13 y el 21 de marzo de 1997, elaboraron la así llamada "Carta de la Tierra", carta llena de tierra habría que decir... En ella expresan lo siguiente: "hay que elaborar una nueva ética para un mundo nuevo, un nuevo código universal de conducta: reemplazar los diez mandamientos por los dieciocho principios de esta carta". ¡Pero fíjense...! ¿Se creerán otros Moisés?, y eso que Moisés –a los diez mandamientos– no los inventó él sino que los recibió de Dios. ¿Y qué proponen como mandamientos, como nueva ética, como conducta del mundo nuevo? Una de las propuestas es asegurar la salud reproductiva de las mujeres y las niñas; otra es reconocer el derecho de los homosexuales y lesbianas para unirse legalmente y adoptar niños; también el derecho a la esterilización masculina y femenina; el derecho a la contracepción y el aborto, el derecho a la contracepción post–coital; etc.[112]

¡Lo que es la soberbia del ser humano!: ¡ésta es la nueva ética, es la nueva porquería que quieren imponer, la globalización, el nuevo orden mundial; quieren imponer los anti–mandamientos de la ley de Dios! También en nuestro país sucede esto, como por ejemplo, las leyes acerca de la salud reproductiva, en las que se olvidan que la caridad es el vínculo de la perfección, o de lo que dice San Juan que *en esto consiste el amor, en que vivamos conforme a sus mandamientos, éste es el mandamiento, que viváis en el amor* (2Jn 6).

5. *Frecuentar los sacramentos*

Quiero insistir en la importancia del sacramento del **bautismo**. Hay que bautizarse cuanto antes; bauticen a sus niños cuanto antes, y en caso de peligro de muerte todos tienen el deber de bautizar, basta derramar un poco de agua sobre la cabeza del bautizando y decir las palabras: "*N.N.* yo te bautizo en el nombre del Padre, y del Hijo y del Espíritu Santo", y esa persona queda bautizada, y se va al cielo. Eso es una obligación.

La **confesión**. Quizás entre aquellos que lean estas páginas, habrá tal vez alguno que hace muchos años que no se confiesa, porque quizás no hizo la primera comunión, o la hizo pero ni siquiera se confesó; o se confesó mal y desde entonces tiene algún escrúpulo y no quiere confesarse más; o tuvo alguna experiencia negativa por la cual se ha alejado de la confesión. Pero es Cristo el que nos dijo: *a quienes perdonen los pecados, les serán perdonados* (Jn 20,23). Son palabras de Él, y nosotros tenemos que recibir la gracia del perdón a través del sacramento de la confesión, penitencia o reconciliación. No interesa la cara del ministro, lo que interesa es que cuando el sacerdote dice: "Yo te absuelvo..."

---

[112] Cfr. *Revista AICA*, del 30 de abril de 1997.

es Jesucristo el que está perdonando los pecados, y después borrón y cuenta nueva.

Por eso, debemos frecuentar los sacramentos. Decía San Juan Bosco: "los jóvenes se forman con buenas confesiones y buenas comuniones".

¿Y la **comunión**?, ¿cómo no recibir a Jesús, que ha querido quedarse presente bajo las apariencias de pan y vino para ser alimento de nuestras almas? "Tomad y comed", "tomad y bebed". ¡Tomad! ¡Comed! ... ¡Bebed! Quiso quedarse como comida y como bebida espirituales, para dar fuerza a nuestra alma. Si caemos en pecado, si nos resulta tan difícil muchas veces luchar contra la moda, tenemos que acudir a la fuente de la gracia, que es Él, y comulgar dignamente, y ahí vamos a recibir la fuerza para hacer lo que tenemos que hacer, "aunque vengan degollando..."[113], como Santa María Goretti, o el Beato Pier Giorgio Frasatti. Hay que comulgar, y hay que acostumbrarse a ir a Misa todos los domingos. Hay una carta apostólica hermosísima del Papa Juan Pablo II acerca del día del Señor, el Domingo ("*Dies Domini*"); donde se nos recuerda la obligación de la misa dominical. ¿Y por qué? Porque cuando uno lo recibe a Jesús, se asimila a Él, recibe su luz, recibe su fuerza, recibe el consuelo que Él nos da, y nos da juntamente con el aumento de la gracia santificante, las gracias propias de la comunión, de la Eucaristía. *Mi carne es verdadera comida, mi sangre es verdadera bebida; quien come mi carne y bebe mi sangre, vive en mí y Yo en él* (Jn 6,54).

6. Imitar sus ejemplos

Tened los mismos sentimientos que tuvo Cristo Jesús (Flp 2,5).

Tenemos que aprender a amar como Él: ser cristiano es ser alguien que ama como Jesús. Tenemos que aprender a servir como Él, hasta la muerte. En ser justos, en ser pacientes, en ser

---

[113] JOSÉ HERNANDEZ, *Martín Fierro*.

mansos, en ser humildes, en sacrificarnos, en llevar la cruz, la cruz de nuestra vida diaria; la cruz que es el cumplimiento de la ley de Dios; la cruz que es el cumplimiento de los deberes de estado; la cruz que es soportar mis defectos, soportar los defectos de los demás. Como dice también el apóstol San Pablo: *Pues, por la momentánea y ligera tribulación, nos prepara un peso eterno de gloria incalculable a cuantos no ponemos nuestros ojos en las cosas visibles, sino en las invisibles, pues las visibles son temporales, y las invisibles son eternas* (*2Cor* 4,17–18).

Sin ir más lejos, en Tor Vergata, el Papa le pidió a los jóvenes "el martirio de ir contra corriente". Agregaba él hermosamente: "en realidad, es a Jesús a quien buscáis cuando soñáis la felicidad. Es Él quien os espera cuando no os satisface nada de lo que encontráis; es Él la belleza que tanto os atrae; es Él quien os provoca con esa sed de radicalidad que no os permite dejaros llevar del conformismo; es Él quien os empuja a dejar las máscaras que falsean la vida; es Él quien os lee en el corazón las decisiones de la vocación más auténticas que otros querrían sofocar –como suele ocurrir con las decisiones a la vida consagrada–; es Jesús el que suscita en vosotros el deseo de hacer de vuestra vida algo grande; la voluntad de seguir un ideal; el rechazo de dejaros atrapar por la mediocridad; la valentía de comprometeros con humildad y perseverancia para mejoraros a vosotros mismos y a la sociedad, haciéndola más humana y fraterna"[114].

7. *Estar en comunión con su Iglesia*

Es Él el que dijo: *Tú eres Pedro, y sobre esta piedra edificaré mi Iglesia, y las puertas del infierno no prevalecerán contra ella* (*Mt* 16,18). Si nosotros estamos con Pedro, con el Papa, no tenemos que tener miedo, aunque vengan todos los poderes del infierno juntos,

---

[114] JUAN PABLO II, *Homilía durante la vigilia de oración celebrada en Tor Vergata*, OR 34 (2000) 1652.

porque *las puertas del infierno no prevalecerán contra la Iglesia* (*Mt* 16,18). Y es Él el que dijo a los Apóstoles y a sus sucesores: *Quien a vosotros escucha, a Mí me escucha* (*Lc* 10,16).

Esa experiencia de Iglesia es lo que nos tiene que llevar a conocer por qué es posible esto: es posible esto por Jesucristo, porque Él nos da su Espíritu, porque Él nos enseña a ser solidarios unos con otros, porque Él nos enseña que debemos ocuparnos de las cosas del alma, de las cosas importantes, de las cosas que no pasan, de las cosas que no mueren.

La experiencia de Iglesia también es experiencia de que hay mal entre los hombres de Iglesia. Lo dijo el mismo Jesús: *habrá trigo y cizaña*[115]. Si todos fuésemos, trigo, todo el mundo sería católico. Pero hay trigo y cizaña, entonces, uno tiene libertad. Si uno viese que todos son santos, entonces uno estaría forzado a seguirlo a Jesucristo. Y no es así: vemos que en el Colegio Apostólico estuvo Judas. ¡Trigo y cizaña! Y será así hasta el fin de los tiempos, y el que piense otra cosa es un utópico. No existe la Iglesia de los solos buenos. La Iglesia es santa porque el principio, los medios y el fin son santos. Pero la Iglesia tiene en su seno a pecadores que somos nosotros. Por eso tenemos que rezar el "yo pecador" al comienzo de cada Misa, por eso tenemos que confesarnos a menudo; no somos ángeles, nacimos con el pecado original, cometemos muchos pecados todos los días, *el justo peca siete veces al día* (*Pr* 24,16). Y justamente ver el mal en la Iglesia, que es una de las tentaciones más grandes que puede tener el cristiano, nos tiene que llevar a nosotros a tener más fe en Jesucristo, porque Él ya lo profetizó, lo dijo hace dos mil años: "¡Habrá trigo y cizaña!"

Y, ¿qué es lo que tenemos que hacer nosotros? Trabajar para ser trigo. Me dijo una vez un periodista, en un reportaje por televisión: "Ah, yo sería católico, o la gente dice que sería católica, pero resulta que los que van a Misa son malos, son injustos, no

---

[115] Cfr. *Mt* 13,25ss.

pagan esto, no hacen lo otro, etc."". Le dije: "Mira, entre los Doce hubo uno que traicionó a Jesucristo, eso significa el 8,33%, lo cual, «hablando en plata», en estos momentos en que somos más de mil millones de católicos, significa que por lo menos –porque no vamos a ser más que Jesucristo– tiene que haber 86 millones de falsos católicos. Tu trabaja para no ser uno de ellos". Entonces dijo: "Bueno, vamos a una tanda publicitaria...".

8. Reconocerlo en los hermanos

Pensemos, en primer lugar, en los pobres. Miremos a "los hogarcitos", la atención de los niños discapacitados. Obra grande! Se los atiende porque son el mismo Jesús. *Tuve hambre y me disteis de comer; tuve sed y me disteis de beber...* (*Mt* 25,35). Pero no sólo tenemos que hacerlo con estos casos límites, los discapacitados; tenemos que reconocerlo en mi esposo, en mi esposa, en mis hijos, en mis nietos, en mis alumnos, en los que nos rodean, porque eso vale para todos: "Tuve hambre y me disteis de comer". Miremos a los religiosos que trabajan en las obras de caridad o que atienden a los pobres, ¿vieron con qué cariño lo hacen? Entienden que están atendiendo o cocinando para Jesús. "Tuve hambre y me disteis de comer". ¿Cómo se puede atender o dar de comer a tantos? Se atiende o se puede dar de comer a tantos cuando hay jóvenes que tienen la disponibilidad interior, espiritual, de hacerlo lo mejor posible por el bien de los hermanos. Este mandamiento tenemos: *quien ama a Dios, ama a sus hermanos* (1*Jn* 4,21).

9. Verlo en sus santos

Ésa es una de las cosas grandiosas de la Iglesia: los santos. Cada santo revela un aspecto del rostro de Jesucristo. Nadie como Jesucristo, pero un aspecto de Jesucristo, lo revela el santo. Por ejemplo, San Francisco de Asís, la pobreza; don Orione, la confianza en la Providencia; San Juan Bosco, el amor a los niños y a los jóvenes; Santo Tomás, el amor a la doctrina sagrada; San Pablo, el celo apostólico por las almas, dispuesto a hacerse anatema por salvar a sus hermanos[116]; los santos de este siglo; los mártires, dispuestos a dar la vida antes que claudicar. Miles y miles de ellos que han derramado su sangre dando testimonio de Jesucristo. ¡Cuántos murieron al grito de "viva Cristo Rey"!

Ellos nos revelan la fortaleza de Jesucristo, el primer mártir y el prototipo de todos los mártires. Por eso, como dice el Apocalipsis, *los santos son verdaderas palabras de Dios* (*Ap* 19,9). Los santos nos revelan a Dios, y son ese ejemplo concreto de lo que debemos ser. Por ejemplo, yo tuve la suerte de conocer a la Madre Teresa de Calcuta, de hablar con ella... era pequeñita, caminaba con energía... ¡Qué mujer extraordinaria! Había cumplido ochenta años, y me hablaba preocupada –¡ochenta años!– porque en Bangladesh las inundaciones eran muy grandes y los cadáveres pasaban flotando, pero ella, que estaba en Roma, tenía que hacer algo. Al día siguiente se reunía con Saddam Hussein, porque llevaba a las Misioneras de la Caridad a Bagdad, para atención de los pobres, en un país islámico, ¡era pobre como una rata! O Juan Pablo II, ¡qué ejemplo, qué cosa extraordinaria! Trabajaba dieciséis horas por día. Cuando llegó a Tor Vergata, en el Jubileo de los jóvenes del año 2000, en las afueras de Roma, el lugar donde estaban los dos millones de jóvenes, lo recorrió durante mucho tiempo en *jeep*, para que los jóvenes lo pudiesen ver de cerca, aunque tenían pantallas gigantes. Después, quiso ir caminando, con su bastón, hasta el lugar desde el cual iba a hablar, y desde allí saludó a todos. Dice *Zenit* que lloró al ver a tantos jóvenes que gritaban. Al final improvisó unas palabras: "Roma nunca se va a olvidar de este ruido". Es la peregrinación más numerosa que ha habido en toda la historia de la Ciudad Eterna.

Por eso, como los santos, cada uno tiene que aprender este día a decir: "Señor, ¿qué quieres que haga?". Como la Virgen: *He aquí la servidora del Señor, hágase en mí según tu palabra* (*Lc* 1,38). "Señor,

---

[116] Cfr. *Ro* 9,3.

quiero escuchar tu palabra, y quiero ser fiel a esa palabra, y hacer lo que quieras, aunque sea algo que cueste, y que me cueste mucho".

10. *Amar a su Madre*

Aquél que ama a la Santísima Virgen puede tener la certeza de que Ella se las ingenia para llevarlo a Jesucristo. Tuve también la dicha de conocer a sor Lucía con ocasión de la beatificación de sus primos Jacinta y Francisco, una de las videntes de Fátima, tenía en ese momento noventa y tres años. Estaba Lúcida, ¡irradiaba una gran felicidad! Pensar que ella había jugado con los primos que el Papa beatificó en esa ocasión. Mujer santa, devotísima de la Virgen; la Virgen, nuestra Madre, se le apareció, y transmitió un mensaje actualísimo para los hombres de este siglo: "rezad el Rosario todos los días"; "ofreced sacrificios por los pecadores". Y en la tercera parte del secreto revelado recientemente, el ángel dice con fuerza: "¡Penitencia, penitencia, penitencia!".

¿Queremos conocer a Jesús? Amemos a su Madre, escuchémosla, y sigamos los pedidos y consejos de Ella: recemos el Rosario todos los días, hagamos penitencia, ofrezcamos sacrificios por la salvación de los pecadores.

Y allí (en Fátima), en esa explanada enorme, delante de un millón de personas, el Papa recordó la frase de la Santísima Virgen: "Hoy muchas almas se condenan, porque no hay quien rece por ellos".

✠　　✠　　✠

¡Que ninguno, por temor o por el problema que sea, deje de acercarse a la confesión para poder recibir a Jesús en la Santa Comunión, y hacer santos propósitos, y comenzar a conocer mejor al único Señor que merece ser servido, Jesucristo!

"En realidad, es a Jesús a quien buscáis cuando soñáis la felicidad. Es Él quien os espera cuando no os satisface nada de lo que encontráis; es Él la belleza que tanto os atrae; es Él quien os provoca con esa sed de radicalidad que no os permite dejaros llevar del conformismo; es Él quien os empuja a dejar las máscaras que falsean la vida; es Él quien os lee en el corazón las decisiones de la vocación más auténticas que otros querrían sofocar –como suele ocurrir con las decisiones a la vida consagrada–; es Jesús el que suscita en vosotros el deseo de hacer de vuestra vida algo grande; la voluntad de seguir un ideal; el rechazo de dejaros atrapar por la mediocridad; la valentía de comprometeros con humildad y perseverancia para mejoraros a vosotros mismos y a la sociedad haciéndola más humana y fraterna"[117].

---

[117] Juan Pablo II, "Vigilia en Tor Vergata".

2.

¿QUIÉN ERES, SEÑOR? (HE 9,5)

"¡Redentor del mundo! El bien tiene su fuente en la Sabiduría y en el Amor.
En Jesucristo, el mundo visible, creado por Dios para el hombre
adquiere nuevamente el vínculo original con la misma fuente divina de la
Sabiduría y del Amor.
En efecto, «amó Dios tanto al mundo, que le dio su unigénito Hijo».
¿Quién eres, Señor?"
(Redemptor Hominis, 04/03/1979)

– *"Yo soy el Camino, la Verdad y la Vida"* (Jn 14,6).

1. ¿Quién eres, Señor?

– *Yo soy el Camino...*

¿Por qué, Señor, eres el Camino?

– Porque... *Yo soy el buen pastor. El buen pastor da su vida por las oveja* (Jn 10,11).

– *Yo soy el buen pastor; y conozco mis ovejas, y mis ovejas me conocen a mí* (Jn 10,14).

– Porque... *Yo soy la puerta de las ovejas* (Jn 14,7), *... si uno entra por mi, se salvará* (Jn 10,9).

– Porque Yo soy ... *el Verbo hecho carne* (Jn 1,14), *Soy Hijo de Dios* (Mt 27,45), *¿cómo decís... blasfemas por haber dicho: Soy Hijo de Dios?* (Jn 10,36), *¿Eres tú el Cristo (el Mesías), el Hijo del Bendito (el Hijo de Dios)? Sí, yo soy...* (Mc 14,62; cfr. Lc 22,70), [el Mesías, el

Cristo, el que ha de venir]. *Yo soy, el que te está hablando (Jn* 4,26); *Sí, como dices, soy rey...* (*Jn* 18,37).

– Porque con Él no hay lugar para los miedos, Él da valor y confianza: *¡Ánimo, que soy Yo! No temáis (Mt* 14,27; *Mc* 6,50), *Soy yo. No tengáis miedo (Jn* 6,20).

¡Joven del Tercer Milenio! ¿Estás decididamente dispuesto a transitar, con energía y valor, por ese Camino, que es el mismo Jesucristo, el mismo ayer, hoy y siempre?

2. ¿Quién eres, Señor?

– *Yo soy ...la Verdad.*

¿Por qué, Señor, eres la Verdad?

– *Vosotros me llamáis el Maestro y el Señor, y decís bien, porque lo soy* (*Jn* 13,13).

– *Maestro, sabemos que eres veraz y que enseñas el camino de Dios con verdad (Mt* 22,16), le dicen los discípulos (de los fariseos).

– *Aprended de mí, que soy manso y humilde de corazón...* (*Mt* 11,29).

– *Yo soy la luz del mundo; el que me sigue no anda en tinieblas, sino que tendrá luz de vida (Jn* 8,12), *Mientras estoy en el mundo, soy luz del mundo* (*Jn* 9,5).

– *Las palabras que os he hablado son espíritu y son vida (Jn* 6,63).

– *Tú tienes palabras de vida eterna* (Jn 6,68), le dijo San Pedro.

– *Las palabras que yo hablo, las hablo como el Padre me las ha dicho a mí* (*Jn* 12,50).

– *Para esto he venido al mundo: para dar testimonio de la verdad. Todo el que es de la verdad, escucha mi voz* (*Jn* 18,37).

¡Joven del Tercer Milenio! ¿Estás dispuesto a todos los sacrificios con tal de dejar que enseñoree tu alma y tu corazón, la verdad de Jesucristo, lleno de gracia y de verdad?

3. ¿Quién eres, Señor?

– *Yo soy ...la Vida.*

¿Por qué, Señor, eres la Vida?

– Porque *Yo soy el pan vivo, bajado del cielo (Jn* 6,51; cfr. 35.41.48). Es la Eucaristía. La Misa.

– *He venido para que tengan vida y vida en abundancia (Jn* 10,10).

– *Yo soy la resurrección y la vida (Jn* 11,25), *Mirad mis manos y mis pies; soy yo mismo (Lc* 24,39), mostrándose vivo con las llagas de los clavos.

– *Yo soy la vid verdadera, y mi Padre es el viñador (Jn* 15,1), *Yo soy la vid; vosotros los sarmientos (Jn* 15,5).

– Es el Salvador. *¿A quién buscáis? A Jesús Nazareno. Yo soy... (Jn* 18, 5). El ángel le había mandado a San José le *pondrás por nombre Jesús, porque salvará a su pueblo de sus pecados (Mt* 1,21).

– De ahí que a la pregunta de San Pablo: *¿quién eres, Señor?*; responde el Señor: *...Yo soy Jesús... Yo soy Jesús Nazareno... (He* 9,5; 22,8).

– *Soy yo, el Primero y el Último, el que vive (Ap* 1,17).

– *Yo soy el que sondea los riñones y los corazones (Ap* 2,23), el que conoce a fondo la conciencia y el alma de cada hombre y mujer.

– *Yo soy el retoño y el descendiente de David (Ap* 22,16).

– Y confiesan los Apóstoles: *Nosotros creemos y sabemos que tú eres el Santo de Dios (Jn* 6,68).

¡Jóvenes del Tercer Milenio! Gritó Juan Pablo II: ¡Queridos jóvenes, tengan la santa ambición de ser santos, como Él es

241

santo!... ¡No tengáis miedo de ser los santos del nuevo milenio![118].
Para ello sean siempre fieles al que es *Camino, Verdad y Vida*.

Nuestra Señora de los Jóvenes los protegerá siempre. En sus entrañas *el Verbo se hizo carne y habitó entre nosotros* (*Jn* 1,14) y junto con Él, la Cabeza, nos engendró espiritualmente a nosotros, su Cuerpo, los miembros de esa Cabeza, formando un solo Cuerpo místico, la Cabeza y los miembros.

---

[118] JUAN PABLO II, *Mensaje para la XV Jornada Mundial de la Juventud» llevada a cabo del 15 al 20 de agosto de 2000 en Roma*.

3.

TÚ TIENES PALABRAS DE VIDA ETERNA (JN 6,68)

"El Señor os invita a elegir entre estas dos voces,
que compiten por conquistar vuestra alma.
Esta elección es la esencia y el desafío de la Jornada mundial de la juventud.
¿Para qué habéis venido desde todas las partes del mundo?
Para decir juntos a Cristo: «Señor, ¿a quién iremos?» (Jn 6, 68). ¿Quién, quién
tiene palabras de vida eterna?
Jesús, el amigo íntimo de cada joven, tiene palabras de vida".

(Toronto, 28-07-2002)

Nuestro Señor enseña en Cafarnaún por primera vez la realidad de la Eucaristía que Él iba a instituir, el día del Jueves Santo, al decirles con toda claridad que su Carne iba a ser comida y su Sangre iba a ser bebida, y que esa Carne y esa Sangre serían *para la vida del mundo* (*Jn* 6,52). Al oír esto, muchos de sus discípulos decían: *es duro este lenguaje. ¿Quién puede escucharlo?* (*Jn* 6,60).

Y entonces nuestro Señor, que conocía sus pensamientos, va a darles la clave de interpretación del sermón del pan de vida. La clave no estaba en una interpretación material de las palabras, sino en una interpretación sobrenatural que brota de la fe, y les dice: *el Espíritu es el que da vida, la carne de nada sirve* (*Jn* 6,63). Los que estaban allí, que se escandalizaron, entendían de manera carnal lo que debe ser entendido de manera sobrenatural: *Las*

243

palabras que os dije son espíritu y vida, pero hay entre vosotros algunos que no creen (Jn 6,63), como pasa en todas las comunidades, de todos los tiempos. Siempre hay gente que, aparentemente, forma parte de la comunidad, pero les falta lo principal: la fe viva, intrépida, en nuestro Señor. Y allí, Juan hace una anotación bastante importante: *Porque Jesús sabía desde el principio quiénes eran los que no creían y quién era el que lo iba a entregar* (Jn 6,64). Y estos dos hechos están relacionados. El que no cree lo va a entregar a Jesús. Tal vez no sea hoy, ni será mañana, pero será la semana que viene o el año que viene... ¿por qué? Porque ya lo ha entregado en su corazón. Al no creer, y no tener fe, ya lo ha traicionado, y por eso lo va a entregar.

Y entonces desde ese momento crucial de la predicación de nuestro Señor, sobre todo porque era la enseñanza del misterio que "hace" a la Iglesia y que iba a "ser hecho" por la Iglesia, el misterio de la Eucaristía, muchos de sus discípulos se alejaron de Él y dejaron de acompañarlo.

Jesús, al igual que nosotros, ha conocido lo que es el fracaso apostólico, pastoral. Uno se esfuerza por hacer todas las cosas lo mejor posible, y no obtiene la respuesta que esperaba, porque se encuentra muchas veces con la dureza de los corazones, que no quieren dar el paso para creer; o la dureza de las conciencias, que no quieren dar el paso para convertirse y siguen afirmándose en su propio juicio, aun en contra de las palabras de Jesucristo. Y allí es cuando Jesús va a hacerles una pregunta a los Apóstoles, pregunta que responderá Pedro.

Jesús dijo entonces a los Doce: "¿También vosotros queréis marcharos?" (Jn 6,67). Jesús no quita la libertad a nadie. No se la quitó a los Apóstoles. Lo mismo pasa con nosotros. No nos quita la libertad cuando decidimos la vocación, ni cuando entramos al noviciado, o al Seminario; ni siquiera cuando somos sacerdotes. Nunca jamás Jesús nos quita la libertad. Y por eso Él quiere y espera que nuestra respuesta sea en la libertad, porque quiere que sea una respuesta responsable, consciente; una respuesta en el amor; y si no hay libertad no hay amor.

Y entonces allí Simón Pedro le respondió: *Señor, ¿a quién vamos a ir? Tú tienes palabras de vida eterna, y nosotros creemos y sabemos que tú eres el Santo de Dios* (*Jn* 6,68). Palabras muy hermosas, donde se expresa en forma de apotegma la realidad de Jesús, y cuál debe ser el centro de nuestra fe.

San Pedro se dirige a Él de manera personal, así como Jesús se había dirigido de manera personal a ellos. "*Tú...*", le dice. Usa un pronombre personal. Se dirige a su persona, no es una teoría, ni una elucubración de laboratorio. No es una creencia, es una persona: "*Tú...*". Y ese "*Tú...*", en ese momento y en labios de Pedro, tiene una resonancia del todo particular porque un instante antes lo había llamado *Señor...¿a quién iremos?....* Ese "*Tú...*" ¡es el Señor! Que en griego es "*Kyrios*", y que ya los LXX lo habían utilizado, cuando habían traducido la Biblia del hebreo al griego un siglo antes de la venida de nuestro Señor, porque el griego era la lengua franca, cada vez que aparecía en hebreo el tetragrama sagrado "*Yahvé*" habían traducido por "*Kyrios*". *Kyrios* es el Señor. *Kyrios* es *Yahvé*. *Kyrios* es Dios. Cosa que incluso refuerza instantes después cuando dice: *y nosotros creemos y sabemos que tú eres el Santo de Dios*. El Santo, "*Kadosh*", es Dios mismo.

"*Tú tienes...*": No como algo accidental, advenedizo u ocasional, sino como algo constitutivo, esencial y característico. ¿Qué es eso que tiene Jesucristo como algo característico y sustancial? Tiene *palabras de vida eterna*. Es decir, palabras que dan vida y son vida. Y no dan una vida cualquiera, sino que dan ¡la vida eterna! De tal modo, que no son palabras que pasan y mueren, ni cambian, sino que permanecen y permanecerán a través de los siglos y siglos: *El cielo y la tierra pasarán, pero mis palabras no pasarán* (*Mt* 24,35). Ahora estamos agobiados por toda una avalancha de esta cultura de la muerte, por ejemplo, de la *New Age*, que se manifiesta aun dentro de algunos miembros de la Iglesia Católica. Y da la impresión de que nosotros quedamos desfasados, fuera de moda... ¡Y los que están fuera de moda son ellos! Porque eso va a pasar como pasaron tantas cosas. Sin embargo, las palabras de Cristo no pasarán, porque son *palabras de vida eterna*. Y son palabras que no son débiles, como son las de los hombres, que hoy dicen una cosa y mañana dicen otra; juegan con las palabras... Son los juglares de las ideas. Es como si Pedro dijese: – *Tú tienes palabras que no pasarán.*

Además, decir *"Tú tienes palabras de vida eterna"*, es como decir: – "Tú **sólo** eres el que tiene palabras de vida eterna". Y "sólo" en el sentido de que ninguna palabra de Jesús deja de ser palabra de vida eterna, también cuando enseña la existencia del infierno y de la condenación eterna; también cuando habla de la santidad y la sacralidad del matrimonio; también cuando habla de la primacía de la caridad; también cuando habla del juicio final... **Todas las palabras de Jesús son palabras de vida eterna.** Y por eso debemos hacer carne en nosotros todas las palabras de Jesús, porque sólo son palabras de vida eterna. Ninguna palabra de Jesús es pasajera, cambiable, trivial, superflua.

Y es también como si dijese: – "Tú eres el **único** que tiene palabras de vida eterna". No hay otro que las tenga. Ningún otro, porque ningún otro es Dios, y ningún otro ha enseñado esa doctrina admirable como la ha enseñado nuestro Señor, ni ha hecho milagros y profecías para mostrar la verdad de lo que enseñaba, como lo hizo Él. Él es el único. Todos los grandes hombres de la historia del mundo y de nuestra patria, no tienen, ni siquiera todos juntos, palabras de vida eterna. ¡El único es Jesús!

Y además podemos y debemos entender: – *Tú tienes* **siempre** *palabras de vida eterna.* Con la misma fuerza con que sonaron estas palabras en ese diálogo maravilloso entre Jesús y los apóstoles, sobre todo San Pedro. Con la misma fuerza primigenia con que se escucharon esas palabras por primera vez, esas palabras se siguen escuchando a través de los siglos, y se seguirán escuchando, porque son palabras que no mueren, que no pierden fuerza, que no necesitan que alguien les de fuerza... ¡porque son palabras de vida eterna!

Y ese tiene que ser nuestro convencimiento más profundo. Si no, mereceremos el reproche que, en su siglo, hacía el gran teólogo Melchor Cano, que se quejaba de la actitud de ciertos obispos, sacerdotes, religiosos y laicos responsables en aquel tiempo, como lo son ahora, del relajamiento de la vida cristiana, de la pérdida de identidad, de ir a buscar en otros lados lo que sólo se encuentra en Jesús. Decía él de estos hombres, que son hombres que en el fondo no creen, y, por tanto, en el fondo traicionan: "Una de las causas que me mueven a estar descontento de estos padres... es que a los caballeros que toman entre manos en lugar de hacerlos leones los hacen gallinas, y si los hallan gallinas los hacen pollos. Y si el turco –los musulmanes– hubiera enviado a España hombres a posta –a propósito– para quitar los nervios y fuerzas de ella y hacernos los soldados mujeres y los caballeros mercaderes, no enviare otros más a propósito". Porque son justamente los que, por el puesto que ocupan hacen bajar la guardia a la gente y la meten en ese pantano del "pastelerismo", donde empiezan a tratar de decir que todo está bien, que nada está mal, a hacer componendas, y a destruir la única verdad que salva, que es la verdad de Jesucristo.

Y es lo que estamos viendo, incluso aquí. Me decía una señora que escuchó por radio que alguien le pidió una gracia a Judas Iscariote... y ya tiene que haber muchos que le han pedido gracias a la Difunta Correa, o también al cantante "san Rodrigo", o a "santa Gilda"... Es la confusión y la ignorancia; es el aprovechamiento comercial de la credulidad de muchos, por parte de los que no tienen fe y de los que entregan a Jesús y lo traicionan.

Por eso, hagamos el propósito de poner en práctica lo que decíamos en nuestras Constituciones: "Queremos fundarnos en Jesucristo, que *ha venido en carne* (1*Jn* 4,2), y en sólo Cristo, y Cristo siempre, y Cristo en todo, y Cristo en todos, y Cristo Todo"[119].

---

[119] *Constituciones del Instituto del Verbo Encarnado*, 7.

La Santísima Virgen comprendió como nadie y más que nadie, que las palabras de su Hijo Único, eran todas palabras de vida eterna, que siempre lo serían para todas las generaciones de los hombres, que únicamente Él las tenía y las enseñaba y las participaba a sus discípulos, que no estarían sujetas al vaivén de los tiempos y de las modas, que no envejecerían jamás y que jamás serían superadas, que muchos darían sus vidas por ellas, que ellas nunca jamás defraudarían a nadie. Nos lo recuerde la que guardó en su corazón esas Palabras.

4.

LA ACTUALIDAD DE LA ENCARNACIÓN DEL VERBO[120]

"En Cristo la religión ya no es un «buscar a Dios a tientas» (cf. He 17,27), sino una respuesta de fe a Dios que se revela: respuesta en la que el hombre habla a Dios como a su Creador y Padre; respuesta hecha posible por aquel Hombre único que es al mismo tiempo el Verbo consustancial al Padre, en quien Dios habla a cada hombre y cada hombre es capacitado para responder a Dios. Más todavía, en este Hombre responde a Dios la creación entera".

(Tertio Millenio Adveniente, 6, 10-11-94)

Es muy interesante constatar como en este tiempo de "ateos militantes", de laicistas arcaicos, de eclipses morales, de apostasías encubiertas o públicas, de medios de comunicación anticristianos, etc., que lo más actual que hay es el hecho de que el Verbo se hizo carne.

Ello es así por varias razones:

1°. Porque hablando absolutamente no hay nada más actual que Dios, que no sólo es el Creador de cuanto existe, sino que lo conserva en la existencia y, más aún, lo gobierna con su

---

[120] Hemos decidido incorporar este escrito a pesar de que en algunos puntos puede resultar de difícil comprensión porque brevemente presenta una realidad con la que los jóvenes de nuestro tiempo se encuentran al comenzar sus estudios superiores.

providencia. Él es el *"Ipsum esse subsistens"*, el Acto subsistente, el Ser infinito *que se hizo hombre.*

2º. Que el Verbo de Dios se hizo carne significa que la naturaleza divina y la naturaleza humana se unen en la única Persona divina de Jesucristo. Es el gran misterio de la unión hipostática –unión en la Persona- que no cesará nunca, por tanto, es siempre actual. Que la unión de ambas naturalezas en la Persona divina no cesará nunca es un dogma de fe definido, porque hubo un contrario a esa doctrina, Marcelo de Ancira († hacia el 374), quien fue condenado por herético en el II Concilio universal de Constantinopla (381)[121], por lo cual, como réplica, se añadió al símbolo de la fe: *cuyo reino no tendrá fin (Lc* 1, 33); Dz 86; cf. Dz 283). Sí, permanecerá eternamente la unión de las dos naturalezas en Jesucristo, la Encarnación del Verbo es absolutamente actual.

3º. La actualidad del misterio de la Encarnación también se puede ver por la difusión, entre otras, de las ideas hegelianas en filosofía y de las ideas marxistas en sociología, ya que brotan de una caricatura de la Encarnación.

En primer lugar, debemos señalar la difusión de las doctrinas de Hegel. Baste el testimonio de Massimo Borghesi[122], que resume su libro en un artículo: *"Hegel, maestro de todos - Incluso de los católicos"*[123]. Notemos la afirmación neta: Maestro de todos, incluidos los católicos. Sobre la difusión, incluso en nuestro país, del marxismo no es necesario detenerse; es sabido por casi todos.

Para la doctrina católica de más de 20 siglos, Dios es infinitamente trascendente –incluso siendo más íntimo a nosotros, que nosotros mismos-, crea al hombre y al mundo libre

[121] Dz 85.

[122] *L'eta dello Spirito in Hegel. Dal Vangelo «storico» al Vangelo «eterno»*, Studium (Roma 1995).

[123] MASSIMO BORGHESI, «Hegel, maestro de todos. Incluso de los católicos», artículo publicado en la *revista 30 Días*, Año III, n. 1, 1996, 36-39.

y gratuitamente, en Él hay dos procesiones divinas inmanentes – quedan en Él- una la generación del Verbo y otra la espiración del Espíritu Santo. Cuando llega la plenitud de los tiempos el Verbo, sin dejar de ser Dios, toma en unidad de persona la naturaleza humana en la Virgen. Es la comunicación y comunión más grande de Dios con la creatura. ¡Misterio augusto, impenetrable y grandioso!

San Pablo en la carta a los Filipenses describe la Encarnación como la "negación de Dios": *se anonadó* (*Flp* 2, 7), que es como decir "se hizo nada". Así traduce la Vulgata "*exinanivit*"; y en griego "έαυτòν ἐκένωσεν", se vació. La mala inteligencia de estos conceptos, que expresan realidades trascendentes, producen relecturas falsas[124].

Sobre esto hay una interpretación falsa de la Reforma luterana, que influyó sobre Hegel en su dialéctica que descansa sobre el llamado "segundo momento", o "antítesis", o "negación", o "contradicción", o, sobre todo, "alienación".

El anonadamiento del Verbo, *no es ontológico,* como si dejara de ser Dios y se hiciera otra cosa. Que el Verbo se anonade se nos muestra como ejemplo de humildad, al esconder la gloria y el poder de la divinidad.

El luteranismo al perder la visión *sapiencial* de los misterios cristianos, se queda sólo en cuanto interesan *para nosotros,* para la *praxis.* No le interesa el aspecto metafísico y contemplativo del Verbo encarnado, sino su aspecto dramático. Poco le importa que tenga dos naturalezas en unidad de Persona, sí que haya venido a tomar nuestros pecados y a darnos su justicia.

De ahí a confundir la comunicación de idiomas, o sea, la asociación y mutuo cambio de propiedades, atributos y operaciones divinas y humanas referidas a un *único sujeto concreto,*

---

[124] En esto y en lo que sigue ver: JULIO MEINVIELLE, *El poder destructivo de la dialéctica marxista* (Buenos Aires 1973) 40ss.

Jesucristo, no hay más que un paso. Así decimos, y es verdad, "Dios nació en Belén", "Dios murió en la cruz", lo cual no significa que nació o murió en su divinidad, sino que nació y murió según su humanidad y como esta humanidad ha sido asumida por la Persona divina del Verbo, es verdad decir que Dios nació y que murió, en cuanto hombre.

Lutero en cambio interpretó la *"kénosis"* de Dios, el anonadamiento, como si Dios al encarnarse se despojara de los atributos de su naturaleza divina, de su inmutabilidad, de su infinito poder y adquiriese condiciones creaturales. Siglos después los teólogos luteranos interpretarán la Encarnación como si el Verbo no tuviera ser fuera de la humanidad, ni la humanidad tuviera ser fuera del Verbo. Debajo de este grueso error está el error del *nominalismo:* este predica el ser unívocamente, no análogamente. Para ellos no hay dos modos de poseer el ser: Uno, Dios es el ser por esencia; dos, la creatura es ser por participación; sino que sostienen que hay una única manera de poseer el ser, de donde se sigue el absurdo que lo que tiene Dios no lo tiene la creatura y lo que tiene la creatura no lo tiene Dios.

Pues bien, tanto el sistema hegeliano como el marxista se basan en la alienación. Hegel la llama *Entäusserung,* que es la forma sustantivada de la palabra *hat sich selbs geeussert* con que Lutero traduce de la Vulgata aquel *"se anonadó".* Por eso en Hegel el "Verbo" se vacía hasta realizarse en el Espíritu Absoluto que comprende la identidad de la identidad y de la no identidad. Rechaza al Dios trascendente en la célebre figura del amo y del esclavo; el amo es Dios trascendente y el esclavo la conciencia, pero esta llegará a ser amo de su amo cuando logre reabsorber la divinidad en la inmanencia de la conciencia. De modo que a la *kénosis* sigue la exaltación en la fe de la Iglesia; a la negación de la divinidad como trascendencia, sigue su conservación en la conciencia.

De modo tal, que "el maestro de todos, incluso católicos" progresistas, de la Trinidad toma la idea de *proceso o procesión;* de la

Encarnación toma la idea de *automovimiento o alienación;* y de la teología traslada esto al *concepto.*

Lo más peligroso de todo es que la dialéctica se constituye por la oposición, por la contradicción y negatividad, o sea no es movida por el ser sino por la nada. De la nada que contienen estos sistemas les viene su gran poder destructivo.

Del libre examen protestante nació el capitalismo liberal salvaje. De la mala lectura que del himno de la *kénosis* hizo el protestantismo nació la dialéctica hegeliana, cuya derecha produjo el totalitarismo nazista y cuya izquierda produjo el totalitarismo marxista, que esclavizó por el terror a pueblos enteros, incluso durante 70 años. De tal modo que ¡de tales polvos, tales lodos! La falsa interpretación de la *kénosis,* también, como en negativo fotográfico nos habla de la perenne actualidad de la Encarnación del Verbo.

Queridos jóvenes, no caigamos en las falsas y nefastas dialécticas que hoy día nos propone este mundo globalizado, obligándonos a tomar partido por una posición necesariamente contra otra.

Recordemos que cuando niños sabíamos romper las falsas dialécticas de dos cosas buenas. Cuando nos preguntaban: "¿A quién quieres más a tu papá o a tu mamá?" Respondíamos: "¡A los dos!" Y si las cosas que nos quieren obligar a elegir son las dos malas, sin ambigüedades debemos decir que no queremos ninguna.

Tertuliano comparará el escándalo de la encarnación con el de la cruz; sólo porque tuvo lugar la primera puede haber existido la segunda: "¿Qué cosa hay más indigna de Dios o de qué cosa se debe avergonzar más?, ¿de nacer o de morir?, ¿de llevar la carne o de llevar la cruz?, ¿de ser circuncidado o de ser crucificado?, ¿de ser depositado en una cuna o de ser puesto en un sepulcro? (...) No quitéis la única esperanza del mundo entero. ¿Por qué eliminar la necesaria vergüenza de la fe? Lo que es indigno de Dios, a mi me conviene: Soy salvo si no seré confundido a causa de mi Señor (...). Fue crucificado el Hijo de Dios: no me avergüenzo porque hay que avergonzarse. Murió el Hijo de Dios: es creíble, porque es increíble (...). Pero cómo serán verdaderas esas cosas en Cristo, si Cristo mismo no fue verdadero, si no tuvo verdaderamente en sí mismo lo que podía ser colgado de la cruz, muerto, sepultado y resucitado (...). Así la realidad de su doble sustancia nos lo mostró hombre y Dios, nacido y no nacido, carnal y espiritual, débil y fortísimo, moribundo y viviente (...). ¿Por qué cortas por la mitad a Cristo con la mentira? Todo entero fue verdad".

Seamos fieles a la verdadera doctrina sobre la Encarnación del Verbo, enseñada infaliblemente durante 2.000 años por la Iglesia Católica. Y sepamos llenarnos de santo estupor por la actualidad del Acontecimiento que divide la historia del mundo en un antes y un después.

¡Y cómo, aún los más grandes pensadores anticatólicos no pueden pensar sino en dependencia de los grandes misterios de la fe católica aunque busquen deformarlos!

¡Que la Virgen María que fue 9 meses copón, 33 años custodia y 2000 años ostensorio del Verbo de Dios encarnado, nos haga conocerlo, amarlo y servirlo más y mejor!

5.

NEGACIÓN DE LA ENCARNACIÓN

"El misterio de la Encarnación revela el asombroso amor de Dios,
cuya personificación más elevada es el Espíritu Santo,
pues él es el Amor de Dios en persona, la Persona-Amor...
En la Encarnación, más que en cualquier otra obra, se revela la gloria de Dios".
(Catequesis, 05/27/1998)

La fiesta de la Epifanía es la fiesta de la Manifestación del Señor, y en las Iglesias Orientales se celebra en el mismo día el Bautismo de nuestro Señor en el río Jordán, la Adoración de los Magos y el primer milagro de nuestro Señor, que es el de las Bodas de Caná.

En las lecturas de la liturgia de la fiesta de la Epifanía recordamos de manera especial lo que el apóstol San Pablo dice cuando habla de la revelación del misterio de la Encarnación del Verbo, y el misterio consiste en que también los paganos participan plenamente del él. Es decir que esta fiesta es tal porque se recuerda la entrada de los pueblos gentiles, de los pueblos no judíos, a la Iglesia, al reino de Dios.

I.

La negación de la Encarnación de Cristo por parte de los que no creen es una realidad sobre la que nos advierte la Sagrada Escritura, y que ya ocurría en los tiempos apostólicos:

Muchos seductores han salido al mundo, que no confiesan que Jesucristo ha venido en carne. Ese es el Seductor y el Anticristo (2Jn 7).

Hijos míos, es la última hora. Habéis oído que iba a venir un Anticristo; pues bien, muchos anticristos han aparecido, por lo cual nos damos cuenta que es ya la última hora. Salieron de entre nosotros; pero no eran de los nuestros. Si hubiesen sido de los nuestros, habrían permanecido con nosotros. Pero sucedió así para poner de manifiesto que no todos son de los nuestros (1Jn 2,18–19).

¿Quién es el mentiroso sino el que niega que Jesús es el Cristo? Ese es el Anticristo, el que niega al Padre y al Hijo. Todo el que niega al Hijo tampoco posee al Padre. Quien confiesa al Hijo posee también al Padre (1Jn 2,22–23).

Queridos, no os fiéis de cualquier espíritu, sino examinad si los espíritus vienen de Dios, pues muchos falsos profetas han salido al mundo. Podréis conocer en esto el espíritu de Dios: todo espíritu que confiesa a Jesucristo, venido en carne, es de Dios; y todo espíritu que no confiesa a Jesús, no es de Dios; ése es el del Anticristo. El cual habéis oído que iba a venir; pues bien, ya está en el mundo (1Jn 4,1–3).

Que nadie os engañe de ninguna manera. Primero tiene que venir la apostasía y manifestarse el Hombre impío, el Hijo de perdición, el Adversario que se eleva sobre todo lo que lleva el nombre de Dios o es objeto de culto, hasta el extremo de sentarse él mismo en el Santuario de Dios y proclamar que él mismo es Dios... Porque el misterio de la impiedad ya está actuando (2Tes 2,3–4.7).

II.

De manera parecida, se hacían estas mismas consideraciones en la época de los Santos Padres. Por ejemplo, decía San Agustín comentando el penúltimo texto: "...Todo espíritu que confiesa que Jesucristo vino en carne, es de Dios. ¿Luego también es de Dios el espíritu que se halla en los herejes, si confiesan que Jesucristo vino en carne? Puede suceder que se levanten contra nosotros y digan: Vosotros no tenéis el Espíritu de Dios;

nosotros confesamos que Jesucristo vino en carne. San Juan dijo que no tienen el Espíritu de Dios aquellos que no confiesan que Jesucristo vino en carne. Pero pregunta a los arrianos; confiesan que Jesucristo vino en carne. Pregunta a los eunomianos; confiesan que Jesucristo vino en carne. Pregunta a los macedonianos; confiesan que Jesucristo vino en carne. Pregunta a los catafrigas; confiesan que Jesucristo vino en carne. Pregunta a los novacianos; confiesan que Jesucristo vino en carne. (Como si ahora nosotros dijésemos: pregunta a los de la Asamblea de Dios; confiesan que Cristo vino en carne. Pregunta a los Testigos de Jehová; confiesan que Jesús vino en carne; Pregunta a los de la Iglesia de Filadelfia; confiesan que Jesús vino en carne. Pregunta a los de la Iglesia Universal; confiesan que Jesús vino en carne. Pregunta a los del Pastor Jiménez; confiesan que Jesús vino en carne. Pregunta a...) ¿Todos estos herejes tienen el Espíritu de Dios? ¿No son falsos profetas? ¿No hay allí engaño alguno? ¿No hay allí seducción? Sin duda son anticristos, que salieron de nosotros, pero no eran de nosotros.

"Luego, ¿qué haremos? ¿Cómo distinguiremos? ...Oísteis antes que dijo: Quien niega que Jesucristo vino en carne, éste es Anticristo; y allí preguntábamos quién lo negaba, porque ni nosotros ni ellos lo niegan. Y vimos que algunos lo negaban con los hechos; y adujimos el testimonio del Apóstol, que dice: Confiesan que conocen a Dios, pero le niegan con los hechos. Luego así también ahora preguntamos por los hechos, no por las palabras. ¿Cuál es el espíritu que no es de Dios? El que niega que Jesucristo vino en carne. ¿Qué espíritu es de Dios? El que confiesa que Jesucristo vino en carne. ¿Quién es el que confiesa que Jesucristo vino en carne? Ea, hermanos, atendamos a las obras, no al ruido de la lengua. Preguntemos por qué vino en carne Jesucristo, y hallaremos quiénes son los que niegan que vino en carne. Si das oídos a la lengua, has de oír que muchas herejías confiesan que Cristo vino en carne; pero la verdad les convence de mentira. ¿Por qué Jesucristo vino en carne? ¿No era Dios? ¿Acaso no se escribió de Él: En el principio era el Verbo, y el Verbo estaba con Dios, y el Verbo era Dios? ¿Acaso no alimentaba y alimenta a los ángeles? ¿Por qué vino en carne? Porque convenía que se nos mostrase la esperanza de la resurrección. Era Dios y vino en carne. Dios no podía morir; la carne sí; por eso vino en carne, para morir por nosotros. ¿De qué modo murió por nosotros? Nadie tiene mayor caridad que quien da la vida por sus amigos. La caridad fue la que lo condujo a la muerte. Luego, quien no tiene caridad niega que Jesucristo vino en carne. Ahora pregunta ya a todos los herejes si Cristo vino en carne. Y dirán: Vino, lo creo y lo confieso. Precisamente lo niegas en absoluto. ¿Cómo es que lo niego? Bien oyes que lo afirmo. Pues yo te demuestro que lo niegas. Lo dices con la boca, lo niegas con el corazón; lo dices con palabras, lo niegas con hechos. ¿De qué modo me dices que lo niego con los hechos? Porque Jesucristo vino en carne para morir por nosotros. Y murió por nosotros, demostrando inmensa caridad: Nadie tiene mayor caridad que quien da la vida por sus amigos. Tú no tienes caridad, porque por tu gloria divides la unidad de Cristo. Luego de aquí discernid el espíritu que es de Dios. Pulsad, tocad los vasos de barro, no sea que estén rotos y suenen mal; ved si suenan perfectamente; ved si allí hay caridad. Te separas de la unidad de toda la tierra, divides la Iglesia por el cisma, desgarras el cuerpo de Cristo. Él vino en carne para congregar, tú gritas para esparcir. Luego tiene el Espíritu de Dios aquel que dice que Jesús vino en carne; el que lo dice no con la lengua, sino con los hechos; el que lo dice no clamando, sino amando. (Niega a Cristo, de hecho, el hereje, el cismático, el que no está con Pedro y bajo Pedro, quien no trabaja por la unidad de los hermanos...). No es Espíritu de Dios el que niega que Jesucristo vino en carne; y lo niega no con la lengua, sino con la vida; no con palabras, sino con hechos. Luego está claro, hermanos, cómo podemos conocer. Muchos están dentro como si fuesen de dentro; nadie está fuera si verdaderamente no lo está"[125].

---

[125] SAN AGUSTÍN, *Exposición de la Epístola a los Partos*, VI, 13; trad. española de la BAC, p. 291.294. Paréntesis nuestros.

No se piense que estas enseñanzas son cosas del pasado.

III.

A pesar del reciente gran Jubileo del año 2000, en el cual recordamos solemnemente el misterio de la Encarnación del Verbo, a pesar de la nueva toma de conciencia que ello significó, a pesar del número multitudinario de personas que se involucraron en el mismo, sin embargo, hoy día, la negación de la Encarnación es una dolorosa realidad palpable.

Recientemente ha enseñado el Papa[126] escribiendo a los dominicos: "... Una de las primeras tareas asignadas a vuestra Orden, desde su fundación, fue la proclamación de la verdad de Cristo como respuesta a la herejía albigense, una nueva forma de la recurrente herejía maniquea contra la que el cristianismo ha combatido desde el principio. Su idea central es el rechazo de la Encarnación, al negarse a aceptar que *el Verbo se hizo carne, y habitó entre nosotros ... lleno de gracia y de verdad (Jn* 1,14). Para responder a esta nueva forma de la antigua herejía, el Espíritu Santo suscitó la Orden de Predicadores, hombres que se deberían destacar por su pobreza y su movilidad al servicio del Evangelio, contemplando incesantemente la verdad del Verbo Encarnado en la oración y en el estudio, y transmitiendo a los demás los frutos de esa contemplación a través de su predicación y de su enseñanza. «Contemplata aliis trajere»[127]: el lema de la orden se convirtió en su gran estímulo a la acción, y así sigue siendo todavía hoy...

"No cabe duda de que las antiguas aflicciones del corazón humano y los grandes errores no mueren jamás, sino que se mantienen en letargo por un tiempo y luego vuelven a aparecer bajo otras formas. Por eso hace falta siempre una nueva evangelización, como la que el Espíritu Santo pide realizar a la

---

[126] JUAN PABLO II, *Mensaje de Su Santidad con motivo del capítulo general de la Orden de Frailes Predicadores*, OR 29 (2001) 1699. Los paréntesis y el resaltado son nuestros.
[127] Transmitir lo contemplado.

Iglesia actualmente". (Siempre es necesaria una nueva evangelización y, en primer lugar, en nosotros mismos. Cuando el sacerdote o el laico deja de evangelizarse a sí mismo comienza la relajación, que puede llegar al escándalo). "Vivimos en un tiempo caracterizado, a su manera, por el rechazo de la Encarnación. Por primera vez desde el nacimiento de Cristo, acontecido hace dos mil años, es como si Él ya no encontrara lugar en un mundo cada vez más secularizado. No siempre se niega a Cristo de manera explícita; muchos incluso dicen que admiran a Jesús y valoran algunos elementos de su enseñanza. Pero él sigue lejos: en realidad no es conocido, amado y obedecido; sino relegado a un pasado remoto o a un cielo lejano.

"Nuestra época niega la Encarnación de muchos modos prácticos, y las consecuencias de esta negación son claras e inquietantes". (Como no puede ser de otra manera, la negación de la Encarnación se ve, sobre todo, en el rebajamiento del ser humano).

1. "En primer lugar, la relación individual con Dios se considera como exclusivamente personal y privada, de manera que se aparta a Dios de los procesos por los que se rige la actividad social, política y económica". O sea, en la manifestación pública del hombre en su actividad social, política y económica, formas de negación de la Encarnación son el liberalismo salvaje, el marxismo, la tecnocracia, el laicismo que busca apartar a Dios. El mundo que construye el hombre sin Dios se vuelve contra el hombre. Cuando no se quiere que Dios reine, el hombre se esclaviza.

2. "A su vez, esto lleva a una notable disminución del sentido de las posibilidades humanas, dado que Cristo es el único que revela plenamente las magníficas posibilidades de la vida humana, el único que «manifiesta plenamente el hombre al propio hombre»[128]". Al disminuirse el sentido de las posibilidades

---

[128] CONCILIO ECUMÉNICO VATICANO II, *Constitución pastoral sobre la Iglesia en el*

humanas se cae en la marginación y en la exclusión social, en la plaga del desempleo, en la explotación de los trabajadores, en la acumulación de las riquezas en manos de pocos mientras los pobres empobrecen cada vez más, y son cada vez más, y cada vez tienen menos participación en la riqueza común. Se pierde la sana creatividad.

3. "Cuando se excluye o niega a Cristo, se reduce nuestra visión del sentido de la existencia humana; y cuando esperamos y aspiramos a algo inferior, la esperanza da paso a la desesperación, y la alegría a la depresión". Es decir, el reduccionismo en la existencia humana lleva al hombre a esclavizarse a cosas inferiores a él, contra lo que enseña San Pablo de que no debemos *estar sometidos a los elementos del mundo*[129], que, en el fondo, se manifiesta claramente en todas las formas de adicción conocidas: al alcohol, a la droga, a la excesiva presteza, al dinero, al sexo sin responsabilidad, al poder, al internet, a la violencia irracional, a la televisión, etc. Se cae en el sinsentido existencial y en la pérdida del señorío del cristiano. Por eso la humanidad en el mundo moderno parece una manada de borregos en la que todos piensan, más o menos, lo mismo, que es lo que repiten a diario, hasta la saciedad, los medios de comunicación, que están bajo la dictadura de los "dadores de sentido".

4. "Se produce también una profunda desconfianza en la razón y en la capacidad humana de captar la verdad; incluso se pone en tela de juicio el mismo concepto de verdad. La fe y la razón, al empobrecerse recíprocamente, se separan, degenerando respectivamente en el fideísmo y en el racionalismo"[130]. El hombre se hace esclavo de su capricho subjetivo y de la dictadura del relativismo. La imagen de este relativismo puede ser el "talk show" de varios programas de televisión: "Tu que eres prostituta, ¿qué nos puedes decir del sexo?... Tu que eres gay, ¿qué nos

---

mundo actual «Gaudium et Spes», 22.
[129] Cfr. *Ga* 4,3.
[130] Cfr. JUAN PABLO II, *Carta Encíclica «Fides et Ratio»* 48.

puedes decir?... Tu que eres lesbiana, ¿qué piensas del amor?... Tu que eres travesti, ¿qué opinas del aborto?...". Y al final, liberalmente, todos tienen razón. Esos liberales se esclavizan a la dictadura del "rating" y del relativismo. Todo es lo mismo: "Nada es verdad ni es mentira, todo es según el cristal con que se mira". Ése es su credo.

Así al hombre no le interesa la verdad. No le interesa la realidad extra-mental y lo eyecto fuera de él, por sobre él y superior a él: "La verdad la hago yo, que soy la medida de todas las cosas". Ése es el resumen de sus vidas.

5. "Ya no se aprecia ni se ama la vida; por eso avanza una cierta cultura de la muerte, con sus amargos frutos: el aborto y la eutanasia". Y la contracepción y antinatalismo, la clonación, el divorcio, el suicidio generalizado, el homicidio de los inocentes, la muerte del alma al no recurrir a la gracia que dan los sacramentos (Y así los hombres y mujeres viven como animales, sin sacramentos: no se confiesan, no comulgan, no van a Misa los domingos, no reciben la unción de los enfermos, no se casan por la Iglesia...). Se hace cualquier cosa con tal de destruir la imagen divina del matrimonio y la familia, y la dignidad del trabajo humano.

6. "No se valora ni se ama correctamente el cuerpo y la sexualidad humana; de ahí deriva la degradación del sexo, que se manifiesta en una ola de confusión moral, infidelidad y violencia pornográfica". Se empuja a los hombres y mujeres a toda forma de desborde sexual patológico: pederastia, travestismo, sadismo, masoquismo... la pornografía que lo invade todo: revistas, diarios, cine, radio, televisión, internet... No se ama la virginidad y la pureza es vilipendiada. La humanidad sufre un verdadero eclipse de la ética y de la moral.

7. "Ni siquiera se ama y valora la creación misma; por eso el fantasma del egoísmo destructor se percibe en el abuso y en la explotación del medio ambiente". Porque la creación es la gran página escrita por Dios y también se quiere destruir la imagen de

Dios inscripta en ella. Todo se hace para que el hombre se olvide que *todas las cosas fueron hechas por medio del Verbo y sin el Verbo no se hizo nada de cuanto existe (Jn* 1,3). ¡Veamos lo que quedó del Mar de Azov!

Es decir que, según el Papa, la negación práctica de la Encarnación del Verbo se percibe (en algunos ejemplos que se podrían multiplicar): en el orden social y público de los pueblos, en las posibilidades del hombre y en su misma existencia, en la desconfianza en poder captar la verdad, en no amar ni la vida, ni el cuerpo, ni la creación.

"En esta situación, la Iglesia y el Sucesor del apóstol Pedro miran a la Orden de Predicadores con la misma esperanza y confianza que en los tiempos de su fundación. Las necesidades de la nueva evangelización son enormes. Ciertamente vuestra Orden, con sus numerosas vocaciones y su extraordinaria herencia, puede desempeñar un papel fundamental en la misión de la Iglesia para acabar con los antiguos errores y proclamar con eficacia el mensaje de Cristo en el alba del nuevo milenio"[131].

IV.

En este sentido recordaba recientemente el entonces Cardenal Joseph Ratzinger: "El mundo tiene sed de conocer, no nuestros problemas eclesiales, sino el fuego que Jesús trajo a la tierra[132]. [...] El problema central de nuestro tiempo es que la figura histórica de Jesucristo ha sido vaciada de su sentido. Un Jesús empobrecido no puede ser el único Salvador y mediador, el Dios con nosotros: Jesús es reemplazado con la idea de los «valores del reino» y se convierte en esperanza vacía. Tenemos que regresar

---

[131] Hasta aquí JUAN PABLO II, *Mensaje con motivo del capítulo general de la Orden de los Frailes Predicadores*, 28 de junio de 2001. La división y numeración de párrafos es nuestra.
[132] Cfr. *Lc* 12,50.

con claridad al Jesús de los Evangelios, ya que sólo Él es el auténtico Jesús histórico[133]"[134].

ϒ.

Reafirmemos nuestra fe en Jesucristo.

Sepamos decirle con obras y de verdad: *Tú eres el Cristo, el Hijo de Dios vivo* (*Mt* 16,16).

[133] Cfr. *Jn* 6,68.

[134] CARD. RATZINGER, *Intervención en la X Asamblea general ordinaria del Sínodo de los Obispos*, 6 de octubre de 2001; cfr. *OR* (19 de octubre de 2001).

6.

¡TODO ES VUESTRO!

"Recuerden que la persona humana y el respeto
por la misma son el camino de un mundo nuevo.
El mundo y el hombre se asfixian si no se abren a Jesucristo.
Ábranle el corazón y emprendan así una vida nueva,
que sea conforme a Dios y responda a las legítimas aspiraciones
que Ustedes tienen de verdad, de bondad y de belleza."
(Cuba, 23-1-98)

I.

Dice Nuestro Señor Jesucristo que *el árbol se conoce por los frutos:* **Por sus frutos los conoceréis. Así, todo árbol bueno da frutos buenos, mientras que el árbol malo da frutos malos.** Un **árbol bueno no puede producir frutos malos, ni un árbol malo producir frutos buenos** (*Mt* 7, 16-18); con el mismo principio, así también se conocen los establecimientos educacionales y de modo particular, los colegios católicos. ¿Y cuáles son los frutos que debe producir un colegio católico"?

El fruto primordial que deben producir los colegios católicos es la formación de jóvenes que sean auténticos discípulos de Jesucristo. Los colegios católicos deben formar jóvenes cristianos que sean discípulos de Jesucristo, que quieran vivir según el Evangelio de Nuestro Señor:

– para que se haga verdad en ellos lo que dice San Pablo: **ya no vivo yo, es Cristo quien vive en mí** (*Ga* 2, 20).

265

– para que el día de mañana, cuando sean padres o madres de familia, o religiosas, o religiosos, o profesionales, etc., lleven verdaderamente a Cristo dentro suyo y, de modo especial, sean testigos de la caridad de Jesucristo ante el mundo.

II.

¿Por qué muchas veces no se forman cristianos así? ¿Por qué ocurre eso? ¿Cómo puede ser eso? A mi modo de ver se debe a varias cosas:

1º – No le presentamos como corresponde a Jesucristo: ¿qué es lo principal en la vida cristiana? ¡Lo central es Jesucristo! No seguimos a un hombre, ni a un sacerdote, ni a una religiosa, sino a Jesucristo Nuestro Señor, de lo contrario, se forman católicos de "letrerito", que no saben actuar como cristianos, que obran como paganos, rebeldes a sus padres, maleducados, promiscuos… ¿Eso es ser católico?

2º – Además, esto sucede porque nadie les ha enseñado lo que con tanta claridad y tanta fuerza predicaba San Pablo: *¡Que nadie ponga su gloria en los hombres! Porque ciertamente todo es vuestro, ya Pablo, ya Apolo, ya Cefas, ya el mundo, ya la vida, ya la muerte, ya lo presente, ya lo venidero, todo es vuestro, y vosotros de Cristo y Cristo de Dios* (1Cor 3, 21-23).

III.

"Todas las cosas son vuestras". ¿Qué significa?

1º El hombre no se gloría en las cosas inferiores que le están sujetas. Así tampoco debe gloriarse en las cosas de este mundo por levantadas que parezcan pues todas han sido puestas bajo los pies de Jesucristo. Entre las que están debajo del hombre –y a su servicio– están primeramente los ministros de Cristo –incluso el Papa–, puestos para el ministerio de los fieles: *"ya Pablo, ya*

Apolo, ya Cefas" (Cefas es Pedro, el Papa). También el orden religioso. *"Todo es vuestro"*: los sacerdotes, las religiosas que están al servicio de los fieles, ¡sí!, *"todo es vuestro"* porque está al servicio de los elegidos de Dios.

2° Tampoco el ser humano debe gloriarse en las cosas exteriores de este mundo; *"el mundo"* está debajo de cada fiel y le sirve en cuanto satisface sus necesidades o le ayuda al conocimiento de Dios.

3° Del mismo modo en que no debemos gloriarnos en las cosas de este mundo porque sirven al hombre en cuanto satisface sus necesidades, tampoco el hombre o la mujer deben gloriarse *"ya en la vida, ya en la muerte"*, es decir, en todos los bienes – bienes de familia o bienes particulares– y ni siquiera en todos los males de este mundo que se hayan sufrido. La vida está a nuestros pies en cuanto nos sirve para merecer, la muerte también está bajo nuestros pies en cuanto nos abre el camino para los premios eternos.

4° *"Ya lo presente, ya lo futuro"*: todas esas cosas son para nuestro servicio y son perecederas como nosotros. Lo presente nos debe ayudar a merecer para la otra vida, y lo futuro se nos reserva para el premio.

IV.

Todas las cosas son vuestras, todas son para nuestra utilidad, todo es para nuestro servicio *porque todas las cosas cooperan para el bien de los que aman a Dios, de los que son llamados según su designio* (Ro 8, 28).

De tal manera, que todo el mundo de hecho, aunque no se quiera, se rige por una triple ley:

1° Todo se orienta a los santos: el primer ordenamiento es de las cosas a los fieles, es decir, todas las cosas al servicio de los hombres o mujeres auténticos, que son los elegidos, los predestinados para gozar eternamente de la gloria de Dios.

2° El segundo ordenamiento es el de los fieles a Cristo.

3° El tercero es el de Cristo en cuanto hombre que ordena todo a Dios.

Por eso, *¡Qué nadie ponga su gloria en los hombres! Porque ciertamente todo es vuestro, ya Pablo, ya Apolo, ya Cefas, ya el mundo, ya la vida, ya la muerte, ya lo presente, ya lo venidero, todo es vuestro, y vosotros de Cristo y Cristo de Dios* (1 *Cor* 3,21-23).

Pido la gracia de que en los institutos educacionales católicos se formen "reyes y señores" que sepan ejercer "señorío y reyecía" sobre todas las cosas que están debajo de ellos, es decir, que sepan vencer las modas que llevan al vacío, a la infelicidad, a la huida, al desatino, a la nada, que finalmente es muerte, y que no es lo que Jesucristo quiere para todos nosotros, puesto que Él nos enseña a amar hasta dar la vida por los demás.

7.

CUADROS DE LA PASIÓN

"Queridísimos jóvenes, al clausurar el Año Santo
os confío el signo de este Año Jubilar: ¡la Cruz de Cristo!
Llevadla por el mundo como signo
del amor del Señor Jesús a la humanidad
y anunciad a todos que sólo en Cristo muerto y resucitado
hay salvación y redención".
(Roma, 22-4-1984)

Les propongo que sigamos con la mente y con la imaginación diversas escenas de la Pasión del Señor, tal como si se trataran de imágenes de una proyección de diapositivas sobre una pantalla.

Primera escena: al otro lado del torrente Cedrón

Allí hay "olivos rugosos y casi humanos, que se revuelven, epilépticos, como si quisieran taparse con los brazos retorcidos, no sé qué ojos invisibles para no recordar lo que vieron"[135]. ¿Qué vieron los olivos? Vieron el espanto. Y, de alguna manera, todo olivo, por solidaridad de naturaleza, es un testigo callado de

---

[135] JOSÉ MARÍA PEMÁN, *De cómo las cosas se asociaron a la Pasión de Cristo*, quinto de los «*Ocho ensayos religiosos*», Obras Completas, III (1948) 1258–1275, cit. en *La Pasión según Pemán*, II, EDIBESA (Madrid 1997) 68, edición preparada por José Antonio Martínez Puche.

Getsemaní. Allí escucharon al Dios–Hombre decir: *Triste está mi alma hasta la muerte* (*Mt* 26,38; *Mc* 14,33). Allí escucharon decir al Dios–Hombre: *Padre, si es posible, que pase de mí este cáliz* (*Mc* 14,36). Podemos escuchar en *off* la voz del profeta Isaías: *El Señor puso sobre su Mesías los pecados de todos nosotros* (*Is* 53,6).

Y sudó sangre.

Segunda escena: en un rincón del Evangelio

"En un rincón del Evangelio, en el patio del Sanhedrín, hay una criatura dorada y bailarina, sutil e inconstante; se llama el Fuego. Está prendido, en un haz de leña, en el centro del patio. Lo encendieron los criados para calentarse... Está amaneciendo. Y todos se han ido. Entre los leños, la muerte del fuego es dulce y suave como la de un crepúsculo. ¿Cómo aquella criatura, tan saltarina y tan voluble, muere así, en esa paz, deshecha en ceniza y gris?" –se pregunta Pemán, y continúa– "Porque... (el fuego) era todo salto y movimiento; no tenía dos minutos seguidos la misma forma. Él también negaba en cada minuto la postura del minuto anterior, y esto no tres veces, sino cientos y miles. ¿Cómo ha conquistado entonces esa muerte de paz y de quietud, suave como un poniente? La ha conquistado porque ha sabido borrar sus propias volubilidades y consumirse a sí mismo en puros ardores; porque ha sido pecado, pero también penitencia; porque ha sido negación pero también llanto; porque mientras bailaba su baile de vacilaciones se iba consumiendo de Amor. Pedro, Pedro, el Señor, al pasar por la galería junto al patio, te ha mirado con ternura de perdón, porque tú tienes alma de llama y corazón de fuego"[136].

Fue muy golpeado el Señor.

---

[136] *Ibidem*, 69.

Tercera escena:
los vejámenes en el Sanedrín

Se *burlaron de Él* (*Lc* 22,63–64); le *abofetearon* (*Mc* 14,65; ῥαπίσμασιν) con los puños cerrados; le *golpearon* (*Mt* 26,67; Mc 14,65; ἐράπισαν); puede ser con la mano abierta o con un bastón; le *escupieron en el rostro* (*Mt* 26,67; *Mc* 14,65). Esta última acción era una injuria gravísima según la Sagrada Escritura, tal como se relata, por ejemplo, en el libro de los Números, en el caso de María, la hermana de Moisés. *Moisés dice a Yahvé*: "*Ruégote, oh Padre, que la sane*", *y respondió Yahvé*: "*Si su padre la hubiera escupido en el rostro, ¿no quedaría por siete días llena de vergüenza?*"[137]. Era una injuria gravísima. También en el libro del Deuteronomio, en la ley del levirato, por el cual el hermano tenía que ocupar el lugar del esposo muerto y tomar como mujer a la cuñada, puede apreciarse la magnitud de la ofensa que aquella acción significaba. Si no tomaba a la mujer, decía Dios: *Si persiste en la negativa y dice* "*no me agrada tomarla por mujer*", *su cuñada se acercará a él en presencia de los ancianos, le quitará del pie un calzado, y le escupirá en la cara, diciendo: esto se hace con el hombre que no sostiene la casa de su hermano* (*Dt* 25,9). Le *cubrieron el rostro* (*Lc* 22,64; *Mc* 14,65) vendándole los ojos; le preguntaban sarcásticamente como a "Mesías" (*Mt* 26,68), que les *profetizase* o *adivinase* (*Lc* 22,64; *Mt* 26,68; *Mc* 14,65) quién le daba puñetazos o quién le había *golpeado*[138]; le arrancaban mechones de barba[139].

Y Jesús sangró.

---

[137] Cfr. *Nm* 12,14.
[138] Cfr. *Mt* 26,68; *Mc* 14,65; *Lc* 22,64.
[139] Cfr. *Is* 50,6.

Cuarta escena:
en el pretorio de Pilatos

Allí también sufre el Señor muchas injurias: azotes, desnudez. Lo despojaron de sus vestiduras[140]; le pusieron una clámide o manto[141] –querían significar un manto regio–; le *coronaron de espinas* (*Mt* 27,29; *Mc* 15,17; *Jn* 19,5) –signo característico de la dignidad real–; le pusieron en las manos *una caña* como cetro (*Mt* 27,29) –signo burlesco del cetro real–; le saludaban con *burla* (*Mt* 27,29; *Mc* 15,18; *Jn* 19,3); le *golpeaban en la cabeza con una caña* (*Mt* 27,30; *Mc* 15,19), penetrando más las espinas en su cuero cabelludo; le *escupían en el rostro* (*Mt* 27,30; *Mc* 15,19). Se mezclaron allí los salivazos de los judíos y los salivazos de nosotros, los paganos); le *abofetearon* (*Jn* 19,3).

"Cuando en el principio de los tiempos Dios creó los mundos, los creó con lujo y despilfarro... Para que pastaran los bueyes, hubiera bastado una sola especie de yerbas; no era preciso ese derroche de variedades, colores, formas, que visten los prados. Para la miel, hubiera bastado una flor, no era necesario el despilfarro de un jardín. Pero el Señor –continúa Pemán–, andaba como padre embobado que no sabe qué hacer por regalar al hijo recién nacido. Todo fue un multiplicar las especies y prodigar los colores, y las formas, y las variedades. Y en ese derroche de mimos y de regalos, de entre los dedos de Dios cayó en Palestina el azufaifo[142], un arbolito frutero de mil utilizaciones. Sus frutos, rojos y dulces, son buenos y refrescantes para el ganado, además de ser golosinas para los pastores; sus ramas, de largas espinas agudas, sirven para fronteras del egoísmo humano en vallas de

---

[140] Cfr. *Mt* 27,28.

[141] Cfr. *Mt* 27,28; *Mc* 15,17; *Jn* 19,2.

[142] Conocido técnicamente como «Zizyphus», desde la época de Linneus, quien le añadió el nombre de *«spina Christi»*. En la actualidad, los botánicos se inclinan más bien a pensar que es la «poterium spinosum», la hebrea «sirah» según HA–REUBENI, que es muy parecida. Cfr. *«Fauna and flora of the Bible, helps for translators»*, Sociedades Bíblicas Unidas (EE.UU.² 1980), 184–185.

predio y cercados de fincas"[143]. Y de las manos de Dios "...cayó también la caña[144], una caña ligera y resistente, parecida al junco de Chipre, cuidadosamente llevada por el Padre espléndido a aquel país de ganaderos y trajinantes; apta para apoyarse por el sendero, para arriar al borriquillo, e incluso para hacer una flauta elemental. Y así se estaban durante los siglos y los siglos el azufaifo y la caña, ofreciendo generosamente a los hombres frutos, vallas, flautas y bastones"[145].

En otra escena, aparecen "unos soldadotes de la legión romana... Y fueron al azufaifo y, riendo brutalmente, cortaron una rama espinosa y la doblaron circularmente en forma de corona. Y fueron al cañaveral y cortaron una caña en forma de cetro burlesco. ¿A dónde van los soldados de Roma con su cetro de caña y su casco –o capacete– de espinas? Van en busca de aquel supremo pródigo, derrochador y generoso que, por amor a los hombres, pudiendo hacer una sola flor, hizo mil jardines. Van en busca del que hizo el azufaifo dulce a los pastores y la caña resistente para el fatigado y hueca para el flautista"[146].

Y Jesús sangró.

Quinta escena: el Gólgota

Aparece en nuestra imagen el Gólgota con tres cruces; las piadosas mujeres al pie, el pueblo gritando –nunca sabe lo que hace–, meneando la cabeza, arrojando tierra hacia arriba, según su costumbre.

---

[143] JOSÉ MARÍA PEMÁN, *ibidem*, 69–70.
[144] Según FONCK, un especialista aleman, es la *Arundo phragmites*, L., cañizo, o la *Arundo donax*, «una caña gigante, mucho más alta que un hombre, que crece en los ríos como el Nilo, y es bien conocida en Palestina y Siria»; cfr. MANUEL DE TUYA, *Del Cenáculo al Calvario*, editorial San Esteban (Salamanca 1962) 458.
[145] JOSÉ MARÍA PEMÁN, *ibidem*, 70.
[146] *Ibidem*, 70.

Nos acercamos con el *zoom* del proyector, vemos el rostro de Jesús. ¡Qué dignidad! ¡Qué majestad la del Señor! ¡Qué señorío! Nos acercamos más, vemos sus ojos, esos ojos dulces, penetrantes, esos ojos que con la mirada amaban, como le pasó al joven rico, esa mirada a su vez penetrante, que taladra el alma. Es la de Jesús una mirada inteligente: sabía perfectamente bien lo que estaba haciendo. De todos los que asistían como espectadores, casi nadie sabía lo que estaba pasando, salvo la Virgen. Pero Él sabía perfectamente bien qué era lo que estaba haciendo y lo estaba haciendo libremente, con plena conciencia, con deliberada voluntad... ¡Sabía que estaba salvando a los hombres y mujeres de todos los tiempos!

Si en ese momento hubiéramos podido observar los ojos de Jesús –como puede hacerse hoy por microscopía de alta resolución en los ojos de Nuestra Señora de Guadalupe–, veríamos reflejados en ellos muchas cosas. Entre ellas, estaríamos reflejados nosotros, en este preciso momento. Nos veríamos a nosotros mismos porque **estamos** en las pupilas del Señor. Esto es teológicamente cierto debido a que, por ciencia divina, Él conoce absolutamente todo. Veríamos en esos ojos de Jesús a todos los que estamos acá: los sacerdotes, los seminaristas, las religiosas, las familias que nos acompañan... las ingentes multitudes de todas las generaciones y generaciones...

Jesús mira y conoce todo: a quien llamó de niño, a quien de joven, a quien de adulto; la forma, el modo como los llamó. Y en ese momento era claramente consciente nuestro Señor que eso que hacía era algo que iba a beneficiar a éste y a éste y a éste... y a aquella y a esta otra... En ese momento Él ofrecía su vida, quería morir en cruz, porque era necesario para nuestra eterna salvación.

Describiendo ese rostro, en el cual ya no había hermosura, se puede escuchar en *off* la voz de Isaías: *No hay en Él hermosura... como ante quien se da vuelta el rostro para no ver* (Is 53,3). No hay en Él parte sana. La agonía del Redentor llega a su fin: *...inclinando la cabeza, entregó su espíritu* (Jn 19,30). Y por si faltase algo, un soldado le atraviesa el corazón, y de ese corazón, que tanto amó a los hombres, brota agua y sangre[147].

Y Jesús sangró y se desangró.

Última escena: en el cielo

Una mujer, la que dio sangre de su sangre para que ese Hijo único derramase su sangre tantas veces por nosotros, y que recuerda siempre –con esa memoria que tienen las madres–, las últimas palabras de su Hijo en la cruz: *He ahí a tu Hijo* (*Jn* 19,26).

San Andrés Avelino llama a la Virgen "la faccendiera d'il Paradiso», es decir, «la atareada del Cielo», la que tiene mucho trabajo en el Cielo. Gusta figurársela el santo «casera y humanamente enfrascada en su ir y venir de súplicas, en su despacho de gracias y mercedes"[148].

Santísima Virgen; ¡perdónanos si te damos tanto trabajo! Pero eres la única que puede hacer posible que no hagamos estéril para nosotros la sangre de tu Hijo.

---

[147] Cfr. *Jn* 19,34.
[148] JOSÉ MARÍA PEMÁN, *ibidem*, 42.

8.

DIOS PADRE
Y LA PASIÓN DEL HIJO

"«A Dios nadie lo ha visto», escribe San Juan para dar mayor relieve a la verdad, según la cual precisamente el Hijo unigénito que está en el seno del Padre, ése le ha dado a conoce». Esta «revelación» manifiesta a Dios en el insondable misterio de su ser —uno y trino— rodeado de «luz inaccesible». No obstante, mediante esta «revelación» de Cristo conocemos a Dios, sobre todo en su relación de amor hacia el hombre: en su «filantropía». Es justamente ahí donde «sus perfecciones invisibles» se hacen de modo especial «visibles», incomparablemente más visibles que a través de todas las demás «obras realizadas por él»: tales perfecciones se hacen visibles en Cristo y por Cristo, a través de sus acciones y palabras y, finalmente, mediante su muerte en la cruz y su resurrección".

(Dives in Misericordia, 30-11-1980)

Todo el arco de la vida de Nuestro Señor Jesucristo está marcado en las referencias explícitas e insistentes a su Padre Celestial. Cuando se hace hombre en las entrañas de la Virgen como leemos en la Carta a los Hebreos, y clama: *«He aquí, oh Padre, que vengo, a hacer tu voluntad»*. Desde el primer instante de su existencia terrena hace referencia al Padre; y en el último instante de su vida terrena, también: *«Padre, en tus manos encomiendo mi espíritu»*.

I.

Jesucristo se constituye en el gran revelador del Padre. Especialmente quiero referirme a todas las veces que Jesús durante su Pasión se refiere al Padre. Como bien sabéis, la Pasión tiene, por así decirlo como una dimensión primero sacramental – la Última Cena–, y luego propiamente la Pasión dolorosa cruenta, que comienza en Getsemaní:

*Llegada la tarde, vino con los Doce. Y cuando fue la hora, se puso a la mesa con sus apóstoles. Y les dijo: "Ardientemente he deseado comer esta Pascua con vosotros antes de padecer. Porque os digo que ya no la comeré hasta que sea cumplida en el reino de **Dios**". Y tomando un cáliz, dio gracias y dijo: "Tomadle y repartidlo entre vosotros. Porque os digo que no beberé ya de este fruto de la vid hasta que no haya venido el reino de **Dios**, hasta el día aquel en que lo beba nuevo con vosotros en el reino de mi **Padre**"*[149] *(Lc 22,14).*

* La pasión sacramental antecede y comienza en el Cenáculo. Por ejemplo, Cristo nos recuerda que es el Padre que nos da el Reino:

*Como mí **Padre** me ha dado el reino, así os lo doy a vosotros, para que comáis y bebáis a mi mesa en mi reino, y os sentéis sobre tronos y juzguéis a las doce tribus de Israel (Lc 22,29).*

* Nos enseña que esos momentos, son los momentos del *paso*, es decir de la Pascua:

*Antes de la fiesta de la Pascua, Jesús, sabiendo que había llegado la hora de pasar de este mundo al **Padre**, –ese pasar es la Pascua– habiendo amado a los suyos que estaban en el mundo, los amó hasta el extremo. –Y*

---

[149] Muchas veces Jesús había hablado del cielo como de un banquete. Ahora, al anunciar a sus discípulos la inminencia de su muerte, les promete que celebrará con ellos un nuevo banquete, mucho más espléndido, en el cielo, y lo expresa con las palabras *vino nuevo*. La idea central de esta promesa es la nueva reunión en una superior intimidad entre los discípulos y el Maestro, eficaz pensamiento de consuelo en este momento de despedida.

versículos más abajo– ...*sabiendo [Jesús] que el **Padre** había puesto todas las cosas en sus manos y que salió de **Dios** y volvía a **Dios** (Jn 13,1–5).*

* Nos enseñó también en esos momentos, los más importantes de su vida terrena que en la casa de nuestro Padre, metáfora referida al cielo, hay muchas moradas:

*No se turbe vuestro corazón. ¿Creéis en **Dios**? Creed también en mí. En la casa de mi **Padre** hay muchas moradas (...) voy a preparamos un lugar. Y cuando os haya preparado lugar, después de irme, de nuevo volveré para tomaros conmigo, a fin de que estéis donde yo estoy. Y el camino para donde voy, lo conocéis (Jn 14,1–4).*

* Y Él manifiesta también de una manera muy elocuente su propio misterio al revelar al Padre. Porque nos tiene que enseñar que Él es consustancial con el Padre, de la misma sustancia, de la misma naturaleza divina, numéricamente una. Pero que también es hombre, porque asumió una naturaleza humana en las entrañas de la Virgen. Le dice Tomás:

*Señor, no sabemos a dónde vas, ¿y cómo podemos conocer el camino? Jesús le responde: Yo soy el camino, la verdad, y la vida[150]. Nadie llega al **Padre** sino por mí. Si me hubierais conocido, hubierais conocido también a mi **Padre** (Jn 14,5–11).*

* Quien conoce a Jesús entonces, conoce al Padre, porque tienen la misma naturaleza divina, numéricamente una:

*Desde ahora le conocéis y le habéis visto. Dícele Felipe: Señor, muéstranos al **Padre** y nos basta. Jesús le responde –con un poco de tristeza–: Llevo tanto tiempo con vosotros, ¿y no me has conocido, Felipe? El que me ha visto,*

---

[150] Por el pecado habían perdido los hombres el camino de la vida, sin esperanzas de encontrarlo de nuevo. Jesús se presentó en el mundo como verdad, como luz que disipa el error y señala cuál es el camino del cielo. Sólo Él es el camino, porque es el único mediador para llegar al **Padre**. Pero es también la vida, el único que posee y da la vida.

*ha visto al **Padre***[151]. *¿Cómo dices tú: Muéstranos al **Padre**? (Jn* 14,12–14).

* Y entonces va a expresar esa relación misteriosa y real que se da entre Él y el Padre, el Padre y Él, porque son una sola cosa:

*¿No crees que yo estoy en el **Padre**, y el **Padre** está en mí? Las palabras que yo os digo, no las digo por mi cuenta; y el **Padre**, que permanece en mí, Él es quien obra. Creedme, yo estoy en el **Padre**, y el **Padre** en mí. Si no, creed por las mismas obras (Jn* 14, 10–11).

* Expresa su muerte de una manera muy hermosa, muy tierna. Ya ha dicho que es un "paso". Insistirá en la idea que es una "marcha":

*En verdad, en verdad os digo: el que cree en mí, ése hará las obras que yo hago. Y las hará mayores que ellas, porque yo voy al **Padre**. Yo haré todo aquello que pidiereis en mi nombre, para que el **Padre** sea glorificado en el Hijo. Yo haré cualquier cosa que me pidiereis en mi nombre (Jn* 14,12–14).

* Le dice a los apóstoles que no tengan miedo, que Él rogará al Padre para que el Padre les envíe el Espíritu Santo:

*Si me amáis, guardaréis mis mandamientos. Yo rogaré al **Padre**, y os dará otro Consolador*[152] *(Jn* 14,15–16)

* Insiste en la mutua inhesión que hay entre el Padre y Él, Él y el Padre:

*En aquel día conoceréis que yo estoy en mi **Padre**, y vosotros en mí y yo en vosotros. el que me ama será amado por mi **Padre**, y yo le amaré y me manifestaré a él (Jn* 14,20).

---

[151] El **Padre** y el Hijo son una misma cosa; por esto, donde está el Hijo, está también el **Padre**. Jesús demuestra su consubstancialidad con el **Padre** con un argumento sacado de sus palabras y de sus obras: su doctrina transcendente no puede ser humana; sus milagros superan las fuerzas de la naturaleza: son palabras y obras de Dios.

[152] La palabra griega *Paráclito* significa abogado, defensor, y, en sentido derivado, consolador. Es el Espíritu Santo, del cual se dice que es otro consolador, porque también Jesús lo es.

* Aún más. Ese estar Él en el Padre, el Padre en Él y Él en nosotros hace que en nosotros, en nuestra alma inhabite la Santísima Trinidad, inhabite por tanto también el Padre:

Judas, no el Iscariote, le dice: Señor, ¿cómo puede ser que hayas de manifestarte a nosotros, y no al mundo? Jesús respondió y le dijo: Todo el que me ama, guardará mi palabra, y mi **Padre** *le amará, y vendremos a él y moraremos en él (Jn 14,22).*

* Él ama al Padre:

Pero es menester que conozca el mundo que amo al **Padre** *y que tal como el* **Padre** *me ordenó, así obro (Jn 14,21).*

* Lo presenta al Padre como si fuese un campesino, un finquero, un agricultor:

Yo soy la verdadera vid, y mi **Padre** *es el agricultor.... Mi* **Padre** *es glorificado en esto: en que deis mucho fruto, y así seréis mis discípulos (Jn 15,1.8).*

* Grandes sueños tiene con nosotros el Padre celestial, su gloria es que demos muchos frutos por eso decía un grande Santo Padre, san Ireneo: *"La gloria de Dios es el hombre viviente"*[153].

Como me amó el **Padre**, *así yo os amé. Permaneced en mi amor. Si vosotros guardáis mis mandamientos, permaneceréis en mi amor; como he guardado los mandamientos de mi* **Padre** *y permanezco en su amor. Todas estas cosas os he dicho para que yo me goce en vosotros y vuestro gozo sea completo (Jn 15,10).*

* Nos llama amigos. Nos recuerda la obligación que tenemos de amarnos entre nosotros.

Este es el mandamiento mío: que os améis los unos a los otros como yo os he amado. Nadie tiene mayor amor que este de dar uno la propia vida por sus amigos. Vosotros seréis mis amigos, si hacéis las cosas que os he

---

153 *Adversus Haereses,* IV, 20, 7.

mandado. Ya no os llamo siervos, porque el siervo no sabe lo que hace su señor. Yo os llamo amigos. Y ¿por qué nos llama amigos? Porque os he revelado todo lo que he oído de mi **Padre**. *Vosotros no me escogisteis, sino yo os escogí a vosotros, y os destiné para que vayáis y deis fruto y vuestro fruto permanezca, para que el* **Padre** *os conceda cualquier cosa que le pidáis en mi nombre. Esto os encomiendo, que os améis los unos a los otros (Jn 15,12–17).*

* De tal manera el Padre está en el Hijo y el Hijo está en el Padre, que quien odia al Hijo odia al Padre.

Si yo no hubiera venido ni les hubiese hablado, no tendrían pecado; pero ahora no tienen excusa de su pecado. El que me odia, odia también a mi **Padre**. *Si no hubiera hecho entre ellos las obras que ningún otro hizo, no tendrían pecado; pero las han visto, y me odian a mí y a mi* **Padre**. *Para que se cumpla la palabra escrita en su Ley[154]: me odiaron sin razón. Cuando venga el Consolador que yo os enviaré de parte del* **Padre**, *el Espíritu de la verdad que procede del* **Padre**, *él dará testimonio de mí, y vosotros también daréis testimonio, porque desde el principio estáis conmigo (Jn 15,18–27; 16,1–4a).*

* Y habrá dificultades.

Os he dicho estas cosas para que no os escandalicéis. Os expulsarán de las sinagogas[155]; y vendrá tiempo en que todos los que os maten creerán hacer un servicio a **Dios**. *Y harán estas cosas porque no conocieron al* **Padre** *ni a mí. Os he dicho estas cosas para que, cuando llegue su tiempo, os acordéis de que yo os las anuncié (Jn 16,1–4).*

* De tal manera el Padre es infinitamente generoso, que Jesús promete reiteradas veces que el Padre nos dará todas las cosas.

Dentro de poco ya no me veréis; de nuevo un poco y me veréis. Algunos de los discípulos se dijeron unos a otros: ¿Qué es esto que nos dice: Dentro de

---

[154] *Sl* 35 (34), 19; 69 (68), 5.

[155] Ser expulsado de la sinagoga equivalía para los judíos a ser tenido por apóstata o excomulgado.

poco ya no me veréis; de nuevo un poco, y me veréis y Yo me voy al **Padre?**.... *En verdad, en verdad os digo que el* **Padre** *os dará cualquier cosa que pidáis en mi nombre (Jn 16,16–24).*

* Es en esta ocasión que Jesús nos dice: "El Padre os ama"

En aquel día pediréis en mi nombre, y no os digo que yo pediré por vosotros al **Padre,** *PORQUE EL MISMO PADRE OS AMA, pues vosotros me habéis amado y habéis creído que yo salí de Dios. Salí del* **Padre** *y vine al mundo: ahora dejo el mundo y vuelvo al* **Padre.** *Dícenle sus discípulos. Ahora sí que hablas claramente y no dices ninguna parábola. Ahora vemos que sabes todas las cosas y no necesitas que nadie te pregunte: por esto creemos que has salido de Dios (Jn 16,25–33).*

* De tal manera es esto, que Jesús nunca está solo, como tampoco nosotros estamos solos, estamos en gracia de Dios.

Jesús les respondió: ¿Ahora creéis? Mirad, llega la hora –y ya es llegada– en que vosotros os dispersaréis cada uno por su lado, y a mí me dejaréis solo. Pero no estoy solo, porque el **Padre** *está conmigo. Os he dicho estas cosas para que en mí tengáis paz. En el mundo tendréis tribulaciones; pero confiad, yo he vencido al mundo (Jn 16,25–33).*

* De tal manera que entre ellos también se glorifican mutuamente:

Así habló Jesús, y levantando sus ojos al cielo, dijo: **Padre,** *ha llegado la hora: glorifica a tu Hijo, para que el Hijo te glorifique a ti....*

* De tal manera esto es importante, que es la vida eterna.

... Y para que, por el poder sobre toda carne que le has conferido, dé la vida eterna a todos aquellos que le has dado. Y ésta es la vida eterna, que te conozcan a ti, el único verdadero Dios, y al que enviaste, Jesucristo. Yo te he glorificado en la tierra, realizando la obra que me encargaste hacer. Y ahora, **Padre,** *glorifícame tú con la gloria que yo tenía en ti antes que el mundo existiese*[156] *(Jn 17,1–5).*

---

[156] En esta oración Jesús habla como sacerdote y como víctima antes de subir al ara de

* Pide al Padre que nos cuide.

Padre *santo, guárdalos en tu nombre, que tú me los has dado[157], para que sean uno, como nosotros* (*Jn* 17,6–19).

* No ruega solamente por los que están allí, sino también por todos, también por nosotros que estamos reunidos hoy aquí, ahora y por los que vendrán a través de los siglos.

No ruego solamente por ellos, sino también por los que han de creer en mí por su palabra. Que todos sean uno, como tú, **Padre**, *en mí y yo en ti* (*Jn* 17,20–21).

* Cristo reza para que estemos junto al Padre y junto a Él:

Que ellos también sean uno en nosotros, para que el mundo crea que tú me has enviado. **Padre**, *quiero que los que tú me has dado estén también conmigo allí donde yo estoy, para que contemplen mi gloria, la que tú me has dado, porque me has amado antes de la creación del mundo.* **Padre** *justo, el mundo no te ha conocido, pero yo te he conocido, y éstos conocieron que tú me has enviado. Yo les manifesté tu nombre y se lo haré conocer, para que el amor con que tú me has amado esté en ellos, y yo en ellos* (*Jn* 17, 21–26).

II.

Cuando comienza la Pasión cruenta en Getsemaní, por tres veces Jesús se va a postrar en tierra en la roca de la agonía y va a clamar por tres veces:

Y Él se alejó de ellos como un tiro de piedra, se puso de rodillas y postrándose sobre su rostro[158] oraba, y pedía que, si era posible, pasase de Él

---

la cruz. Pide su propia glorificación en premio de haber cumplido la obra que le encomendó su **Padre**, le ruega que santifique y guarde a sus discípulos unidos por la caridad, ora por último por aquellos que creerán por la palabra de sus discípulos, para que también ellos sean una sola cosa en la fe y el amor.

[157] Guárdalos en tu nombre, es decir, en el recto conocimiento de ti, que tú me has dado. Preferimos esta locución a la versión de la Vulgata que dice: guarda en tu nombre a los que me has dado.

[158] *Mc Cayó en tierra; Mt Se postró*

aquella hora; y decía: Abba, **Padre,** *todas las cosas te son posibles: si quieres, aparta de mí este cáliz; pero no se haga mi voluntad, sino la tuya (Lc 22,41).*

De nuevo por segunda vez se alejó y oró diciendo las mismas palabras: **Padre** *mío, si esto [el cáliz] no puede pasar sin que lo beba, hágase tu voluntad. Volvió de nuevo y los halló durmiendo, porque sus ojos estaban cargados, y no sabían qué responderle (Mt 26,42).*

* Por tres veces. Una oración de suprema ternura: *Padre mío* ; de suprema angustia: *pase sobre mí este cáliz de dolor,* y de supremo abandono en la voluntad de Dios: *no se haga mi voluntad sino la tuya.* Y sudó sangre. Y luego, colgado en la cruz, en la primer palabra se refiere al Padre:

Y Jesús decía: **Padre,** *–otra vez, suprema ternura– perdónalos, porque no saben lo que hacen (Lc 23,33).*

* Perdónales. Misericordia heroica de nuestro divino Salvador. Le está pidiendo al Padre que perdone a los que habían crucificado. No saben lo que hacen. Y también, colgado en la cruz va a pronunciar en su lengua madre, en hebreo, propiamente en arameo.

Eloí, Eloí, lama sabactani?, que, traducido, es: **Dios** *mío,* **Dios** *mío, ¿por qué me has abandonado?*[159] *Y algunos de los presentes dijeron al oír: Mirad, éste llama a Elías (Mc 15,34).*

* Oración de suprema desolación, la desolación más grande que ha existido jamás y jamás existirá en un corazón humano. Y finalmente, luego de mojarse los labios con la esponja embebida en vinagre y decir está cumplido, *consumatum est,* dijo:

Cuando Jesús tomó el vinagre, dijo: Está cumplido. Y dando de nuevo una gran voz, dijo: **Padre,** *en tus manos entrego mi espíritu*[160] *Y, dicho esto, bajó la cabeza y entregó el espíritu (Jn 19,30).*

---

[159] Palabras con que comienza el *Sl* 22 (21).

* La más hermosa definición de la muerte: entregar el alma a Dios. Cuántas veces queridos hermanos Jesús durante su Pasión se refirió al Padre celestial, ¡cuántas veces! Es que realmente para Él, como tiene que ser para nosotros el punto de referencia insoslayable porque Él es el principio de todo; Él es el que nos ha creado; Él es el que manda a su Hijo para que muera en la cruz y nos salve; Él es el que envía el Espíritu Santo para que nos santifique; Él quiere que todos nos salvemos y lleguemos al cielo y gocemos de esa felicidad sin fin, que es estar en la casa de nuestro Padre celestial.

Que la Santísima Virgen, nuestra Madre, ejemplo de hija fiel del Padre celestial nos enseñe a amar cada vez más a nuestro único Señor.

---

160 Cf. *S/* 31 (30), 6.

9.

CREEMOS EN LA RESURRECCIÓN

"La tumba está vacía. Es un testigo silencioso del acontecimiento central en la historia de la humanidad: la Resurrección de Nuestro Señor Jesucristo. Por casi dos mil años, la tumba vacía ha sido testigo de la victoria de la Vida sobre la muerte. Junto a los Apóstoles y a los Evangelistas, y junto a la Iglesia en todo tiempo y lugar, nosotros también hemos sido testigos y proclamamos: ¡El Señor ha resucitado! Resucitado de entre los muertos, Él ya no muere más; la muerte no tiene ya dominio sobre Él (cf. Ro 6:9)".

(Jreusalém, Basílica del Santo Sepulcro, 26-3-2000)

Queridos jóvenes, quisiera simplemente narrarles a grandes rasgos mi primer contacto con Jesús Resucitado. Lo hago a modo de *captatio benevolentia* simplemente por cuestiones retóricas. Digo por cuestiones retóricas porque al hacer esta historia rápidamente quiero suscitar en ustedes el recuerdo de lo que fue la historia personal de cada uno con Cristo Resucitado.

I.

Tenía alrededor de cuatro años, ya vivía en casa de mis abuelos donde nos habíamos mudado, luego de morir mi abuelo materno. Recuerdo que el sábado de Gloria tocaban las campanas alrededor de las 10 de la mañana —no era la liturgia como ahora, todavía Pío XII no había reformado la Semana Santa—, y ante mi asombro de niño, mi abuela española, cuando tocaban las campanas se mojaba los dedos con agua de la canilla y se mojaba los ojos. Yo tenía que hacer lo mismo. Por supuesto de ahí en adelante siempre esperaba ese día donde ocurría eso, que no ocurría ningún otro día: mojarse los ojos con agua. Yo no sabía exactamente qué sentido tenía, ni siquiera ahora lo sé exactamente: tal vez indicaría mostrar que se limpian los ojos para ver mejor las verdades de la Fe, o mostrar el dolor con Cristo que había sufrido su Pasión. No sé.

El segundo contacto fue cuando aprendí el catecismo y tuve que memorizar el Credo, que era el Símbolo de los Apóstoles, una palabra rara: "Resucitó al tercer día", nos lo explicaban, pero seguía siendo una cosa misteriosa: ¡Resucitó!

Mucho más conmocionante era cuando, ya siendo monaguillos, también sábado a la mañana, escuchábamos que se cantaba el *Exultes* luego de encender el Cirio Pascual y repetir por tres veces *Lumen Christi*. Era una cosa tan maravillosa, tan extraordinaria, que ciertamente uno se daba cuenta de que estaba ante algo grandioso, sin llegar a saber exactamente qué: se cantaba en latín, pero era algo que embriagaba el corazón. ¡El canto del *Exultes*!

Otros contactos con Cristo resucitado: El Sagrado Corazón de Jesús, aquél que se apareció a Santa Margarita María Alacoque con el Corazón en la mano: ¡*Voilá*, he aquí el corazón que tanto amó a los hombres!

Años más tarde, una experiencia de juventud (18 ó 19 años) como alumno en la Universidad Católica. Un profesor recién venido de Europa con el título fresco bajo el brazo, un hombre inteligente pero tonto, pues ponía dificultades sobre la resurrección que nunca jamás habíamos escuchado y nunca jamás se nos habían ocurrido. Este hombre me produjo en el alma un efecto que realmente le agradeceré toda la vida. Fue así: "Si este señor, que es racionalista, cree en la resurrección, la resurrección ciertamente existió". Esa era la reacción que produjo en mí, y fue algo interesante, porque fue ver la resurrección desde el punto de vista apologético.

Mucho más impactante fue la siguiente gran experiencia sobre la resurrección. En un seminario en clase de Sagrada Escritura, el profesor negando la resurrección corporal de Nuestro Señor Jesucristo. Una de las tantas tonteras que sostenía: Cristo murió y resucitó al mismo momento. Y todos entre exclamaciones se asombraban de lo dicho. Yo dije: "¡Formidable!, entonces todos los judíos fueron testigos de la resurrección!". Pero contestó: "¡No! porque resucitó el cuerpo, pero quedó la corporeidad...". Es lo mismo que hablar de un círculo cuadrado.

La otra experiencia fue lo primero que escribí teológicamente acerca de la resurrección de Nuestro Señor que salió en la Revista Mikael[161].

Puedo decir que todo eso fue lo que, de alguna manera, produjo el que celebremos y festejemos recordando la Resurrección de Nuestro Señor en nuestras casas con esta Octava de Pascua, estos ocho días completos de fiesta porque ¡el Señor Resucitó!

Luego de esta larga *captatio*, quiero tratar 3 puntos sobre la resurrección.

II.

A. La resurrección es un milagro.

Como milagro, es el milagro de los milagros. Como milagro pertenece al estudio de la Teología Fundamental. Pero también es misterio, y no son dos cosas escindibles, sino que son dos aspectos, como el anverso y el reverso de una misma medalla, son dos aspectos de la misma realidad: milagro y misterio. El misterio es objeto de estudio de la Teología Dogmática. Por eso el seminarista tiene que gastar todo el tiempo que sea necesario, para conocer de la mejor manera posible la Resurrección del

---

[161] Cf. CARLOS MIGUEL BUELA, "La Resurrección, ¿Mito o Realidad?", revista Mikael, número 6, 1974, págs. 17–38.

Señor, bajo estos dos aspectos, el aspecto de milagro y bajo el aspecto de misterio.

Bajo el aspecto de milagro tiene la resurrección una bivalencia apologética, porque es en primer lugar el cumplimiento de una profecía, es decir de un milagro intelectual, por el cual de manera anticipada, Nuestro Señor reiteradas veces dijo que iba a resucitar y se cumplió. En segundo lugar por su bivalencia, es el cumplimiento y la realización de un milagro físico, único en la historia: ¡Único! No ocurre en ninguna otra religión, ni aún en la mitología pagana. Es un milagro originalísimo, porque Jesús, como Él lo dijo en varias partes del Evangelio se resucitó a sí mismo (cf. *Jn* 10,17.18).

Sí, a veces la Escritura habla de que Dios lo resucitó, por ejemplo en San Pedro en su primer discurso. Esta era la manera más conveniente de hablarle a los judíos, a quienes no se podía hablar todavía en un primer momento de la divinidad de Jesús, y técnicamente es la manera más exacta de hablar de la resurrección, pues ni el alma de Cristo, ni el cuerpo de Cristo sino su divinidad[162] es la que realizó el milagro.

En estos tiempos gnósticos en que nos toca vivir –son tiempos del racionalismo más crudo aún dentro de la Iglesia– han pululado herejías acerca de la resurrección. A estas herejías hay que refutarlas siempre, y aún más, hay que aprender a refutarlas.

Un día martes por la noche en el escritorio del padre Meinvielle una persona comenzó a hablar en contra de la resurrección de Nuestro Señor. El p. Julio, muy inteligente, le refutó con vehemencia y autoridad. Sabía de tal manera el tratado de la resurrección, sobre todo desde el punto de vista apologético, que el hombre terminó admirando su fe y el padre le contestó – tan enojado estaba–: "¡No me admire nada, esto lo hago por

---

[162] Cf. SANTO TOMÁS DE AQUINO, *STh*, III, 53, 4, ad 1.

JÓVENES EN EL TERCER MILENIO

razón de mi hábito!" –la sotana–, como diciéndole: "Es mi oficio".

Han negado la existencia de las profecías sobre la resurrección racionalistas como Harnack, R. Bultmann, M. Dibelius y ciertos protestantes liberales, como von Hase, Th. Keim[163], y O. Pfleiderer. Más aún, están los negadores del hecho mismo de la resurrección. Dentro de esta modalidad hay seis tendencias principales:

–La escuela del *fraude*, que es la vieja teoría de los judíos: los discípulos de Cristo fingieron el robo del cuerpo. Modernamente adhieren a esta escuela Reimarus y Holtzmann, en tanto que Reville acusa a los mismos fariseos de haber robado el cuerpo del Señor.

–La escuela· de la *explicación natural*: Gottlob Paulus, Schleiermacher, K. A. von Hase: Jesús no murió en la cruz; fue sólo víctima de un colapso del cual pudo recuperarse por el frío de la tumba y por el terremoto. Se incorporó y salió del sepulcro vestido con el traje del jardinero...

–La escuela *mítica*, con Strauss, A. Meyer y A. Loisy. Para ellos, la resurrección es una creación de la comunidad bajo el influjo del Antiguo Testamento.

–La escuela *simbólica*, que pretende distinguir entre el anuncio pascual, compuesto de narraciones sobre la reanimación del cuerpo de Jesús, del sepulcro vacío y de apariciones, y la fe pascual o persuasión de la victoria de Jesús sobre la muerte y su nueva vida gloriosa en el Padre y en el alma de los fieles. Adhieren Ch. Guignebert y M. Goguel.

---

[163] Tanto von Hase (*Geshichte Jesu nach akademischen Vorlesungen*) como Th. Keim (*Die Geschichte Jesu von Nazara*) excluyen de la vida de Jesús todo elemento sobrenatural. Cf. FRANCISCO VIZMANOS – IGNACIO RIUDOR, *Teología Fundamental para seglares*, BAC, Madrid, 1963, p. 448.

–La escuela *sincretística*, quienes buscan argumentos en otras religiones, como en el poema de Gilgamesh: P. Jensen, H. Gunkel, J. Frazer, W. Bousset.

–Las escuelas *visionarias*, que reducen todo a meras ilusiones. Se dividen en tres clases principales: de las *visiones subjetivas* (A. Loisy); de las *visiones objetivas* (Lotze, Th. Keim y A. Hoffmann); de las *visiones místicas* (R. Otto).

A todas estas escuelas, aunque han sido refutadas[164], hay que seguirlas refutando.

B. La resurrección es un milagro que debe ser conocido

Debemos conocer perfectamente bien –sobretodo desde el punto de vista de lo que es el *preambula fidei*– tres puntos centrales: primero, que Cristo profetiza su resurrección; segundo, que muere realmente; tercero, que realmente resucita.

Y para eso hay que tener la certeza desde el punto de vista humano y científico de que los Evangelios nos transmiten la verdad sincera acerca de Jesús, que son documentos históricos. Cada uno de los cuatro Evangelios dedica un capítulo a la resurrección del Señor; San Juan, dos capítulos. San Pablo habla de la resurrección en once de las catorce cartas; San Pedro en su primera carta tres veces habla de la resurrección de Cristo. En los Hechos de los Apóstoles nos encontramos con que los seis discursos de Pedro hablan de la resurrección y los seis de Pablo hablan de la resurrección. La calidad que tienen esos testigos: son los apóstoles; luego los quinientos a quienes se aparece Nuestro Señor (*1Cor* 15, 6), de los cuales, dice San Pablo, *todavía muchos viven* (cf. *1Cor* 15, 6); a los miles de judíos que vieron el sepulcro vacío...

Debemos conocer el fundamento objetivo de los testimonios:

---

[164] Cf. *Ibidem* 450 y ss

JÓVENES EN EL TERCER MILENIO

–El sepulcro vacío (cf. *Mt* 28,6; *Mc* 16,6; *Lc* 24,3; *Jn* 20, 2; *Ro* 6,4; *1Cor* 15, 4; *Hech* 13, 19); la imposibilidad de robo por parte de los apóstoles, o por parte de José de Arimatea, o de los judíos, o de los romanos[165].

–Lo que ocurrió con los apóstoles, esa transformación inexplicable de los discípulos: que tenían *miedo* (cf. *Jn* 20,19), que *estaban con las puertas cerradas* (cf. *Jn* 20,19), que *no creían* (cf. *Lc* 24,11; *Mc* 16,11.13), que *dudaban* (cf. *Mt* 28,17), como el caso de Tomás Apóstol, como lo relata el Evangelio (*Jn* 20,25).

–El fruto obtenido en la conversión de todo el mundo, aquello de San Agustín, que dice que si Cristo no resucitó, y no se cree en ese milagro, el mayor milagro es que sin haber ocurrido, todo el mundo haya creído en Jesucristo[166].

–El fundamento de las apariciones: Hay doce apariciones descritas en los Evangelios en detalle, y hay muchísimas más que no se describen y que se comentan en general, como se ve en el primer capítulo de los Hechos de los Apóstoles (*He* 1,3). Son apariciones objetivas y reales, por las circunstancias que las acompañaron, por la imposibilidad de reducirlas a meras alusiones o ilusiones subjetivas.

C. La resurrección es un misterio.

Finalmente, el Misterio: la resurrección como misterio, objeto de la dogmática, por tanto de la fe.

Como pertenece a la fe, se accede a ella por la contemplación: como Cristo se nos presenta como vencedor de la muerte. Todo lo que significa su cuerpo glorioso –el nuestro será igual, semejante al de Él–, modelo por lo tanto de nuestra futura resurrección, y por tanto *recapitulador de todas las cosas, de todo lo que hay en el cielo y en la tierra* (cf. *Ef* 1,10).

---

[165] Para una refutación detallada, cf. *Ibidem* 458.
[166] Cf. SAN AGUSTÍN, *La ciudad de Dios* 22, 5: BAC 171–172, 1633s.

Queridos jóvenes:

Dejémonos invadir por el misterio de la resurrección de Nuestro Señor.

Todos los días comemos un cuerpo vivo: el cuerpo de Cristo Resucitado. Todos los días gozamos de la cercanía de un ser vivo, resucitado: *Yo estaré con vosotros todos los días, hasta el fin del mundo* (cf. *Mt* 28,20).

Debemos dejarnos modelar por el Rey de la vida, y no ser nunca esclavos de los miles de tentáculos de la cultura de la muerte.

Debemos ser intrépidos y clarividentes testigos de la resurrección.

Se lo pedimos a la Virgen.

10.

LLENA DE GRACIA

"Vosotros, queridos jóvenes, tenéis más o menos la misma edad que Juan y el mismo deseo de estar con Jesús.
Es Cristo quien hoy os pide expresamente que os llevéis a María «a vuestra casa», que la acojáis «entre vuestros bienes» para aprender de Ella, que «conservaba todas estas cosas, y las meditaba en su corazón» (Lc 2,19)".
(Mensaje para la XVIII Jornada Mundial de la Juventud, 8-3-2003)

María en el misterio de Cristo

Queridos jóvenes, quisiera ahora reflexionar con uds. sobre el misterio de la Santísima Virgen María, de la mano de Juan Pablo II. Ella, quien fue "introducida definitivamente en el misterio de Cristo a través de un acontecimiento: la anunciación del ángel. El mensajero divino le dice a la Virgen: *Alégrate, llena de gracia, el Señor está contigo (Lc* 1,28). Y la Santísima Virgen, dice el Evangelio, *se conturbó por estas palabras y discurría en su interior qué significaría aquel saludo (Lc* 1,29). Qué significarían aquellas extraordinarias palabras y, en concreto, la expresión: *Llena de gracia* en latín *gratia plena*, en griego *kejaritoméne*[167]. *Llena de gracia*, como le decimos a la Santísima Virgen al rezar cada Ave María.

---

[167] Cf. Juan Pablo II, Carta Encíclica *Redemptoris Mater*, sobre la bienaventurada Virgen María en la vida de la Iglesia peregrina, 8; cf. Ignace De La Potterie, SJ, kexaritwme/ne in Luca 1, 28, Ed. Pont. Inst. Bíblico, Roma, 1991, 49 p.; F. Javier Sanchez-Blanco, Sentido

Llena de gracia y bendita

Si queremos meditar estas palabras vamos a considerar en primer lugar cómo la Santísima Virgen, *llena de gracia*, es llena de todas las bendiciones de Dios. Así el apóstol San Pablo en la carta a los Efesios, dice: *Bendito sea el Dios y Padre de Nuestro Señor Jesucristo, que nos ha bendecido con toda clase de bendiciones espirituales en el cielo y en la tierra en Cristo, por cuanto nos ha elegido en Él antes de la fundación del mundo, para que fuéramos santos e inmaculados en su presencia en el amor, eligiéndonos de antemano para ser sus hijos adoptivos por medio de Jesucristo, según el beneplácito de su voluntad, para alabanza de la gloria de su gracia con la que nos agració en el amado. En él tenemos por medio de su sangre, la redención* (*Ef* 1,3-7). En este texto de la carta a los Efesios, se da la "verificación significativa"[168] de lo que el ángel le dice a la Santísima Virgen María. Poco después de las palabras de San Gabriel Arcángel la Santísima Virgen va a recibir otro saludo de su parienta Isabel, que la llamará: *bendita tú entre las mujeres* (*Lc* 1,42).

El doble saludo

¿Por qué *llena de gracia*? ¿Por qué *bendita tú entre las mujeres*? Porque recibió aquella bendición de la cual nos habla San Pablo en los Efesios: *Dios Padre* nos ha colmado *en los cielos en Cristo*. Esta es "una bendición espiritual, que se refiere a todos los hombres"[169], y a todas la mujeres de todos los tiempos, de todas las culturas y de todas las lenguas. Es una bendición que "lleva consigo la plenitud y la universalidad (toda bendición), que brota del amor que en el Espíritu Santo, une al Padre con el Hijo consubstancial. Al mismo tiempo, es una bendición derramada por obra de Jesucristo en la historia del hombre desde el comienzo hasta el final: a todos los hombres. Sin embargo, esta

---

de kexaritwme/ne en el saludo del Ángel a Santa María, Fe Católica, Madrid, 1966, 18 p.
[168] Juan Pablo II, o.c. 8.
[169] *Ibidem*, 8.

bendición (espiritual) se refiere a la Santísima Virgen María de un modo especial y excepcional"[170]; por eso el ángel la saluda *llena de gracia*, y es también saludada por Isabel: *Bendita tú entre todas las mujeres*. ¿Cuál es la razón de este doble saludo, el del ángel y el de Santa Isabel? La razón es que "en el alma de esta «hija de Sión» se ha manifestado en plenitud la «gloria de su gracia», aquella con la que el Padre «nos agració en el amado»"[171]. Por eso cuando el ángel dice *Alégrate* no dice *Alégrate, María*, sino *Alégrate, llena de gracia*. ¡Llena de gracia! Es así un nombre propio de la Santísima Virgen, como si fuera su verdadero nombre. No la llama a la Virgen "con el nombre que le es propio en el registro civil, Myriam (María), sino con este nombre nuevo: «llena de gracia»"[172].

¿Qué es gracia?

¿Y por qué este nombre? En primer lugar, gracia, en toda la Biblia, significa un don especial de Dios, de ese Dios que es amor (cf. 1 Jn 4, 8). El fruto de ese amor es la elección: es el amor de Dios el que elige, a éste, a ésta, a aquella, a tal otra, como eligió a la Virgen. Esta elección es la eterna voluntad del Padre de salvar a todo hombre y a toda mujer; el efecto de este don eterno, de esta gracia de la elección del hombre, es la gracia que vivifica y santifica a los elegidos. De este modo tiene lugar, se hace realidad aquella bendición del hombre *con toda clase de bendiciones espirituales*, aquel *ser sus hijos adoptivos... en Cristo*, o sea en aquel que es eternamente el *Amado* del Padre[173].

---

[170] *Ibidem*, 8.
[171] *Ibidem*, 8.
[172] Ibidem, 8.
[173] Cf. *Ibidem*, 8.

Llena de gracia: bendición singular

Llena de gracia significa una bendición del todo singular. Ya antes de la creación del mundo fue bendecida la Santísima Virgen, que fue elegida como madre de su Hijo en la encarnación. María está unida a Cristo de un modo totalmente especial y excepcional. Igualmente es amada en este "amado" eternamente, en este Hijo consubstancial al Padre, en el que se concentra toda *la gloria de la gracia*. Por eso, como dice el Concilio Vaticano, María "sobresale entre los humildes y pobres del Señor, que de Él esperan con confianza la salvación"[174].

Llena de gracia: maternidad divina

¿Y cuál es esa cosa singular, excepcional, única, por la cual es elegida la Santísima Virgen? Es que es elegida por Dios para ser madre de su Hijo, por eso *llena de gracia*. El saludo y el nombre *llena de gracia* se refieren ante todo a la elección de María como madre del Hijo de Dios, lo cual implica que esa plenitud de gracia indica el don sobrenatural del que se beneficia María porque ha sido destinada y elegida a ser madre de Cristo y esta elección es fundamental para nuestro bien. Es fundamental porque en esa elección se cumple el designio divino, salvífico, respecto de todos los hombres, respecto a cada uno de nosotros. Por eso es que la elección de María es del todo excepcional y única.

De aquí la singularidad y unicidad de su lugar en el misterio de Cristo[175].

Llena de gracia: excepcional y única

María es la *llena de gracia*, *gratia plena*. Eso se ve con toda claridad en el relato del evangelio de San Lucas. El mensajero divino dice: *No temas, María, porque has hallado gracia delante de Dios,*

---

[174] Const. Dogm. Sobre la Iglesia *Lumen Gentium*, 55.
[175] Cf. Carta Encíclica *Redemptoris Mater*, 9

vas a concebir en el seno y vas a dar a luz a un hijo al que pondrás por nombre Jesús. Él será grande y será llamado Hijo del Altísimo (Lc 1,30-32). Y cuando la Virgen responde al ángel, turbada: *¿Cómo será esto, puesto que no conozco varón?*, recibe la confirmación del ángel y la explicación de las palabras precedentes. El ángel le dice: *El Espíritu Santo vendrá sobre ti y el poder del Altísimo te cubrirá con su sombra; por eso el que ha de nacer será santo y será llamado Hijo de Dios (Lc* 1,35)[176].

Llena de gracia: vértice de todas las gracias

Llena de gracia, de tal manera que ahí, en ese momento, la humanidad alcanza el vértice, la cumbre más alta de toda la donación de gracias del Padre a la humanidad. La anunciación es la revelación del misterio de la encarnación al comienzo mismo de su cumplimiento en la tierra. Es un vértice entre todas las donaciones de gracia en la historia del hombre y del cosmos. María es *llena de gracia*, porque la encarnación del Verbo, la unión hipostática del Hijo de Dios con la naturaleza humana se realiza y cumple precisamente en ella. Por eso el Concilio dice: María es "madre de Dios Hijo y, por tanto, la hija predilecta del Padre y el sagrario del Espíritu Santo; con un don de gracia tan eximio, tan excelente, que antecede con mucho a todas las creaturas celestiales y terrenales"[177].

Llena de gracia: libre de todo pecado

Gratia plena quiere significar otra cosa más: que la Santísima Virgen estuvo libre de todo pecado, aun del pecado original[178], por eso la llamamos "Inmaculada" (de aquí proviene el saludo que antes era tradicional en nuestra gente; se decía "Ave María

[176] Cf. *ibidem*, 9.

[177] Cf. Const. Dogm. Sobre la Iglesia *Lumen gentium*, 53.

[178] Cf. san Germán Cost., In Annuntionem SS. Deiparae Hom.: PG 98, 327s; san Andrés Cret., Canon in B. Mariae Natalem, 4: PG 97, 1321s.; In Nativitatem B. Mariae, I: PG 97, 811s.; Hom. In Dormitionem S. Mariae 1: PG 97, 1067s.

Purísima", y se respondía: "sin pecado concebida"). Quiere decir que desde el mismo instante en que comenzó a existir en el seno de su madre Santa Ana, en ese primerísimo instante, ya estaba libre de pecado, porque fue liberada en previsión de los méritos de su Hijo en la cruz. Por eso leemos en la carta a los Efesios: *Dios Padre... nos agració en el amado... en él tenemos por medio de su sangre la redención* (Ef 1,7). Por esta causa en tantísimos documentos eclesiales se dice que la Santísima Virgen fue redimida "de un modo eminente"[179]. En Ella se da esa gloria de la gracia, en Ella, la Santísima Virgen. Por eso la liturgia no duda en llamarla "madre de su progenitor"[180] y en saludarla con las palabras que Dante Alighieri pone en boca de San Bernardo: "hija de tu Hijo"[181]. Y María recibe de esta nueva vida una plenitud que corresponde al amor del Hijo a la madre y, por consiguiente, a la dignidad de la maternidad divina. Esto, en la anunciación del ángel se llama *llena de gracia*[182].

Llena de gracia: enemistad con el mal

Llena de gracia significa también que se ha dado en ella una oposición radical con el mal, una enemistad creada por el mismo Dios, como ya Dios mismo lo había anunciado en el comienzo de la humanidad (cf. *Gn* 3,15). Viene al mundo un Hijo, del *linaje de la mujer* que derrotará al mal del pecado en su misma raíz: *aplastará la cabeza de la serpiente*. Son las palabras del protoevangelio. Esa enemistad de la llena de gracia con el príncipe del mal anunciada al comienzo, es confirmada en el Apocalipsis, el libro de las realidades últimas de la Iglesia y del mundo, donde vuelve de

---

[179] Cf. Pío IX, Carta apost. *Ineffabilis Deus: Pii IX P. M. Acta*, pars I, 616; Conc. Ecum. Vatic. II, Const. dogm. sobre la Iglesia *Lumen gentium*, 53.

[180] *Liturgia de las Horas*, del 15 de agosto, en la Asunción de la Bienaventurada Virgen María, Himno de las I y II Vísperas; san Pedro Damián, *Carmina et preces*, XLVII: PL 145, 934.

[181] *Divina Comedia, Paraíso* XXXIII, 1; cf. *Liturgia de las Horas*, Memoria de Santa María en sábado, Himno II en el Oficio de Lectura.

[182] Cf. *Redemptoris Mater*, 10.

nuevo la señal de la *mujer*, esta vez *vestida de sol* (*Ap* 12,1). Por eso
María, la Madre del Verbo Encarnado -palabras textuales de Juan
Pablo II en la Redemptoris Mater[183] está situada en el centro
mismo de aquella enemistad, de aquella lucha, de aquella guerra
que acompaña a la historia de la humanidad en la tierra y la
historia misma de la salvación. En este lugar ella, que pertenece a
los "humildes y pobres del Señor" lleva en sí como ningún otro
entre los seres humanos, aquella "gloria de la gracia" con que el
Padre "nos agració en el amado". Esta gracia, esta plenitud de la
gracia, este ser *gratia plena* de María es la que le da a ella -
determina en ella- una extraordinaria grandeza y una belleza única
de todo su ser. *Nos ha elegido en él (Cristo), antes de la fundación del
mundo,... eligiéndonos de antemano para ser sus hijos adoptivos (Ef* 1,45).
Así permanece María delante de Dios y delante de la humanidad.
Y si hoy nos reunimos aquí es porque de alguna manera nos ha
comprometido esa su grandeza de la *llena de gracia* y nos ha robado
el corazón la belleza inenarrable de su ser. Esta elección es más
fuerte que toda experiencia del mal y que toda experiencia del
pecado en el cual podamos caer, de toda aquella enemistad con la
que ha sido marcada la historia del hombre. En esta historia,
María sigue siendo una señal de esperanza segura[184].

Llena de gracia: Spes nostra

Los jóvenes han de conocer, lo quieran o no lo quieran, esa
enemistad del mundo, porque si de verdad son hijos de María han
de participar también de esa enemistad irreductible, de esa
enemistad que no conoce componendas, esa enemistad que no se
puede negociar, porque se está con Cristo o contra Cristo, se está
con María o contra María. Por eso tenemos que confiar más en
nuestra Madre del cielo, la *llena de gracia*, aquella que como la han
cantado todos los santos de todos los tiempos, es *spes nostra*, es
nuestra "esperanza segura".

---

[183] *Ibidem*, 10.
[184] *Ibidem*, 10.

A ella le confiamos a los jóvenes del mundo entero, a los buenos y a los malos, a todos, que sobre todos descienda su bendición generosa y abundante para que realmente reconozcamos siempre a su Hijo, nuestro único Salvador.

Concluimos con una frase atribuída a San Gregorio Neocesariense: "Has sido llamada *kejaritoméne* porque en Tí está escondido el tesoro de Gracia".

11.

MARÍA, ¡ES MADRE DE DIOS!

"María es Madre de la divina gracia, porque es Madre del Autor de la gracia. ¡Entréguense a Ella con plena confianza! Resplandecerán con la belleza de Cristo. Abiertos al soplo del Espíritu, se convertirán en apóstoles intrépidos, capaces de difundir alrededor de ustedes el fuego de la caridad y la luz de la verdad. En la escuela de María, descubrirán el compromiso concreto que Cristo espera de ustedes, aprenderán a darle el primer lugar de vuestra vida, a orientar hacia Él vuestros pensamientos y vuestras acciones".
(Mensaje para la XVIII Jornada Mundial de la Juventud, 13-4-2003)

El hecho sublime de la Encarnación del Verbo nos debe mover a conocer cada vez más al Verbo Encarnado. Conocer su misterio, conocer su Persona, conocer lo que nos dice la fe acerca de Él, cuál es la doctrina que Él enseñó, qué es lo que Él quiere de nosotros. Y en forma tal, que sepamos defender en nosotros la fe en el Verbo Encarnado.

Me sucedió tiempo atrás que estando fuera del país, un laico europeo, profesor en un Seminario, me preguntó "a boca de jarro" –habiendo hecho anteriormente críticas a la Iglesia– que cómo puede ser posible que se diga de la Virgen María que es Madre de Dios, pero, "¿acaso Dios puede tener madre?". Así como suena: negaba la maternidad divina de la Santísima Virgen, por tanto no entendía nada del misterio de la Encarnación del Verbo.

¿Cómo puede ser que personas con gran formación cultural y profesional ignoren cosas tan elementales y tan fundamentales de la fe católica? Dios, en su naturaleza divina, no tiene Madre. En cuanto Dios, no tuvo cuna, ni usó pañales, ni tomó el biberón, ni se entretuvo con juguetes... porque Dios, en cuanto Dios, es espíritu purísimo, no tiene cuerpo, ni huesos, ni músculos, ni sangre, ni presión arterial, ni diabetes... y no tiene principio. Como tampoco tiene fin, ni pasa por terapia intensiva, ni necesita ataúd, ni sepultura, ni mortaja... porque es eterno.

Pero si Dios se hace hombre, es decir que además de tener una naturaleza divina asume una naturaleza humana verdadera, (tal la Encarnación del Verbo), tiene que haber una mujer que le dé la naturaleza humana, y esa naturaleza humana por estar unida a la persona del Verbo, segunda de la Trinidad, es una naturaleza humana que no tiene persona humana, porque el lugar de la persona humana la ocupa de una manera mucho más maravillosa la persona del Verbo.

Entonces esa Madre engendra una naturaleza humana que está unida sustancialmente a una persona divina, por eso se puede y se debe decir a tal Madre, ¡Madre de Dios! ¡Porque Cristo, su Hijo, además de ser hombre, es Dios! Y esto es elemental. Es una cosa tan elemental que negar esto, primero es hacer gala de una ignorancia supina, basta que lean el Catecismo de la Iglesia Católica[185]: es un dogma de fe definido, definido por el concilio de Éfeso[186].

En aquella zona se hablaba griego, se reunieron los Padres conciliares y para referirse a la Virgen María la palabra que usaron, técnica, precisa, fue "Theotokos", es decir, ¡Madre de Dios! Como rezamos en el Ave María, en la segunda parte: "Santa María, Madre de Dios...", es elemental, es el "abecé" del cristianismo. Porque si no, ¡no hay Encarnación! Si la Virgen no fuese Madre de Dios, sería Madre del hombre, y no habría Encarnación, ya que habría dos sujetos: uno divino y otro

---

[185] Cfr. *Catecismo de la Iglesia Católica*, n. 495.
[186] Cfr. *DH* 251.

humano. Para que haya Encarnación es necesario que Dios asuma una naturaleza humana, y es necesario para que esas dos naturalezas, divina y humana, estén unidas sustancialmente, no en la naturaleza (porque sería una tercera cosa, que no sería ni Dios ni hombre). Esa unión se tiene que dar en la persona, en la persona divina, segunda de la Santísima Trinidad, la persona del Verbo. *"De otro modo no se creería en una Trinidad, sino en una cuaternidad de personas"*[187].

Ignorar esto es ignorar las cosas más elementales, y lo peor del caso, es poner confusión, incluso en las almas consagradas, porque después tuve el caso de un seminarista que me vino a hacer la misma pregunta, exactamente la misma pregunta. Cuando en un alma consagrada entran esas barbaridades, esa alma poco tiempo va a estar consagrada, porque si no sabe que Jesucristo es verdadero Dios y verdadero hombre, y es Uno solo porque ambas naturalezas están unidas en la Única persona del Verbo, ¿qué sentido tiene la vida religiosa, qué sentido tiene la virginidad, qué sentido tiene la pobreza, qué sentido tiene la obediencia, qué sentido tienen los sacramentos? Si el que uno ve en la cruz no tiene una naturaleza humana unida hipostáticamente a una persona divina, nadie pagó por nuestros pecados, porque sería un puro hombre, y así ni el bautismo lavaría los pecados, ni tampoco la confesión; y la Eucaristía no sería el Cuerpo y Sangre del Señor, junto con su alma y su divinidad.

Caerían todos los sacramentos, caería la Iglesia. Por eso así estamos; por eso hay tantos sacerdotes que se dedicaron a las cuestiones temporales y algunos pareciera que han dejado de creer en las verdades eternas. Es necesario profundizar siempre en esas verdades de fe, porque son esas verdades de fe las que son capaces de mover nuestro corazón a imitarlo al Señor. Y saber de manera tal de ser capaz de responder cuando les sale

---

[187] SAN AGUSTÍN, *Sobre la predestinación de los elegidos*, 15,31; cit. en Liturgia de las Horas, III, 488.

alguien con alguna cosa así. Porque como decía Juan Pablo I: *"Hoy de la fe sólo se tiene lo que se defiende"*[188].

Si hay algo de la fe que no somos capaces de defender es porque no tenemos fe, porque no tenemos fe como la que tendríamos que tener. Por eso pidámosle siempre a la Santísima Virgen la gracia de defender con la mayor fuerza posible la verdad del Verbo que se hizo carne.

---

[188] ALBINO LUCIANI, *Ilustrísimos Señores* (Madrid 1978) 93.

12.

LA SEGUNDA VENIDA

"La memoria de la acción de Dios culmina en la resurrección de Cristo y se proyecta hacia el acontecimiento escatológico de la parusía. Vislumbramos así, en esta noche pascual, el alba del día que no se acaba, el día de Cristo resucitado, que inaugura la vida nueva, "un cielo nuevo y una tierra nueva".
(Homilía, 10-04-04)

Siempre debemos pedir crecer en la fe. Y hoy quiero referirme a uno de los grandes misterios de la fe, que es el que se refiere a la 2ª Venida de nuestro Señor.

Lo profesamos en el Credo: "y de allí ha de venir a juzgar a los vivos y a los muertos"; lo pedimos en el Padrenuestro: *venga tu reino (Mt 6,10)* y también aparece en otros lugares: *Ven, Señor Jesús (Ap 22,20).*

Pero en general, éste misterio no forma parte de la conciencia del creyente, por eso es muy común que cuando cantamos el canto del Apocalipsis: *han llegado las bodas del Cordero, y su Esposa se ha engalanado (Ap 19,7)*, no tomamos conciencia que se refiere a la 2ª Venida.

¿Quién espera la Venida del Señor?

He tenido la gracia desde muy joven de poder leer el Apocalipsis y también buenos comentarios referidos a la 2ª Venida del Señor. Podemos mencionar, entre otros, a los escritos del Padre Leonardo Castellani, con libros como "Cristo ¿vuelve o no vuelve?", "Los papeles de Benjamín Benavides", "El Apocalipsis según San Juan", etc.

Y ésta, la 2ª Venida, es una verdad de fe, por lo tanto no es algo opinable. Como les decía, lo confesamos en el Credo, también lo enseñó nuestro Señor en el discurso escatológico cuando dijo: *...así será la venida del Hijo del Hombre... El cielo y la tierra pasarán, pero mis palabras no pasarán (Mt* 24,27.35; Cfr. *Mc* 13,31; *Lc* 21,33). Todo pasará, sólo la palabra de Cristo no pasará. El mundo tendrá su fin y morirá, no de muerte natural sino cuando Dios lo disponga.

¿Cuándo ocurrirá?

No lo sabemos, ya que es parte del mensaje salvífico no conocer el día ni la hora (cfr. *Mt* 25,13).

Así los cristianos deben estar preparados porque es incierta la hora de su muerte, pero también deben estar preparados porque es incierta la hora del fin del mundo.

Algunos dicen que lo saben, pero afirma Santo Tomás que "son embaucadores"[189]. Y por eso no hay que esperar una encíclica del Papa que nos diga cuando será la 2ª Venida ni tampoco alguna carta pastoral de algún obispo. Si Cristo no se lo reveló a los Apóstoles, menos nos lo revelará a nosotros. Forma parte de la revelación que no se conozca el momento. La Revelación sólo da a conocer al hombre: "Aquellas cosas que son necesarias para la salvación"[190]. Nueve veces se nos dice en el Apocalipsis: "*Vengo pronto*", por tanto, alguna vez vendrá.

Esta incertidumbre nos ayuda a ordenar cosas que no terminan con nuestra muerte.

¿Y cuáles son esas cosas?

---

[189] *S. Th.,* Supp. 77, 2.
[190] SANTO TOMÁS, *S.Th.,* 1-2. 106, 4, ad 2.

Nuestra vida. Así dice la Escritura: *piensa en tus postrimerías y no pecarás jamás (Sir* 7,40).

También el ámbito de la familia, de la sociedad, lo que hace a nuestra proyección pública, es decir, de aquello que no muere con nuestra muerte y que, sin embargo, son cosas sobre las que recae nuestra responsabilidad de ordenar según el querer de Dios[191]

Esta verdad de fe nos defiende frente a las ideologías, tan vigentes hoy en día, que afectan a gran parte del mundo; frente a las modas culturales; frente a lo que buscan imponernos los medios; frente a lo que parece que es la tendencia del futuro. Un día reinará el Anticristo, sin embargo, nosotros debemos permanecer fieles a Cristo aún a riesgo de la vida. Así se escuchaba no hace mucho tiempo en Alemania y otros países: "más vale rojos, que muertos" y se enrolaban en las filas del comunismo, que pocos años después caía miserablemente, porque no querían escuchar la Palabra de Dios.

Pero, ¡habrán señales!

No sabemos cuando será el fin del mundo, pero sabemos que habrá signos:

Signos menores:

a. *guerras y rumores de guerra*... *habrá hambres y terremotos* (cfr. *Mt* 24,6.7 y paralelos).

b. Ocurrirá *la abominación de la desolación* (entre otros, cfr. *Mt* 24,15). ¡Cuántas casas religiosas son la abominación de la desolación!

A estos se unen otros signos que también están en el Evangelio.

Signos mayores:

---

[191] Cfr. SANTO TOMÁS, *S. Th.,* Supp. 88, 3, ad 4.

a. *Será predicado éste Evangelio del Reino en todo el mundo* (*Mt* 24,14).

b. La apostasía universal: Dice Nuestro Señor: *cuando venga el Hijo del Hombre, ¿habrá fe sobre la tierra?* (*Lc* 18,8). Y también en el sermón escatológico de Mateo: *por el exceso de la maldad se enfriará la caridad de muchos* (*Mt* 24,12).

Acaso, ¿no observan que estamos viviendo, a nivel planetario, un eclipse de la moral y de la ética por el exceso de la maldad?

Enseña San Pablo: *Que nadie en modo alguno os engañe, porque antes ha de venir la apostasía...* (*2Te* 2,4).

c. La venida del Anticristo: Que tendrá un imperio totalitario y universal *...y ha de manifestarse el hombre de la iniquidad, el hijo de la perdición, que se opone y se alza contra todo lo que se dice Dios o es adorado, hasta sentarse en el templo de Dios y proclamarse dios a sí mismo... el misterio de iniquidad ya está en acción...* (*2Te* 2,3-4. 7).

4. Acerca de la gravedad del estado de la sociedad actual nos advierten los Papas.

El Beato **Pío IX**: "...con que intentan conculcar los derechos del poder sagrado y civil.

"Tales son las maquinaciones nefandas contra esta cátedra romana de San Pedro, en la que Cristo puso el fundamento inexpugnable de su Iglesia.

"Tales son las *sectas clandestinas* [sic], salidas de la oscuridad para ruina y destrucción de lo sagrado y lo profano. . .

"Tales son las astutas *sociedades bíblicas* que, con las artimañas que han usado siempre los herejes, no cesan de adulterar los Libros Sagrados. . .

"Tal es el sistema temible, diametralmente opuesto a la luz natural de la razón, de la *indiferencia religiosa. . .* Con él aseguran que en todas las religiones pueden conseguir los hombres su salvación eterna. . .

"Tal la *conspiración vergonzosa* contra el celibato clerical. . .

"Tal el *sistema perverso de enseñanza* (principalmente en las ciencias filosóficas), con que se engaña y corrompe lastimosamente a la juventud desprevenida. . .

"Tal la doctrina nefasta que llaman ahora «*comunismo*», completamente contraria al derecho natural. . .

"Tal las insidias tenebrosas de aquellos que, vestidos con piel de oveja mientras por dentro son lobos rapaces, con una apariencia engañosa y falsa de la más pura piedad, de la virtud y disciplina más severa, se insinúan a la callada, captan con blandura, atan suavemente, matan a ocultas, apartan de toda religión a los hombres, y dispersan y destrozan las ovejas del Señor.

"Tal, por fin, la *propaganda infame*, tan esparcida en volúmenes y folletos que vuelan por todas partes y enseñan a pecar. . ."[192].

León XIII: "Estamos persuadidos de que la causa de todos estos males reside principalmente en esto: que se desprecia y rechaza la santa y augusta Autoridad de la Iglesia, que preside el género humano en nombre de Dios, y que es la defensora y vindicadora de toda la autoridad legítima."[193]

San Pío X: "...El que reflexiona sobre estas cosas, razón tiene para temer que la actual perversión de los espíritus sea ya una especie de exordio a los males que están anunciados para los últimos tiempos, y de que el «hijo de perdición» de quien habla el Apóstol no se encuentre ya entre nosotros. Tan grande nos aparece la audacia y el furor con que se ataca por todas partes a la piedad religiosa, se contradice a los documentos de la verdad

---

[192] *Encíclica "Qui pluribus"*, 9 de Noviembre de 1846.
[193] *Encíclica "Inscrutabili"*, 21 de abril de 1878.

revelada, o se intenta suprimir y borrar todo rastro de relación del hombre con Dios.

"En cambio (y ésta es una de las notas que el mismo Apóstol atribuye al Anticristo), el mismo hombre, con temeridad inaudita, invade el lugar de Dios, «elevándose sobre todo lo que lleva el nombre de Dios». Hasta el extremo que, incapaz de extinguir del todo en sí mismo el conocimiento de Dios, rechaza, sin embargo su majestad, y se dedica a sí mismo este mundo, como un templo en el que debe ser adorado por los demás: «sentado en el templo de Dios, y mostrándose como si fuera Dios.» "[194]

Benedicto XV: "...que nuestro espíritu no se preocupara intensamente por el espectáculo que presenta tanto Europa como el resto del mundo; espectáculo que es tal vez el más atroz de que hayan habido memoria los hombres.

"Parece verdaderamente que hayan llegado aquellos días que Jesucristo predijo: *Oiréis. . .guerras y rumores de guerras. . ., pues se levantará pueblo contra pueblo y reino contra reino (Mt 24,6)*."[195]

Pío XII: "...Los criterios morales, según los cuales en otros tiempos se juzgaban las acciones privadas y públicas, han caído, como por consecuencia, en desuso; y el tan decantado laicismo de la sociedad, que ha hecho cada vez más rápidos progresos, sustrayendo al hombre, a la familia y al Estado al influjo benéfico y regenerador de la idea de Dios y de la enseñanza de la Iglesia, ha hecho reaparecer, aun en regiones en que por tantos siglos brillaron los fulgores de la civilización cristiana, las señales de un paganismo corrompido y corruptor, cada vez más claras, más palpables, más angustiosas: «las tinieblas se extendieron mientras crucificaban a Jesús».

"...Hablaban de progreso cuando retrocedían; de elevación, cuando se degradaban; de ascensión a la madurez, cuando se

---

[194] *Encíclica "E Supremi Apostolatus"*, 4 de octubre de 1903.
[195] *Encíclica "Ad Beatíssimi"*, 1 de noviembre de 1914.

esclavizaban; no percibían la vanidad de todo esfuerzo humano para substituir la ley de Cristo por algo que la iguale: se «infatuaron en sus pensamientos».

"...Ciertamente que cuando Europa fraternizaba en idénticos ideales recibidos de la predicación cristiana, no faltaron disensiones, sacudidas y guerras que la desolaron; pero, tal vez, no se experimentó jamás de un modo más penetrante el desaliento sobre la posibilidad de arreglo."[196]

"La humanidad no tiene fuerzas para quitar la piedra que ella misma ha fabricado, intentando impedir tu vuelta. Envía tu ángel, ¡oh, Señor!, y haz que nuestra noche se ilumine como el día.

"Cuántos corazones, ¡oh, Señor!, te esperan. Cuántas almas se consumen por apresurar el día en que Tú sólo vivirás y reinarás en los corazones. Ven, ¡oh, Señor Jesús!

¡Hay tantos indicios de que tu vuelta no está lejana...!" [197]

Juan XXIII: "...Nuestra época se contradistingue por un marcado contraste entre el inmenso progreso científico-técnico y un pavoroso retroceso humano, consistiendo «su monstruosa obra maestra en transformar al hombre en un gigante del mundo físico a costa de que su espíritu se vea reducido a un enano en el mundo sobrenatural y eterno» (Pío XII, Radiomensaje navideño 1953)"[198].

Pablo VI: Hablando de la situación de la Iglesia dice del espíritu "de vértigo, de aturdimiento, de aberración, (que) puede sacudir su misma solidez"[199]; "un momento de

---

[196] Encíclica *"Summi Pontificatus"*, 20 de octubre de 1939.
[197] *Mensaje Pascual,* 21 de abril de 1957. (Resaltado nuestro).
[198] *Mater et Magistra,* 224.
[199] Encíclica *Ecclesiam suam,* Parte I.

autodemolición"[200]; "por alguna grieta entró el humo de Satanás"[201].

Juan Pablo II: "...es cierto que la Iglesia del nuevo Adviento, la Iglesia que se prepara continuamente a la nueva Venida del Señor, debe ser la Iglesia de la Eucaristía y de la Penitencia"[202].

¿Indicios?

El sólo ver algunos aspectos de la realidad intraeclesial, como ser lo que se enseña en algunas universidades, la falta de vocaciones sacerdotales y religiosas tan extendida, la confusión de muchos, el relativismo reinante, etc. denunciados por todos los Papas de más de un siglo, puede ser, para algunos, un indicio elocuente. Como el no señalar las raíces cristianas de Europa es un signo de la apostasía que nos aqueja.

El Cardenal Luis Billot, SJ, pensaba que el versículo de Lc 21,24 referido a Israel: "*Caerán a filo de la espada, y serán llevados cautivos a todas las naciones y Jerusalén será pisoteada por los gentiles, hasta que el tiempo de los gentiles llegue a su cumplimiento*", cosa esta última que pareció comenzase a cumplirse en 1948, contra lo que había ocurrido durante casi 20 siglos.

La Escritura habla de la destrucción de Babilonia en una hora[203]. Lo que hasta hace poco parecía imposible, hoy en día se puede hacer, e incluso más rápido. Baste pensar en el ejemplo lo que pasó en Hiroshima y Nagasaki, en la 2ª guerra mundial.

Los ejércitos numerosos, así dice el Apocalipsis *el número de su tropa de caballería era de doscientos millones* (*Ap* 9, 16). Hoy en día, con sólo tener en cuenta China, se puede juntar un ejército así.

---

[200] *Alocución* en el Seminario Lombardo el 7 de diciembre de 1968.
[201] *Homilía* en la solemnidad de Pedro y Pablo en Plaza San Pedro, el 29 de junio del 1972.
[202] *Encíclica Redemptor hominis,* 20.
[203] Cfr. *Ap* 18, 9-10.17.19.

En *Ap* 13,15 se habla de la imagen animada de la Bestia vista en todo el mundo. Hoy eso se puede hacer, por ejemplo, con la TV satelital.

Muchas veces la falta de perseverancia religiosa se debe a la falta de fe, a no esperar la 2ª Venida, esclavizándose a las ideologías del momento, sean políticas, sociales, económicas o culturales, en vez de ser fieles al Evangelio. Es Cristo el que va a juzgar el mundo y no el mundo el que juzgará a Cristo. Y esto puede pasar porque no se ve o no se quiere ver la realidad, como hace el ñandú, que esconde la cabeza para no ver el peligro que lo acecha, así obran muchos como si así las cosas dejaran de pasar.

Posible renacimiento espiritual.

También hay que tener en cuenta que podría realizarse un gran renacimiento espiritual, según parece que lo pensaban algunos santos.

San Juan Bosco habla de que *"En todo el mundo aparecerá un sol tan luminoso como no se vio nunca desde las llamas del Cenáculo, ni se verá hasta el último de los días"*.

San Luis Orione nos advierte: *"No seáis como esos catastróficos que creen que el fin del mundo sucederá mañana...Una gran época esta por llegar..."*.

San Luis María de Montfort profetiza que los santos de los últimos tiempos excederán en poder de palabra y de obra a todo lo conocido *"cómo los grandes árboles superan a los simples arbustos"*.

Nosotros debemos aprender a vivir y a crecer en la fe, como rezamos en la Santa Misa: "Dios omnipotente y eterno, acrecienta en nosotros la fe, la esperanza y la caridad, y para que podamos obtener aquello que prometes, haz que amemos aquello que nos mandas..."[204]. Le pedimos esta gracia a la Virgen.

---

[204] *Misal Romano,* Domingo XXX durante el año, ciclo B.

13.

SIGNOS DE LOS TIEMPOS

"Si nos situamos en la perspectiva de la fe, vemos la historia, sobre todo después de la venida de Jesucristo, totalmente envuelta y penetrada por la presencia del Espíritu de Dios. Así se comprende fácilmente por qué, hoy más que nunca, la Iglesia se siente llamada a discernir los signos de esa presencia en la historia de los hombres, con la que, a imitación de su Señor, se siente verdadera e íntimamente solidaria".

(Catequesis, 23-9-1998)

Tiempo atrás pude visitar España y peregrinar a Daimiel, al sur de Madrid. Allí los padres pasionistas tenían un seminario, ahora vacío y trasformado en Casa de Ejercicios Espirituales. Allí, durante la guerra civil española, un día llegaron los milicianos y les dijeron a los seminaristas que se tenían que ir... para donde quisiesen. Los religiosos consumieron las hostias que estaban en el Sagrario, el P. Nicéforo, rector del Seminario allí mismo les hizo una hermosa admonición y salieron del Seminario distintos grupos, aunque sabían que igualmente los iban a matar, pero con la esperanza de una posible salvación. Finalmente al día siguiente los agarraron los milicianos y los fusilaron. A algunos no los llegaron a matar sino que los dejaron malheridos, pero al poco tiempo de haberse repuesto de las heridas en el hospital, los mataron. Ahí les dieron a todos un tiro de gracia. Uno de ellos, el beato Honorino de la Dolorosa, de 19 años, cuando lo intentaron fusilar la primera vez, le perforaron el hombro que le dolió muchísimo y sangraba abundantemente. Lo llevaron al hospital y allí nadie quería curarlo para no comprometerse. Por lo que estaba ahí desangrándose en el piso y una de las personas que lo vio le preguntó si sufría mucho y respondió "*Sí, pero soy pasionista*". Un gran ejemplo para el día de hoy.

I.

Bien quiero hablar un poco de la actualidad, haciendo hincapié en esta historia, para tener una idea de los signos de los tiempos. Las cosas no están nada bien y, tal vez, podría estar gestándose una persecución cruenta. En Europa tenemos el testimonio de varios Obispos:

-el primero es del Arzobispo de Madrid; admitió el cardenal Antonio María Rouco Varela, durante un encuentro del movimiento Regnum Christi y de la Legión de Cristo, celebrado en la Universidad Francisco de Vitoria de Pozuelo de Alarcón: "En Europa estamos asistiendo a una crisis de fe gigantesca, a una apostasía silenciosa de la fe que se da en todos los países europeos con mayor o menor intensidad"[205].

-el segundo es el Obispo de Mondoñedo-Ferrol, Mons. José Gea Escolano quien declaró que "la Iglesia no puede callarse y ante la degradación moral que el gobierno proyecta para la legislación española en temas como la equiparación de las uniones homosexuales al matrimonio. Somos concientes que a veces molestamos al hablar, por lo que algunos políticos nos piden que callemos, pero una Iglesia que no hable cuando esto sucede ¿para qué sirve? Porque la Iglesia debe orientar a sus fieles en cuestiones que tocan la fe y la moral"[206]. Impresiona la vehemencia de los gobernantes en pretender dar estabilidad a algo que, de suyo, se caracteriza por la solubilidad ya que *las uniones homosexuales sólo duran un año y medio*: "Mientras en Canadá, en varios estados norteamericanos y en la Argentina se

---

[205] Madrid, 6-11- 2004, publicado en AICA (Agencia Informativa Católica Argentina, dependiente de la Conferencia Episcopal Argentina).
[206] Santiago de Compostela, 8-10-2004, AICA.

dan medidas para legalizar el llamado "matrimonio" homosexual, un nuevo estudio holandés confirmó que las uniones de homosexuales duran, en promedio, sólo un año y medio. El estudio de la doctora María Xiridou se basa en los registros sanitarios de jóvenes sodomitas atendidos en los Servicios de Salud del Municipio de Amsterdam y fue publicado en la última edición de la revista AIDS"[207].

-el tercero es el Arzobispo de Toledo, primado de España, Mons. Antonio Cañizares Llovera quien denunció las amenazas que sufre la Iglesia por parte de los poderes y medios de comunicación social, que "están incluso dispuestos a despedazar a la Iglesia" -son palabras de él-. Mons. Cañizares explicó que "la Iglesia en su peregrinar a lo largo del siglo XX y comienzos del XXI padeció muchas persecuciones y tuvo que lidiar dura batalla contra el poder de las tinieblas, pero nunca tal vez en la historia se vio acosada como en este período"[208]. Como fue el caso de los mártires de Daimiel, de los mártires de Barbastro, y tantos casos. Pero lo que está pasando ahora la Iglesia en España es incluso más grave – según el Primado de España – que lo que pasó la Iglesia durante la guerra civil e incluso las otras tribulaciones que ha tenido que pasar la Iglesia a lo largo de la historia.

-el cuarto es el Arzobispo de Valencia, Mons. Agustín García-Gasco, quien expresó su preocupación por "el crecimiento de la planificada corriente antirreligiosa y un laicismo intolerante contra los cristianos: **el nacional-laicismo"**, y precisó que el "laicismo intolerante es como una caricatura de la legítima aconfesionalidad, un prejuicio antirreligioso cuyos promotores primero quieren expulsar la religión de la esfera social y luego eliminarla en el hombre, para que los principios religiosos acaben desapareciendo de la conciencia humana"[209].

---

[207] Amsterdam, 7-8-2004, AICA.
[208] Madrid, 8-10-2004, AICA.
[209] Valencia, 22-10-2004, AICA.

II.

También el laicado dio su testimonio:

-En una entrevista del diario italiano "Il Messagiero", el escritor Vittorio Messori denunció que en Europa el anticatolicismo ya sustituye al antisemitismo. A raíz del caso Buttiglione, señaló que alguien dijo que "los católicos, los fumadores y los cazadores, son las tres categorías que no están protegidas por lo políticamente correcto, y de las que se puede hablar mal libremente". "Gracias a Dios -dijo- **el antisemitismo terminó, pero fue sustituido por el anticatolicismo"**. Según el escritor, "antes, eran objeto de sarcasmo y críticas los negros, las mujeres, los sodomitas o los judíos. Ahora, por suerte, ya no se pueden atacar estas categorías, pero no veo por qué se tiene que injuriar a otras"[210].

- Tras el veto al nombramiento en la Corte Europea del intelectual católico y amigo personal de Juan Pablo II, Rocco Buttiglione, el movimiento Comunión y Liberación denunció el **"totalitarismo cultural que niega la libertad de conciencia, de pensamiento y de opinión"** que, a su juicio, "se va introduciendo en Europa". A través de su Oficina de Información en España, calificó de "peligroso" que Europa "rechace sus raíces judeocristianas, ya que se queda así sin sus propias raíces"[211].

III.

Más estridentes han sido, aún, las declaraciones aparecidas en el diario "*Corriere della Sera*" del Cardenal Renato Martino. Este Cardenal es un cardenal de gran experiencia diplomática. Fue 16 años representante papal ante las Naciones Unidas. Ahora fue nombrado por el Papa presidente del Consejo para la Justicia y la

---

[210] Roma, 5-11-2004, AICA.
[211] Madrid, 4-11-2004, AICA.

Paz. Presentó un libro sobre el Papa Juan Pablo II y su actividad diplomática en sus años de Pontificado, "Giovanni Paolo II e le sfide della diplomazia pontificia", donde están los discursos del Papa a los diplomáticos. El Cardenal denunció la existencia de "nuove sante inquisizioni piene di soldi e di arroganza", es decir, nuevas santas inquisiciones, llenas de dinero y arrogancia. "Se puede insultar libremente y atacar a los católicos y nadie dice nada"…"Si se hace eso a los de otras confesiones, veremos qué cosa sucede". "Palabras durísimas" y dichas por un Cardenal de la Iglesia a la Sala Stampa, para que sean publicadas.

Y luego dice: "en Europa, un lobby muy rico y potente está contra el Papa" es decir, no quiere que se escuche la palabra del Papa. Dice "lobbie potenti" que están en países continentales, es decir también en Europa, "ricos y de buen pasar". Según el Cardenal a las voces del Papa y de la Iglesia católica "las hacen desaparecer, sumergiéndolas en el ruido y bullicio ruidoso orquestado por los potentes lobbies culturales, económicos, políticos, que se mueven sobre todo por el prejuicio contra todo aquello que es cristiano"[212].

Es decir que tienen poderes enormes y a priori ya tienen el prejuicio contra todo lo cristiano católico. Para pensar cómo estos "lobbies" promueven la confusión, el rol de la identidad del género, cómo buscan destruir el matrimonio entre el hombre y la mujer. Frente a esto, a esta forma de actuar, ellos creen que es lícito el hacer lo que se les ocurra y por eso buscan discriminar e intimidar con presiones públicas, burlándose de la gente, de los católicos. No se quiere de ninguna manera lo católico.

Recuerdo hace un tiempo un Obispo de Rusia que llegó de vuelta al aeropuerto de Rusia, en regla, pero le sacaron la hoja

---

[212] Cf. Zenit ZI04101809 del 18 de octubre 2004, versión italiana: "le voci del Santo Padre e della Chiesa cattolica sono poco ascoltate" quanto addirittura "deliberatamente fatte sparire, sommergendole nel frastuono e nel baccano orchestrati da potenti lobbies culturali, economiche e politiche mosse prevalentemente dal pregiudizio verso tutto quello che è cristiano".

donde tenía la visa y no lo dejaron entrar. Después el Papa lo nombró Obispo en Polonia e hizo nombrar en esa Diócesis un obispo ruso, con pasaporte ruso, que era auxiliar en Bielorrusia. Pero mientras tanto... ¿quién levanto la voz, quién dijo algo? No hay un solo poder que se "juegue" por la Iglesia católica, por el catolicismo. Por eso dice el Cardenal Martino: "estamos frente a una democracia mistificada, es una burla de democracia, si no piensas como yo estás afuera, no se acepta tu opinión". Y por eso comentando estas palabras tan fuertes del Card. Martino, Riccardo Pedrizzi, responsable de "*Alleanza Nazionale*" para la política de la familia ha dicho que "ese lobby son los intolerantes y antidemocráticos... hoy los verdaderamente agraviados y agredidos son los cristianos".

En el fondo es un choque entre dos filosofías. Por un lado quien cree en Dios y por otro lado los que postulan el inmanentismo. Pidamos siempre a Jesús por medio de la Santísima Virgen de ser fieles, de saber que estamos realmente en una situación más difícil de lo que la inmensa mayoría piensa. Y que hay que prepararse para los momentos difíciles que nos puedan tocar, para ser fieles como los santos mártires, que fueron fieles a Cristo hasta el derramamiento de la sangre.

Finalmente, ante Dios, todo esto pesa lo que una tela de araña.

14.

LA IGLESIA CATÓLICA: INVICTA DEFENSORA DEL AMOR HUMANO

"Ser realmente libres significa tener la fuerza para elegir a Aquel por el que hemos sido creados y aceptar su señorío sobre nuestra vida. Lo perciben ustedes en el fondo de su corazón: todos los bienes de la tierra, todos los éxitos profesionales, el mismo amor humano que sueñan, nunca podrán satisfacer plenamente sus deseos más íntimos y profundos. Sólo el encuentro de ustedes con Jesús podrá dar pleno sentido a la vida: «Nos has hecho para ti, Señor, y nuestro corazón está inquieto hasta que repose en ti», escribió San Agustín (Confesiones I, 1)".
(Mensaje para la XIX Jornada Mundial de la Juventud, 4-4-04)

La Iglesia, defensora del amor humano.

La Iglesia Católica en el final del siglo XX y en el comienzo del XXI se alza como firme e invicta defensora del amor humano. A pesar de que es altísimamente impopular la defensa del auténtico amor humano en una humanidad esclavizada por el pansexualismo y a la genitalidad, a pesar de que la mayoría de los medios de comunicación social –diarios, revistas, libros, TV, la Web... – están en manos de adictos compulsivos a las mayoritarias desviaciones del momento, *la Iglesia Católica,*

323

serenamente, alegremente y firmemente se constituye en la mayor y mejor defensora del amor humano, es decir, de lo que el hombre y la mujer tienen de más íntimo, más constitutivo y más distintivo. Defensora, aún a pesar de ellos mismos.

A pesar de los corruptos con poder, a pesar de las burlas injuriantes, a pesar de las campañas en contra de la Iglesia a nivel planetario, a pesar de que los adictos no se den cuenta que el testimonio de defensa del amor humano lo hace la Iglesia como fruto del amor cristiano a los mismos que equivocaron el camino para que, por lo menos, alguien les haga la caridad de la verdad.

La Iglesia Católica, especialista en humanidad, no podría sin traicionar gravemente a la misión dada por su Fundador, Jesucristo, no dar ese testimonio contracorriente de lo que propician los poderosos del mundo y sus intereses.

Ella se sigue levantando como el estandarte sobre las naciones profetizado por Isaías: *Aquel día la raíz de Jesé se alzará como estandarte para los pueblos, las gentes la buscarán, y su morada será gloriosa* (11,10).

La Iglesia Católica, como su Cabeza y Fundador, Jesucristo, está crucificada por unir con sus brazos, indisolublemente, dos cosas: 1°. El doble significado creador y unitivo del amor humano; y, 2°. La virginidad y el matrimonio. En algunos tienen a dividirse y separarse por la borrachera de la dialéctica hegeliana que reina en sus cabezas, y en otros por razón del nihilismo reinante, disolvente y destructor.

Alrededor de 10 frentes de lucha.

Respecto a lo primero, digamos que el frente de lucha de la Iglesia en defensa del amor humano es muy variado, alrededor de una decena, como los cuernos de la Bestia del Apocalipsis, y se articula así:

La **anticoncepción** es hacer el "amor" sin hacer un hijo;

la *fecundación en probeta* y la *clonación* es hacer un hijo sinhacer el amor;

el *aborto* es deshacer al hijo;

la *eutanasia* es deshacerse de los padres;

la *pornografía* es deshacer el amor;

la *homosexualidad* (y análogamente la transexualidad y el travestismo) es, en nombre del "amor", no querer tener hijos de su carne y de su sangre (sino, en algunos casos, adoptar a otros para ayuda en la vejez);

el *divorcio* es deshacer definitivamente el amor y, muchas veces, no amar a los hijos.

Anticoncepción, fecundación in vitro, clonación, aborto, eutanasia, pornografía, homosexualidad, transex, divorcio... ¡son contrarios a la naturaleza del auténtico amor humano, porque son todas formas de separar los significados creativo y unitivo del mismo!

Por eso acaba de recordar el Papa que la familia es "«buena noticia» en la medida en que acoge y hace propia la **perenne vocación que Dios le dio al inicio a la humanidad**". Juan Pablo II preguntó: "¿De qué familia se trata? No se trata ciertamente de esa inauténtica, basada en los egoísmos. La experiencia demuestra que esta **«caricatura» de la familia no tiene futuro** y no puede dar futuro a ninguna sociedad"[213].

El ataque a la virginidad y al celibato.

Respecto a lo segundo, enseña el Catecismo de la Iglesia Católica: "Estas dos realidades, el sacramento del Matrimonio y la virginidad por el Reino de Dios, vienen del Señor mismo. Es El quien les da sentido y les concede la gracia indispensable para

---

213 *Ángelus* del domingo 26 de enero de 2003, ACI Prensa.

vivirlos conforme a su voluntad. La estima de la virginidad por el Reino y el sentido cristiano del Matrimonio son inseparables y se apoyan mutuamente: «Denigrar el matrimonio es reducir a la vez la gloria de la virginidad; elogiarlo es realzar a la vez la admiración que corresponde a la virginidad...» [San Juan Crisóstomo]"[214]. Por eso se busca, con desesperación, destruir uno y otro, porque ambos se ayudan y esclarecen mutuamente. Por ejemplo, por las palabras que se usan en el sagrado rito de la consagración de las vírgenes, sabiamente se indica lo que la virginidad testimonia lo profundo del matrimonio: "«A fin de que existan almas excelsas, que en la unión del varón y de la mujer desdeñen la realidad y amen su virtud escondida, y no quieran imitar lo que se realiza en el matrimonio, sino amar lo que el matrimonio significa.[215]»[216]", o sea, la unión de Cristo y la Iglesia.

Juan Pablo II enseña en la *Familiaris consortio:* "La virginidad y el celibato por el Reino de Dios no sólo no contradicen la dignidad del matrimonio, sino que la presuponen y la confirman. El matrimonio y la virginidad son dos modos de expresar y de vivir el único Misterio de la Alianza de Dios con su pueblo. Cuando no se estima el matrimonio, no puede existir tampoco la virginidad consagrada; cuando la sexualidad humana no se considera un gran valor donado por el Creador, pierde significado la renuncia por el Reino de los cielos. En efecto, dice acertadamente San Juan Crisóstomo: «Quien condena el matrimonio, priva también a la virginidad de su gloria; en cambio, quien lo alaba, hace la virginidad más admirable y luminosa. Lo que aparece un bien solamente en comparación con un mal, no es un gran bien; pero lo que es mejor aún que bienes por todos considerados tales, es ciertamente un bien en grado superlativo»[217]. En la virginidad el hombre está a la espera, incluso corporalmente, de las bodas escatológicas de Cristo con la

---

[214] n. 1620.
[215] "Pontificale Romanum": De benedictione et consecratione virginum.
[216] PÍO XII, *Encíclica Sacra Virginitas,* I.
[217] *La virginidad,* X: PG 48. 540.

Iglesia, dándose totalmente a la Iglesia con la esperanza de que Cristo se dé a ésta en la plena verdad de la vida eterna. La persona virgen anticipa así en su carne el mundo nuevo de la resurrección futura[218]. En virtud de este testimonio, la virginidad mantiene viva en la Iglesia la conciencia del misterio del matrimonio y lo defiende de toda reducción y empobrecimiento. Haciendo libre de modo especial el corazón del hombre[219], «hasta encenderlo mayormente de caridad hacia Dios y hacia todos los hombres»[220], la virginidad testimonia que el Reino de Dios y su justicia son la perla preciosa que se debe preferir a cualquier otro valor aunque sea grande, es más, que hay que buscarlo como el único valor definitivo. Por esto, la Iglesia, durante toda su historia, ha definido siempre la superioridad de este carisma frente al del matrimonio, por razón del vínculo singular que tiene con el Reino de Dios[221]"[222].

En otro momento enseña: "Es necesario que la vida consagrada presente al mundo de hoy ejemplos de una castidad vivida por hombres y mujeres que demuestren **equilibrio, dominio de sí mismos, iniciativa, madurez psicológica y afectiva**. Gracias a este testimonio **se ofrece al amor humano un punto de referencia seguro**, que la persona consagrada encuentra en la contemplación del **amor trinitario, que nos ha sido revelado en Cristo**. Precisamente porque está inmersa en este misterio, la persona consagrada se siente capaz de un amor radical y universal, que le da la fuerza del autodominio y de la disciplina necesarios para no caer en la esclavitud de los sentidos y de los instintos. La **castidad consagrada aparece de este modo como una experiencia de alegría y de libertad**. Iluminada por la fe en el Señor resucitado y por la esperanza en los nuevos cielos y la nueva tierra (cf. Ap 21, 1), ofrece también

---

[218] Cfr. *Mt* 22,30.
[219] Cfr. *1 Cor* 7,32 s.
[220] CONCILIO VATICANO II, *Perfectae caritatis,* 12.
[221] Cfr. PÍO XII, *Sacra Virginitas,* II.
[222] *Ibidem, n.* 16.

estímulos valiosos para la educación en la castidad propia de otros estados de vida" [223].

El ataque al celibato es, también, siempre, un ataque a la verdad del amor del matrimonio, tal como lo quiere Dios.

Realidad del pansexualismo actual.

Se lo puede conocer según una reciente noticia que nos informa que la palabra "sexo" es desde siempre la palabra más buscada de la Red (Web), lo que constituye una obsesión en verdad global.

La noticia se titula: **"Sexo", el Internet ofrece 167 millones de ocasiones.** *De Beppe Severgnini.*

¿Qué entusiasma a Roma y apasiona Atenas, qué estimula a Berlín y excita a Londres (empresa no fácil), qué intriga a Tokio y deleita a Pekín, qué despierta a Los Ángeles y consuela a Buenos Aires? El sexo, naturalmente. No es una opinión, sino que es un dato estadístico. "Sex" es la palabra más buscada por el motor de búsqueda (buscador) *Google*, el más usado de Internet. Ochenta y seis lenguas, cien países, 150 millones de búsquedas cada día. Alguno ha definido esta masa de información como: "la conciencia colectiva del mundo".

¿Y qué busca la conciencia colectiva del mundo en cuanto pone los dedos sobre un teclado? Sexo.

He aquí un producto verdaderamente global, al que también el "no global" ahorra la propia indignación (por el contrario: desviadas las convocaciones hacia marchas de protesta, quién sabe si no entrará también él al chat-line erótico con el pseudónimo no-solo-cerebro@hotmail.com).

---

[223] *Vita consecrata,* 88. (Resaltado nuestro).

El asunto, si se piensa, es curioso. El pueblo de Internet es variado (transversal, se dice hoy). Hay hombres y mujeres, jóvenes y menos jóvenes, americanos y europeos, orientales y occidentales, cristianos y musulmanes. La Red es la expresión de un mundo atento, curioso, instruido y razonablemente acomodado. Para poder buscar "sexo" con la computadora, uno debe tener la computadora y saber cómo/dónde conectarse a Internet. No era seguro que esta gente corriese a buscar sexo virtual apenas dejada sola. Pero lo ha hecho y lo hace.

No juzgamos este comportamiento. Intentamos explicarlo. ¿Qué empuja al *cyber-voyeurs* de Internet? ¿La curiosidad? También. Para un iraquí provisto de una computadora, la tentación de mirar las orgullosas heroínas de "Baywatch" debe ser fuerte: al menos, no se parecen a los carteles de Saddam. Pero no son los países árabes los que producen los grandes números de *Google*. Son América, Japón, Europa: somos nosotros los que poseemos la gran mayoría de las computadoras y de las conexiones (enlaces). La pregunta, por lo tanto, permanece: ¿Por qué dejados solos escribimos "sexo" en el lugar adecuado? No porque es una cosa prohibida. Miremos Italia: el sexo chorrea de la TV, se derrama en las publicidades, brilla en las conversaciones, resbala de los kioscos, guiña en los ombligos de las chicas por la calle. No basta, evidentemente también lo queremos en Internet, y esto no es algo de hoy. Hace dos años los dirigentes italianos de *Lycos* me mostraron la lista de las palabras más requeridas en su motor de búsqueda. También entonces "sexo" estaba a la cabeza. De las otras diez primeras palabras, cinco no se pueden escribir aquí.

Hay algo conmovedor -más bien, de juvenil- en estas ganas insaciables y solitarias. Y quizás la explicación está justo aquí. El sexo que nos circunda (TV, películas, publicidad, revistas) no está en oferta: está en vidriera. Delante de aquella exposición nos convertimos todos -hombres y mujeres- en muchachitos inseguros. Por soledad o por timidez, por incapacidad o por falta de tiempo, por escrúpulos morales o por razones de salud, no aprovechamos: el sexo está allá y nosotros estamos acá. Es una nueva forma de impotencia global, de la cual muchos buscan consuelo precisamente en Internet. Aquel sexo no pregunta y no implica, no cuesta y no contagia. No quedan recuerdos en el corazón y videocasetes por la casa. Es un sexo ligero y "a la carta". No se come, se prueba.

Cierto, es un sexo de escape. Pero muchísimos se contentan. En las noches del mundo millones de dedos digitan sobre los teclados. Motor de búsqueda. Busca con *Google*. "Sex". *Google* ha buscado "Sex" en la entera red mundial. Duración de la búsqueda: 0,07 segundos. Resultado: alrededor de 167.000.000. Basta con elegir[224].

Ni que decir que, aún a pesar de los corrupciones a que lleva el sexo sin responsabilidad, el sexo como obra del creador es una de sus grandes maravillas. Si Dios no lo hubiera hecho así, no tendríamos la maravillosa proliferación de la vida: vegetal, animal y humana. Así como la conjuntivitis no nos lleva a considerar malos a los ojos, así ni todas las desviaciones sexuales nos pueden llevar a condenar el sexo, creación de Dios que el mismo *Dios vio ser muy bueno* (cfr. *Gen* 1,31).

Frente a este mundo la Iglesia se alza como "signo de contradicción".

¿Quién, si no fuese asistido por una ayuda sobrenatural, se opondría a semejante avalancha imparable? ¿Quién si no fuese con la ayuda de Dios daría un testimonio distinto de lo que el mundo gusta y quiere escuchar? ¿Cómo no darse cuenta que esa firmeza en la doctrina despierta el odio de quienes viven arrastrados por sus pasiones? ¿No es, acaso, una de las grandes razones por las que se busca silenciar a la Iglesia Católica para que no enseñe lo que Dios en la Biblia ha revelado? ¿Cómo no hacer campaña contra la bofetada al hedonismo contemporáneo que es

---

[224] Cf. Diario *Corriere della Sera*, 1 de diciembre de 2002, p. 20.

la virginidad y el celibato? ¿Cómo no hacer acción psicológica contra la virginidad y el celibato escarbando en anomalías –reales o supuestas- para justificarse a sí mismos? O acaso, hoy al igual que ayer, ¿no es la misma "naturaleza de los hombres, propensa a los vicios, (que) quiere hacer ver, que no solo tiene licencia, sino también razón para pecar"[225] buscando justificarse con el mal obrar –real o supuesto- de otros?

Ahora, por la falta de perspectiva histórica no advertimos la seriedad de los sucesos contemporáneos a nosotros, al modo como los romanos en su tiempo no advertían la corrupción de vomitar para seguir comiendo, pero ahora sí se advierte y se condena esa práctica. Cuando pase el tiempo pasará lo mismo con todas las actuales caricaturas del verdadero amor humano y sólo la Iglesia se alzará como un estandarte sobre las naciones por haber sino la única en salir en la defensa del auténtico amor. En forma semejante se considerará el heroísmo de las vírgenes consagradas y de los célibes por el Reino de los cielos que no claudicaron a pesar de la demoledora acción psicológica en contra y, por el contrario, permanecieron, mayoritariamente fieles, escribiendo una de las páginas más bellas de la historia de la Iglesia y del mundo. ¡"A pesar de los dolorosos casos negativos"[226] brilla con más fuerza y belleza la consagración total a Dios! ¡Pensemos en Juan Pablo II, la Madre Teresa de Calcuta, el santo Padre Pío y los miles de beatos y santos elevados al honor de los altares en las últimas décadas y en toda la historia de la Iglesia!

Benedict Groeschel[227] se tomó el trabajo de hacer una estadística. Sobre 79 clérigos encarcelados por pedofilia con menores de 8 años en USA, 40 eran ministros protestantes, y el

---

[225] LACTANCIO FIRMIANO, *Divinar. Instit.*, lib. 4; cit. Fray Luis de Granada, *Los seis libros de la Rhetórica eclesiástica*, Madrid 1793, 27.

[226] CONGREGACIÓN PARA EL CLERO, *Directorio para el ministerio y la vida de los presbíteros*, 57.

[227] Conferencia *An urgent appeal*, septiembre de 2002, en la Iglesia San Casimiro de Yonkers, New York.

resto de dividen entre católicos, ortodoxos, judíos, etc. O sea, la inmensa mayoría no eran célibes. ¡No es el celibato la causa de la pedofilia, en todo caso, es la falta de celibato![228] Y por eso, como reacción, ¡ha aumentado el número de las vocaciones sacerdotales en USA!

Tampoco se rehabilita como correspondería a los acusados... ¡ya declarados inocentes por la justicia!, como el Cardenal Bernardin de Chicago, el arzobispo Pell de Sydney, el Padre Grassi, etc.

De última es un ataque contra el Papa.

El ataque despiadado al amor humano y al celibato apunta, solapada pero realmente, contra el Papa, firme defensor de la verdad del amor humano y de la virginidad y del celibato eclesiástico.

Pongo, además, tres ejemplos que muestran la grave discriminación que sufre el Papa por parte de los medios de comunicación social:

1. Se aplaude con euforia cada adelanto tecnológico que le permite al profesor Stefen Hawking seguir actuando desde su silla de ruedas comunicándose por medio de un sistema sofisticado, mientras que al Papa por tener que usar el papamóvil o la plataforma móvil algunos le piden la dimisión, se habla de incapacidad, no se lo tolera, incluso se lo ridiculiza. Se toma

---

[228] En el mundo crece esta epidemia. Recuérdense los promocionados tours para tener sexo con niños y niñas. La pedofilia *on line* es una plaga. En Italia se monitorearon más de 60.000 sitios arrestándose a 90 personas, Cfr. *Avennire,* 17 de diciembre de 2002, 11 y *L'Osservatore Romano,* edición italiana, 18 de diciembre de 2002, 10. Los Carabineros de Milán indagaron a 462 personas, diseminados por 77 provincias, secuestrando 455 computadores personales, 8.628 CD, 7.800 floppy-disc, centenares de revistas y 300 DVD: "In alcune habitación anche videocasete che ritraevano qualche indagato mentre abusava di minori e persino filmati de sevizie su neonati", Cfr. *L'Osservatore Romano,* 15 de diciembre de 2002, 10.

ocasión de su enfermedad para atacarlo por lo que enseña y por lo que testimonia[229].

2. Al Dalai Lama no se le pide que renuncie.

3. El rey Fahd Al Saud de Arabia Saudita tomó vacaciones en Marbella (España) acompañado por 1.200 personas de su corte, viajaron en 7 Boing 747, tienen tres aviones prontos para partir a toda hora a cualquier parte, tienen para su uso 200 Mercedes Benz en alquiler, 500 teléfonos celulares. Los gastos diarios son de 5.000.000 de euros (o dólares)[230]. El rey tiene casi la misma edad que el Papa, 81 años, se traslada con una unidad de terapia intensiva portátil, pero ¡Nadie le dice que renuncie!, ¡Nadie denunció el derroche de semejantes expensas! ¡Con $ 1.500.000, menos de lo que gasta *en 1 día* el rey Saud, se pagaría el déficit *365 días* de la Santa Sede![231]

Queridos jóvenes:

Esto es sólo una parte de lo que debe "pagar" el Papa por su valiente defensa de la verdad del amor humano, por ser Vicario de Jesucristo.

"A pesar de los dolorosos casos negativos"[232], incluso en nuestras propias vidas de célibes, es por lo que también nosotros deberemos "pagar" por anunciar, celebrar y testimoniar la verdad del amor humano, por ser fieles a Jesucristo.

El mundo podrá enlodar aún más el amor humano, pero siempre tendremos a mano el testimonio de miles y miles de

---

[229] Cfr. *Palabra,* Diciembre 2002, 13.

[230] Cfr. Diario *La Nación,* 18 de agosto de 2002, p.1.6.

[231] Balance consolidado de la Santa Sede y del Estado de la Ciudad del Vaticano correspondiente al año 2001. 1. Santa Sede: Ingresos € 196.897.000.-; Gastos € 200.371.000.-; Déficit € 3. 474.000.- (Trabajaban al 31 de diciembre de 2001, 2671 personas entre eclesiásticos, religiosos y laicos; los gastos de las Nunciaturas sumaron u$a 20.000.000.-). 2. La Ciudad del Vaticano tuvo un superávit de € 14.074.000.-. Cfr. *L'Osservatore Romano,* 19 de julio de 2002, 2.

[232] CONGREGACIÓN PARA EL CLERO, *Directorio para el ministerio y la vida de los presbíteros,* 57.

hermanos nuestros que, en el bello decir de San Agustín, "envejecieron en su virginidad"[233], porque se entregaron de verdad al amor de Jesucristo. Nos aliente la Virgen a gozarnos de la Iglesia de su Hijo que *se levanta como estandarte sobre todos los pueblos* (Cfr. *Is.* 10,11).

---

[233] *Confesiones,* l. 8, cap. 11; cit. *S. Th.,* 2-2, 189, 10, ad 3.

15.

EUROPA Y CRISTIANISMO[234]

*"El cimiento
de la extraordinaria herencia religiosa cultural y civil
significó la grandeza de Europa a lo largo de los siglos".*

(Al Parlamento Italiano,14-11-2002)

Recoger en el pórtico de la Constitución europea
la herencia del cristianismo será el reconocimiento del propio ser
de Europa, lo contrario marcará su apostasía de Jesucristo.

1. La protohistoria

EUROPA, "la más hermosa de las tierras", como dijo Plinio
(23-79 d.C.), era para griegos y romanos y para la Edad Media una
de las tres partes del mundo. Las otras dos de entonces se
llamaban como ahora, Asia y África. Los más antiguos
testimonios de esta tripartición del orbe que se conservan son de
Heródoto (480-424 a. C.), el "padre de la historia" y el primer
escritor occidental que enriqueció con su elocuencia este género
literario. Pero no fue él quien puso el nombre a Europa. Lo
empleaba como algo conocido y declaraba ignorar el origen de
esta denominación. *"No existen datos que especifiquen de dónde ha
tomado ese nombre, ni quién fue el que se lo impuso".*

---

[234] Seguimos, casi al pié de la letra, lo publicado por ANTONIO FONTÁN, Ex
presidente del Senado español, en el diario ABC de Madrid el jueves 2/10/2003, p. 3.

Antes de Heródoto, Europa, como nombre geográfico, había sido mencionada en el relato de un viaje del dios Apolo por la Hélade. Allí se llamaba Europa a la Grecia continental, pero sólo a ella.

En todo caso, la división del mundo en esas tres partes, separadas entre ellas por el río Don, el mar Mediterráneo o la cuenca del Nilo, fue doctrina común entre los griegos desde el siglo V a. C. De ellos la tomaron los romanos y de estos los europeos de los «siglos oscuros» y los de la Edad Media.

Ya en el 700 a. C. había establecimientos helénicos en las costas de Anatolia y en las del Mar Negro. Pero aquello no era Europa sino Asia. Después de Alejandro (356-323 a.c.) los griegos y su cultura se adueñaron de los dominios del "Gran Rey" y de Egipto. Pero esos reinos pertenecían a Asia o a África. Por el contrario, la península itálica, sus islas y las colonias y centros comerciales griegos del Mediterráneo occidental (Marsella, Ampurias, etc.) estaban en Europa.

2. La primera Europa

La primera Europa que conoció la Antigüedad fue la griega que, desde la Hélade en oriente, llegaba a Italia, a la gran colonia de Marsella y a las más modestas de Iberia. Después, Europa fue la de la Roma republicana de la cultura grecorromana de expresión latina. Con centro en Italia abarcaba desde Tracia a los Alpes, el sur de la actual Francia y las provincias hispanas, y se coronó con la conquista de las Galias por César y su desembarco en Britania. En los primeros reinados del Imperio sus límites fueron el Rin y el Danubio, hasta sus desembocaduras en las provincias de la "Germania inferior" y de Dacia. Finalmente, a partir del siglo IV, se entiende por Europa, la Europa cristiana, que en seiscientos años alcanzaría a cubrir todo el continente. Esa es la Europa que tiene su continuación en el resto de la Edad Media y en la Moderna hasta hoy, por muy secularizados que estén en la actualidad los pueblos y los estados.

3. Un gran acontecimiento

Un ilustre y acreditado historiador británico, recientemente fallecido, John Morris Roberts, es autor, entre otras monografías y obras generales, de una de las mejores historias de Europa. Se publicó en Oxford en 1996 y no ha sido traducida al español. Con el estilo sobrio y directo de los buenos escritores anglosajones de ahora el profesor Roberts gusta de salpicar su prosa con frases rotundas y expresivas.

Así, en uno de los primeros capítulos de su libro, al enunciar las herencias que han dado vida y significación al continente, escribe que en los últimos años del reinado de Augusto ocurrió un acontecimiento del que se puede afirmar que no ha habido ningún otro de tanta repercusión en la existencia de la humanidad. *"Fue,* prosigue, *el nacimiento en Palestina de un judío que ha pasado a la historia con el nombre de Jesús"*. Para sus seguidores, que pronto se llamaron cristianos, la trascendencia de este hecho se basa en que entendieron que era un ser divino. *"Pero no hay que decir tanto para encarecer la importancia de ese Jesús. Toda la historia lo pone de relieve"*. *"Sus discípulos iban a cambiar el mundo. En lo que concierne a Europa, ningún otro grupo de hombres o mujeres ha hecho más para conformar su historia"*.

"No ha dejado de haber, reconoce el profesor inglés, *violentos desacuerdos sobre quién era Jesús y lo que hizo y se propuso hacer. Pero es innegable que su enseñanza ha tenido mayor influencia que la de ningún otro «santo» de cualquier época, porque sus seguidores lo vieron crucificado y después creyeron que resucitó de entre los muertos"*. *"Somos lo que somos,* concluye Roberts, *y Europa es lo que es, porque un puñado de judíos palestinos dieron testimonio de estas cosas"*.

4. Los continuadores

Los discípulos y continuadores de esos palestinos, en menos de diez generaciones -o sea, unos tres siglos-, cristianizaron en griego y en latín el mundo romano, integrando en su mensaje religioso los valores, principios e historias del judaísmo, cuyos libros sagrados pasaron a formar parte de su patrimonio espiritual y cultural, junto con los que referían la vida y las enseñanzas de Jesús -los Evangelios- y los escritos doctrinales de los primeros y más inmediatos seguidores del "Maestro".

Ambas series de obras, conocidas como el Antiguo y el Nuevo Testamento, constituyen la Biblia de los cristianos.

Desde el siglo V el cristianismo se propagó por tierras y pueblos no romanizados (los celtas irlandeses, los godos, francos y otros germanos invasores), gracias a la acción misionera de los monjes y a la obra política de los reyes. Hacia el año mil o poco después había llegado por el lado latino a Escandinavia y al centro del continente hasta Polonia. Por el lado bizantino, con la escritura cirílica y la vieja lengua eslava, se asentó en Bulgaria, en lo que hoy es Ucrania ("ukraina" quiere decir frontera) y en la Rus de Kiev.

Pero al nivel de la época el cristianismo había asimilado la filosofía y la ciencia de los griegos y los conceptos y principios romanos de la persona, la igualdad y universalidad del género humano y la organización política de la sociedad, del derecho y del poder. Todos esos contenidos y doctrinas los recibe la Modernidad por la "intermediación cristiana".

5. Todo eso nos lo dice la ciencia histórica.

Hasta el siglo XX, el de los totalitarismos nazi y comunista, todo -lo bueno y lo malo, las guerras y las paces - ha quedado entre cristianos: ortodoxos o heterodoxos, de una u otra confesión o iglesia, como ya venía ocurriendo desde la Edad Media: Dante y Bonifacio, Loyola y Lutero, Trento y Calvino, Descartes y Kant, Galileo y Newton, Maquiavelo y Erasmo, Shakespeare y Moliere, Dostoievski y Gogol, Tomás y Abelardo, Benito, Cirilo y Metodio, Catalina de Siena y Brígida de Suecia, Copérnico y Newton, Constantino y Carlomagno, los hospitales y las universidades, los montes píos y los gremios, las grandes catedrales, las artes, los grandes viajes misioneros...

6. También, la sociología.

Pero tratandose de cristianismo y Europa no todo es historia. También hay sociología. La mayoría de los ciudadanos de la actual Unión Europea son cristianos. Asiduos o no a la práctica de sus respectivas confesiones, los cristianos superan los dos tercios de la población de los "quince". Con las diez nuevas incorporaciones su número y proporción aumentarán. Son herencia viva de la cultura cristiana en Europa hasta el calendario, las fiestas, el descanso semanal y el domingo, así como la influencia ideológica y moral de las iglesias. Las familias europeas suelen bautizar, por lo menos en su mayor parte, a sus hijos y quieren que en su país y entre los suyos se conozcan los hábitos y tradiciones del cristianismo. El anticristianismo de marxistas y de nazis, vencido por la historia, ha arriado sus banderas o ha limado sus uñas. La libertad religiosa es un principio compartido por creyentes e increyentes. Política y religión son entidades separadas. En una palabra, ha acabado siendo de general aceptación el principio enunciado por Jesús de Nazareth cuando mandó *"dar al César lo que es del César y a Dios lo que es de Dios"*. Hay que recordar siempre, debido a la nefasta influencia del liberalismo, que aunque realidades separadas, no deben ser realidades opuestas, sino coordinadas, porque el César, en cuanto César, debe también dar a Dios lo que es de Dios. Como es obvio, ya que el César no es Dios.

7. Lo que algunos pretenden y lo que hay que hacer

No obstante, parece existir en algunos doctrinarismos oficiales de ciertos estados y políticos un nuevo laicismo militante (arcaicos carbonarios y liberales petrificados) que conduce al absurdo de negar la historia de los pueblos y la realidad social.

Por el contrario, recoger en el pórtico de la Constitución europea la herencia del cristianismo no es un confesionalismo anacrónico. Será el reconocimiento, a la altura del siglo XXI, del propio ser de Europa, de su cultura y la de las naciones que la integran.

¿Qué hará Europa? ¿Seguirá el camino señalado por sus mayores o seguirá apostando por la apostasía de Cristo?

Esto nos interesa mucho en toda América, ya que somos una prolongación de Europa con características propias, que nos dan identidad.

¡Qué en esta encrucijada María, que acunando a Jesús nos ha acunado a nosotros y a nuestros pueblos, impida que cometamos desatinos!

CAPÍTULO 6

Las respuestas del Joven

"Señor... Tú sabes que te amo" (Jn 21,15)

"Abrid con confianza vuestras aspiraciones
más íntima al amor de Cristo,
que os espera en la Eucaristía.
Hallaréis respuestas a todas vuestras inquietudes
Y veréis con gozo que la coherencia de vida
que Él os pide es la puerta
para lograr la realización
de los más nobles deseos
de vuestra joven vida."

(Asunción, Paraguay, 19-06-1988)

1.

SUBIR CON CRISTO

> *"Él no es sólo vuestra meta.*
> *Es también el camino que conduce adonde váis".*
> *(Manila, Filipinas, 22-11-1981).*

Buscad las cosas de arriba donde está Cristo sentado a la derecha de Dios. Pensad en las cosas de arriba, no en las de la tierra (*Col* 3,1-2).

Queridos jóvenes: ¡Hoy día muchos sólo buscan las cosas de abajo!

Mas aún, hoy día muchos no quieren las cosas del Cielo, sólo quieren las cosas de la tierra. El hombre es el único animal erguido capaz de mirar al cielo y, sin embargo, muchos como los cerdos sólo miran para abajo.

Entre estos condicionamientos de los que sólo miran las cosas de la tierra, tenemos el triste fenómeno *del materialismo.*

¿Qué es el materialismo? Es la concepción de los que creen que sólo existe lo material, negando, por tanto, lo espiritual: niegan a Dios, los ángeles, el alma humana –espiritual e inmortal–, la fe, la esperanza, la caridad, la gracia santificante, el poder de los sacramentos, en una palabra, lo sobrenatural y lo naturalmente espiritual. Para ellos sólo existe lo que se puede percibir por los sentidos, lo que se puede ver, oler, oír, gustar, palpar. Se olvidan que, como decía el Principito: **"Lo esencial es invisible para los** *ojos"*. Verdad que ya enseñaba hace casi dos mil años San Pablo: *Las cosas visibles son pasajeras, pero las invisibles son eternas (2Co* 4,18).

El materialismo, en este sentido, es una expresión del modo como el hombre vive y como actúa. Es el modo propio de obrar del hombre y la mujer que valorizan más las cosas materiales – tener poder, fama, dinero, placer– que a sí mismos y que a los demás, creados a imagen y semejanza de Dios.

Hoy, por culpa del materialismo, hemos llegado a situaciones netamente inhumanas. Por ejemplo, en Japón (con un PBI per cápita de US $ 27.000), una encuesta reciente dice que los maridos dedican apenas 26 minutos diarios a las tareas del hogar y sólo 12 minutos a sus hijos[235]. ¿Es esto vida humana? ¿No es una vida esclavizada?

Y entiéndase bien. De ninguna manera decimos que la materia sea mala. Por el contrario afirmamos categóricamente que la materia es buena y aún *"muy buena"* como la llama Dios mismo en el relato de la creación del mundo, en el Génesis (3,1). Lo que es malo es vivir como si *sólo* existiese la materia. Además de este mundo material que vemos, hay otro mundo más importante y más hermoso, el mundo de las almas. El mundo de la inteligencia y de la voluntad, espirituales; el mundo de la ciencia, de la libertad, del amor, de la conciencia; el mundo de Dios, de la eterna felicidad de los ángeles y de los santos; el mundo del Cielo –no del astronómico– sino el de la gloria sin fin, el mundo celestial.

Por eso les propongo la enseñanza clara del Apóstol: *Buscad las cosas de arriba donde está Cristo sentado a la derecha de Dios. Pensad en las cosas de arriba, no en las de la tierra (Col* 3,1-2).

---

[235] Revista *Noticias*, 23-12-94, p. 127.

No puedo dejar de decir que lo más importante de las *"cosas de arriba"* son las tres divinas Personas: *La Persona del Padre, la Persona del Hijo Jesucristo, y la Persona del Espíritu Santo;* las tres divinas Personas, *que son un sólo Dios vivo y verdadero.*

Adoremos simpre a Jesús. Pidámosle que nos enseñe a adorarle. Él es nuestro Dios y Señor. Puede todo lo que quiere. Para Él no hay nada imposible. Pidámosle la gracia de ocuparnos rectamente de las cosas de la tierra, pero recordando la palabra imperativa de San Pablo: *"Buscad las cosas de arriba donde está Cristo sentado a la derecha de Dios. Pensad en las cosas de arriba, no en las de la tierra"*, porque *"el mismo que bajó es el que subió"*. Él nos espera en los Cielos. *Él nos espera en Casa.*

2.

¡HACED ESTO...!

> *"Al subir al altar, deseo ofrecer*
> *bajo las especies de pan y vino,*
> *todo lo que vosotros, jóvenes, chicos y chicas,*
> *lleváis en vuestro corazón.*
> *El pan y el vino, en la Eucaristía,*
> *se convertirán en el cuerpo y la sangre de Cristo.*
> *Cuando lo recibáis en la sagrada Comunión,*
> *tened el valor de escuchar su llamada".*
> *(Manila, Filipinas, 13-01-1995).*

¡Haced esto...! Son éstas, palabras muy simples, muy sencillas: *¡Haced esto...!*

¿Quién dijo estas palabras? Las dijo Jesucristo, Nuestro Señor.

¿Cuándo las dijo? Las dijo un día jueves, un jueves 13 del mes de Nissan, según cuentan los hebreos —o sea del mes de abril—, cerca del plenilunio del equinoccio de primavera en el hemisferio norte, según nuestro cómputo, en el año 33.

¿Dónde se encontraba Jesús? Se encontraba en la ciudad santa de Jerusalén, en lo que luego, con el transcurso de los tiempos se iba a llamar el Monte Sión de los cristianos, más precisamente en el Cenáculo, es decir, "lugar de la cena". Fue el lugar donde Jesús con los Doce, los "dodeca", los doce Apóstoles —apóstol quiere decir "enviado"–, se reunió por última vez para comer la cena.

347

Los Apóstoles son aquellos elegidos por Jesús, a quienes envió luego a todo el mundo a predicar el Evangelio.

Y se había reunido allí –en ese lugar llamado Cenáculo que incluso el día de hoy se puede visitar–, como Él mismo lo había previsto, o si quieren, profetizado, como por ejemplo leemos en el Evangelio de Marcos: "*Entonces, envía a dos de sus discípulos y les dice: «Id a la ciudad; os saldrá al encuentro un hombre llevando un cántaro de agua»*". En aquél tiempo no había agua corriente, iban a buscar agua al pozo. En el caso de Jerusalén era al Pozo de Guijón, que en la actualidad se llama Fuente de la Virgen, porque la Virgen iba a buscar agua allí; aun los árabes, los mahometanos, le llaman *Aím Siti Mariam*, Fuente de la Virgen. Jesús les dice a los Apóstoles, quienes no sabían dónde iba a entrar este hombre llevando el cántaro de agua sobre su hombro: *...Seguidle y allí donde entre, decid al dueño de la casa: El Maestro dice: «¿Dónde está mi sala, donde pueda comer la Pascua con mis discípulos?» El os enseñará en el piso superior una sala grande, ya dispuesta y preparada; haced allí los preparativos para nosotros* (*Mc* 14,13-15).

¿Qué tenían que preparar los Apóstoles? Tenían que preparar la cena pascual, es decir, el cordero pascual que recordaba el paso que los judíos, siendo esclavos de los Egipcios, habían hecho al pasar el Mar Rojo de manera milagrosa, liberándose de la esclavitud del Faraón.

¿Quiénes acompañaban a Jesús? Ya lo dije, los Doce Apóstoles: Pedro, Andrés, Santiago, Juan, Felipe, Mateo...que fue quien escribió el primer Evangelio, y lo escribió en hebreo, porque su Evangelio, la Buena Noticia de él, estaba dedicada a los judíos que se convirtieron al cristianismo.

¿Qué hizo Jesús? Cantó los Salmos, el llamado *Hallel* (*Sal* 113-118) –son salmos que siempre se cantaban cuando se comía el cordero pascual–, como dicen los Evangelios: *cantados los salmos* (*Mt* 26,30; *Mc* 14,26); que viene a corresponder a lo que actualmente en la Liturgia, en la Misa es la primera parte: la

Liturgia de la Palabra, en la cual se lee la Biblia, la Palabra de Dios, es decir, lo que Dios quiere de nosotros.

¿Qué más hizo Nuestro Señor, allí en el Cenáculo? Dice el Evangelio: *Mientras estaban comiendo, tomó Jesús pan y lo bendijo, lo partió y, dándoselo a sus discípulos, dijo: «Tomad y comed, esto es mi cuerpo».* *Luego tomó un cáliz y, dadas las gracias, se lo dio diciendo: «Tomad y bebed todos de él, porque éste es el cáliz de mi sangre, sangre de la Alianza nueva y eterna que será derramada por vosotros y por todos los hombres para el perdón de los pecados»* (*Mt* 26,26-28; *Mc* 14,22-25; *Lc* 22,15-20; 1*Cor* 11,20-25).

¿Y dijo algo más? Sí, dijo algo más: *¡Haced esto... en memoria (o en conmemoración) mía* (*Lc* 22,19; 1*Cor* 11,24 y 25). *"¡Haced esto...!"* Así les dijo a los Apóstoles y no solamente a esos Doce, sino a todos los sucesores de los Apóstoles: *"¡Haced esto...!"*

Los sucesores de los Apóstoles en primer lugar son los Obispos, pero también somos todos los sacerdotes, como dice el Concilio de Trento: *"...a sus Apóstoles, a quienes entonces* –en ese momento de la Última Cena en el Cenáculo– *constituía sacerdotes del Nuevo Testamento, a ellos y a sus sucesores en el sacerdocio, les mandó... que los ofrecieran"*[236], el pan consagrado y el vino consagrado.

¿Qué quiere decir *"esto"*? *"Esto"*, evidentemente lo dijo Jesús en el Cenáculo, es lo que Jesús hizo allí, el Jueves Santo.

¿Y qué es lo que hizo?

–En primer lugar, transubstanciar el pan y el vino en su Cuerpo y en su Sangre.

–En segundo lugar, perpetuar el sacrificio que Él iba a hacer al día siguiente en la cruz. Así como en la cruz la Sangre se separó del Cuerpo, en el Cenáculo de manera anticipada, en forma

---

[236] *Concilio de Trento, Dz. 938; Catecismo de la Iglesia Católica,* n° 1337.

sacramental, como ocurre en cada Misa, la Sangre aparece separada del Cuerpo. Nos habla a las claras de que la Eucaristía es un sacrificio.

–En tercer lugar, se ofrece Cristo en la cena como se ofreció en la cruz, como se ofrece en cada Misa, como Víctima de salvación por todos los hombres. Así como está en la cruz con los brazos extendidos abrazándonos a todos, lo mismo en la Misa. Por todos, Cristo se inmola nuevamente de manera sacramental.

Y para que eso fuese posible, para que fuese posible que el pan y el vino se transubstanciase, para que fuese posible que el pan y el vino realizacen de manera eficaz el mismo Sacrificio de la Cruz, para que fuese posible que ese pan y vino convertido en su Cuerpo y en su Sangre se ofreciesen al Padre como Víctima de expiación por toda la humanidad, les mandó a los Apóstoles y a sus sucesores, a todos los sucesores a través de los siglos, les mandó que hiciesen lo mismo: *"¡Haced esto ...!"* Y no solamente les mandó sino que les dio el poder de hacer lo que Él mismo hacía allí en el Cenáculo, el poder de hacer *en su nombre y en su memoria: "¡Haced esto en memoria mía"*.

Alguno de ustedes podrá decir: "Padre, comprendo esto; si lo enseñó Jesucristo y Jesucristo es Dios; es la verdad, pero esto sólo vale para los Apóstoles, para los sucesores de los Apóstoles, los sacerdotes, que lo son en orden a consagrar el Cuerpo y la Sangre del Señor. Pero, *«Haced esto...»* no vale para mí..."

¿Qué hay que responder? Hay que responder: sí y no. Ciertamente cuando Jesús dice *"Haced esto..."* primaria, directa y fundamentalmente se refiere a los Apóstoles. Los sucesores de los Apóstoles son los únicos que por el sacramento del Orden Sagrado tienen el poder de transubstanciar y, por tanto, de ofrecer litúrgicamente la Víctima que nuevamente se inmola de manera sacramental en la Misa. En ese sentido sí se refiere solamente a los Apóstoles, pero en otro sentido no. En cierto sentido cuando dice *"Haced esto..."* se refiere también a todo bautizado. ¿En qué sentido? En el sentido de que todo bautizado –a su manera, a su modo– *debe ofrecer la Víctima.* Cada uno de ustedes, por el hecho de estar bautizado tiene el poder que le da el sacramento del Bautismo de ofrecer a Jesucristo, la Víctima que se inmola.

"¿Y cómo, Padre, tengo yo poder de hacer eso?" En primer lugar, por manos del sacerdote. El sacerdote es representante de todo el pueblo y él en nombre de todo el pueblo y por sus manos ofrece la Víctima. Pero, además, junto con el sacerdote, cada uno de ustedes por el hecho de estar bautizado, tiene poder de ofrecer la Víctima que se inmola, junto con el sacerdote.

¿Qué Víctima? Es doble la Víctima. Primero, Jesucristo bajo la apariencia de pan y vino y después cada uno de ustedes, que debe ofrecerse junto con Jesucristo, la Víctima que se inmola. Así lo dice, por ejemplo, el Concilio Vaticano II: Los fieles, o sea los bautizados, ustedes, *"participando del sacrificio eucarístico* – la Misa– *ofrecen a Dios la Víctima divina* –Jesucristo– *y se ofrecen a sí mismos* –cada uno de ustedes– *juntamente con ella"* [237].

Y así, de esa manera, al ofrecer al Padre Celestial la Víctima, su Hijo, y junto con su Hijo, nosotros; vamos aprendiendo –cada uno a su manera, unos más, otros menos– que el hombre, el varón y la mujer: *"no puede encontrar su propia plenitud si no es en la entrega sincera de sí mismo a los demás"*, como también enseña el concilio Vaticano II [238].

¿Quiénes son los demás? Dios y el prójimo.

"¡Haced esto ...!" por tanto vale, a su manera, para todo bautizado, ya que todo bautizado debe participar de la Eucaristía de una manera *"activa, consciente y fructuosa"* [239].

---

[237] *Lumen gentium,* n° 11.

[238] *Gaudium et spes,* n° 24.

[239] Cf. *Constitución sobre la Sagrada Liturgia Sacrosantum Concilium,* nn. 11. 14 y 79; *Decreto sobre los obispos,* n° 30; *Declaración sobre la Educación cristiana,* n° 4.

¿Qué quiere decir de *manera activa*? Quiere decir que cada uno tiene que poner en la Misa lo que corresponde, lo que le corresponde a él. Por eso el sacerdote dice: *"Orad hermanos para que este sacrificio mío y vuestro..."*. ¿Por qué vuestro? Porque ustedes también ponen lo que a ustedes les corresponde en el Sacrificio de manera activa: respondiendo a determinadas oraciones, cantando, con los gestos (de pie, sentados, arrodillados), adorando, dando gracias, y de manera especial –de manera activa– ofreciendo la Víctima y ofreciéndose ustedes junto con la Víctima.

¿Qué quiere decir de *manera consciente*? Quiere decir que no se trata de un montón de tontitos que están sentados ahí "papando moscas", que no saben lo que pasa. Tienen que ser conscientes de qué es lo que está pasando. ¡Está pasando nada menos que lo que pasó en la Última Cena, en el Cenáculo! ¡Está pasando nada menos que lo que pasó en el Calvario, en la cruz! ¡De nuevo se separa sacramentalmente la Sangre del Cuerpo! ¡Eso pasa!

¿Qué quiere decir de *manera fructuosa*? Quiere decir que debo disponer mi alma, mi corazón, mi mente, mis fuerzas interiores para aprovecharme de eso que pasa, para recibir con fruto el sacrificio de Cristo en la cruz, para entrar en comunicación con Dios. De manera especial, participar comulgando la Víctima, donde nos hacemos "concorpóreos y consanguíneos"[240] con Cristo. Por eso mi alma tiene que estar limpia de todo pecado mortal. Para recibir la Víctima mi alma tiene que estar limpia.

Todo esto implica que hay que *comprender* el significado de los ritos; *intervenir* en las acciones; *concordar "la mente con la voz"*[241]; *sintonizar* los propios sentimientos con los de Cristo; *prolongar* en la vida lo vivido en el rito; *conectar* la vida ordinaria con la liturgia[242].

---

[240] SAN CIRILO DE JERUSALÉN, *Catech.4.*
[241] SAN BENITO, *Regla*, cap. 19; cit. por PÍO XII, *Mediator Dei*, n° 83.
[242] Cf. J.A. ABAD IBAÑEZ - M. GARRIDO BONAÑO, OSB, *Iniciación a la liturgia de la Iglesia,* Ed. Palabra, Madrid, 1988, pp. 49-58, en especial, pp. 51-52.

Miren: con esto que les he dicho bastaría. Si se llegasen a recordar esto, ya estaría contento. Una cosa más. Es en la liturgia donde se expresa real y profundamente el verdadero sentido de la fiesta. Ustedes tienen que saber que el sentido último de la fiesta no lo da ni la música, ni los cantos... Está bien: son cosas que contribuyen a la fiesta, pero el sentido último de la fiesta no lo da eso. Esto lo tienen que saber porque hay muchos que –aun siendo grandes– no lo saben; algunos papás, incluso, no lo saben. No porque sean malos, sino porque nadie se los enseñó. El sentido último de la fiesta *es el acto de culto*, como es la Misa.

¿Qué quiere decir culto? Quiere decir que uno reconoce con su mente, con su corazón, con su mismo cuerpo, que Dios es Dios.

¿Qué quiere decir éso? Quiere decir en primer lugar que Dios es bueno. Parece una tontería, "padre, lo único que falta ahora..." –me diría alguno–. Sí, pero hay muchos que no lo saben. Dios es infinitamente bueno. Es nuestro Padre, pero un Padre infinitamente bueno, más bueno que todos los padres de la tierra. Cuando yo rindo culto a Dios le estoy diciendo eso: "Señor, Tú eres bueno". Al decir eso le estoy diciendo otra cosa: "Señor, tus obras, la creación –los pájaros, las flores, las plantas, los seres humanos, las montañas, la nieve, el agua– son buenas, porque Tú las hiciste; te doy gracias por eso". ¿Entienden? Y cuando ustedes dicen: "Dios, Tú eres bueno", "tus obras son buenas" están diciendo otra cosa más: "Señor, te doy gracias porque me creaste y haberme creado es una cosa buena; te doy gracias por mi cuerpo y por mi alma, te doy gracias por mi inteligencia y por mi voluntad, te doy gracias porque me has dado capacidad para pensar y capacidad para amar, *¡casi nada!* Te doy gracias porque puedo contemplar la creación, toda esta hermosura que has hecho para mí. Te doy gracias Señor". Y eso se hace en el *acto de culto*.

¿Cuál es el acto de culto del cristiano? El acto de culto del cristiano es la Misa, donde el cristiano adora a Dios, le rinde alabanza, le da gracias –eso quiere decir *Eucaristía*–, le pide perdón, le pide por todas las cosas que necesita. Es decir, le rinde culto, y al rendirle culto uno se santifica. Por eso, si esto les basta para entender lo que dijo Nuestro Señor: **"Haced esto..."** –la Misa, la Eucaristía– y cada uno de ustedes aprende a participar cada vez de manera más consciente, de manera más activa y de manera más fructuosa en la Misa, ¡bendito sea este día y todos los días que se han de seguir!, porque habrán aprendido lo más importante que el hombre –varón y mujer– tienen que hacer sobre la tierra, que es rendir culto a Dios y así aprender el sentido de la fiesta, de ese alegrarse en el amor que es la fiesta, de ese reconocer todos los beneficios, todas las grandezas, todas las bondades que hay en la creación... Y también, sí, el hecho de que Dios me haya creado a mí... De que Dios me haya amado y que yo sea de verdad su hijo, de que Cristo haya muerto por mí en la cruz, de que sea templo vivo del Espíritu Santo, de que pueda llamar a la Virgen mi madre, de que pueda recibir al Señor en la Eucaristía.

Por eso repito, ¿qué es lo que hace que la fiesta sea fiesta? ¿Cuál es la raíz profunda que hace que determinados días sean una fiesta? La raíz última de la fiesta es **¡Haced esto ...!**, es el acto de culto. Hacer fiesta es afirmar que todo lo que existe es bueno y es bueno que exista, es decir que vivir es bueno, que la creación es buena, porque Dios es bueno.

Por eso el hombre, varón y mujer, adora a Dios, lo alaba, le da gracias, en una palabra, le rinde culto, hace fiesta. Y por el reconocimiento del amor de Dios mediante el culto es que en la genuina fiesta cristiana reina la caridad y la alegría: **"donde la caridad se alegra, allí hay fiesta"**[243]. En la Misa coronamos todo rindiendo culto a nuestro Padre del cielo, por Jesucristo, en el Espíritu Santo. Y lo hacemos poniendo en práctica lo que Él nos enseñó cuando nos dijo: **"¡Haced esto...!"**

---

[243] SAN JUAN CRISÓSTOMO; cit. por JOSEF PIEPER, *Una teoría de la fiesta*, Ed. Rialp, Madrid, 1974, p. 33.

3.

AMIGO...

"Quizá alguno de vosotros ha conocido la duda y la confusión;
quizá habéis experimentado la tristeza y el fracaso
cometiendo pecados graves.
Éste es un tiempo de decisión.
Ésta es la ocasión para aceptar a Cristo:
aceptar su amistad y su amor".
(Auckland, Nueva Zelandia, 30-11-1986).

Pocas palabras hay tan hermosas como la palabra: ¡Amigo... amiga!

¿Qué es la amistad?

Amistad es una manera especial del amor, llamada "amor de benevolencia", que consiste en desear el bien al otro. Cuando la benevolencia es correspondida hay verdadera amistad.

Decía Aristóteles que la amistad *"es la cosa más necesaria en la vida. Sin amigos nadie escogería vivir, aunque tuviese todos los bienes restantes, es la cosa más hermosa".*[244]

Grandes amigos fueron el rey David y Jonatán: *Apenas terminó de hablar David a Saúl, el alma de Jonatán se apegó al alma de David, y lo amó como a sí mismo (...) Juró de nuevo Jonatán a David por el amor que le tenía, pues lo amaba como a sí mismo* (1Sam 18,4; 20,17).

---

[244] ARISTÓTELES, *Ética a Nicómaco*, L. VIII, 1.

Abraham y Dios: *No nos retires tu misericordia, por amor a Abraham, tu amigo (Dn* 3,35).

1. Amor de elección

Por tanto: amigos *"son dos que marchan juntos, son más poderosos para la acción y el pensamiento"*[245]. El amigo es un don, un regalo del cielo.

El amigo se encuentra, y se encuentra de la manera más inesperada y única, casi del mismo modo fortuito con el que alguien encuentra un tesoro: *el que lo encuentra, encuentra un tesoro (Si* 6,14).

La amistad es un amor de predilección, un amor que llega a hablar cara a cara, como cuando Moisés hablaba con Dios: *Así hablaba Yahvé con Moisés cara a cara, como suele hablar un hombre con su amigo (Ex* 33,11).

En este sentido, ¿qué mejor amigo podemos tener que Jesucristo? Jesús tuvo muchos amigos e hizo sólo a algunos más próximos a sí que el resto: *Y subió a la montaña, y llamó a los que Él quiso, y vinieron a él. Y constituyó a doce para que estuviesen con Él (Mc* 3,13).

Cristo elige a su amigos. Su amistad es un amor de elección: *No son ustedes los que me eligieron a mí, sino yo el que los elegí a ustedes (Jn* 15,16): Cristo es verdadero amigo, más aún, es el Único amigo que nunca falla.

Decimos que tenemos un amigo, o somos amigos de alguien, cuando esa persona está presente, está junto a nosotros. Aunque muchas veces el amigo no está justo cuando lo necesitamos; pero, en cambio, Cristo está presente íntimamente, siempre y en todas partes: *Aun cuando anduviera en medio de una sombra de muerte, no temeré males; porque tú estás conmigo (Sal* 22,4).

---

[245] *Idem.*

2. Sin secretos

Cosa muy propia de la amistad es, sin duda, conversar con el amigo; y no sólo el conversar, sino que también es propio de la amistad, a causa de la unión de corazones que se tiene, el revelar al amigo sus secretos[246]. Por tanto, por esta unión de corazones, la amistad exige que todo lo que el amigo posee, lo comunique a su amigo. Por eso se revelan al amigo los secretos más íntimos del corazón.

Esto, ¿es posible? ¿Acaso no hay cosas que están reservadas a la absoluta intimidad de un alma con Dios? Dice San Agustín: *"Cuando veo a alguien inflamado en la caridad cristiana y siento que por ella se hace amigo mío fiel me hago cargo de que todos los pensamientos míos que le confío no se los confío a un hombre, sino a Dios, en quien él permanece; pues «Dios es caridad y quien permanece en Dios, Dios está en él»"*[247].

Dios mismo es amigo de los hombres con un corazón de carne. Cristo es verdadero amigo, porque todo lo que tuvo nos lo comunicó: su divinidad y su humanidad. No en vano Cristo nos dice: *No os llamaré ya siervos, porque el siervo no sabe lo que hace su señor; mas a vosotros os he de llamar amigos, porque **todo** lo que he oído a mi Padre, os lo he dado a conocer (Jn 15,15).*

3. El amigo nos hace feliz

Es propio de la amistad sentirse feliz en presencia del amigo, alegrarse de sus dichos y hechos y encontrar en él consuelo en todas las aflicciones; por eso en las tristezas buscamos principalmente el consuelo en los amigos.

Dice en el Libro de los Proverbios: *La dulzura del amigo consuela el alma* (27,9). Y un santo recomienda como uno de los remedios a las amarguras de la tristeza el buscar al amigo, porque *"en el hecho*

---

[246] Cf. SANTO TOMÁS, *Contra Gentiles*, lib. IV, cap. 21.
[247] Seguimos a Miguel Cruz en *Misterio de la amistad*, San Miguel de Tucumán, 1986, p. 40.

mismo de que los amigos se contristen con él, conoce que es amado por ellos[248].

Cristo es verdadero amigo porque Él nos dice: *Venid a mí todos los que estéis afligidos y agobiados y yo os aliviaré. Cargad sobre mí vuestro yugo porque soy manso y humilde de corazón* (*Mt* 11,28-29).

4. La fidelidad del amigo

"Todo amigo con su amigo, crea, al confiársele, un ámbito de interioridad compartida. Romperla, abrir una brecha, es despojar y arrojar a la intemperie los espacios más íntimos de un alma"[249].

El amigo fiel no tiene precio, es incalculable su valor. El amigo fiel es remedio de vida, los que temen al Señor lo encontrarán. El que teme al Señor es fiel a su amistad, porque como él es, así será su amigo (*Si* 6,15-17).

Es propio de la amistad consentir en los deseos del amigo; corresponde, por tanto, al amor con que amamos a Dios, el amor de amistad, cumplir sus mandatos, porque el verdadero amor es aquel que se manifiesta y prueba con obras: "*obras son amores y no grandes razones*". Como enseña San Gregorio Magno, el amor de amistad hace cosas grandes: "*El amor no está nunca ocioso. Cuando existe, obra grandes cosas; pero si no quiere obrar, no hay tal amor*"[250]. Como dice San Juan de la Cruz, el amor es creador: "*Donde no hay amor, ponga amor, y sacará amor*". ¿Te parece que no te aman? ¡Ama! ¿Te parece que no te tienen en cuenta? ¡Ama! ¿Consideras que se olvidan de ti? ¡Ama! ¿Que no te comprenden? ¡Ama!

5. Dar la vida

El hombre considera al amigo como otro yo; es necesario, por consiguiente, que le ayude como a sí mismo, dándole

---

[248] SANTO TOMÁS, citado por MIGUEL CRUZ *idem*, p. 128.

[249] MIGUEL CRUZ, *Misterio de la amistad*, p. 39.

[250] *Obras*, Ed. B.A.C., Madrid 1958, *Homilías sobre el Evangelio*, l. II, hom. 10 (30), p. 685.

participación en sus cosas. Por eso es propio de los amigos hacer bien a los amigos. La verdadera amistad se funda en el amor. El centro de gravedad de todo amor, para ser eterno, debe salirse del hombre, para clavarse decididamente en el que es de verdad Eterno, *"sólo no podrá perder al amigo quien tiene a todos por amigos en Aquel que no puede perderse"*[251]: Dios mismo. La amistad es amor para seres crecidos, criaturas que se hayan desplegado en esfuerzo tenso, alcanzando estatura de Cruz.

Esto sucede sobre todo con Cristo, que *habiendo amado a los suyos que estaban en el mundo los amó hasta el fin (Jn 13,1)*. *Nadie tiene amor más grande que el que da su vida por sus amigos (Jn 15,13)*.

6. Misterio de la amistad

¿En qué radica, cuál es el fundamento de la verdadera amistad? La verdadera amistad consiste en la licuefacción del corazón, que se opone a la congelación o dureza del corazón. La licuefacción o derretimiento importa cierto ablandamiento del corazón, que le hace hábil para que penetre en él la persona amada. Así pues cuando la persona amada está presente y se la posee espiritualmente se produce la fruición, el gozo, la alegría; mas estando ausente, resultan otras dos pasiones: la tristeza de la ausencia –languidez– y el deseo ardiente de estar junto a la persona amada –fervor–.

Como escribía San Elredo de Riedeval:

"En efecto, no es pequeño consuelo en esta vida el tener a quien puedas unirte con íntimo afecto y sacratísimo abrazo de amor, tener en quien descanse tu espíritu y a quien se pueda abrir tu alma, en cuya grata conversación, como un consolador arrullo, encuentres cobijo en tus penurias; a cuyo gratísimo y amistoso seno puedas acercarte con seguridad en tus tribulaciones de esta vida; en cuyo amantísimo pecho puedas depositar sin vacilaciones

---

[251] *Op. cit.*, p. 112.

lo más íntimo de todos tus pensamientos y de tí mismo; en cuyos espirituales besos disipe las dificultades de tus acuciantes preocupaciones; que llore contigo en tus angustias, se alegre con tus éxitos y sea para tí un apoyo; a quien con los vínculos de la caridad, introduzcas en lo secreto de tu alma, para que, ausente con el cuerpo, esté presente en tu espíritu, donde te recrees a solas con él, y, aquietándose el estruendo del mundo, en el sueño de la paz, en el abrazo de la caridad y en el beso de la unidad, interponiéndose la dulzura del Espíritu Santo, reposes sólo con él, acercándote y uniéndote con él, de tal manera en identificación de espíritus que lleguéis a ser una misma cosa"[252].

Y con estas características, ¿conocés a alguien más amigo que Jesucristo?

---

[252] SAN ELREDO DE RIEDEVAL, *Caridad y amistad*, Ed. Claretiana, 1982, p. 250.

4.

LA CREATIVIDAD
Y EL TIEMPO LIBRE

"Jóvenes... No intentéis nunca ignorar
la fuerza irresistible que os empuja hacia el futuro".
(A los jóvenes en Lima, Perú).

Esta cualidad especialísima y, diríamos, casi específica del hombre es una cualidad que sobresale o que debe sobresalir en los jóvenes.

Dios es el creador. Pero el hombre es imagen de Dios y, por tanto, también de algún modo es creador. Es "creador". De manera semejante a como Dios tiene creatividad, el hombre tiene creatividad.

Miremos por un momento la creación, es decir, "lo creado". ¿No es maravilloso? Miremos las montañas con sus cumbres bañadas en nieves eternas; miremos los mares y océanos con el agitarse continuo de sus olas gigantescas; miremos el curso de los astros y la luminosidad titilante y cautivadora de las estrellas; miremos el esplendor y la energía imponente del fuego, junto con la potencia arrolladora de los manantiales y torrentes; miremos las maravillas infinitas del mundo animal... Eso, todo eso, ha sido creado. O, mejor dicho, **está siendo creado**. Si Dios dejase por un momento de "pensar" en el universo, éste dejaría inmediatamente de existir. Y esto significa que en la enorme

361

potencia y energía avasallante del conjunto admirable del universo, una mirada limpia y unas manos sabias pueden "ver" y "palpar" la frescura de la omnipotencia de Dios. "Sus manos son recientes en la rosa", sus manos son las que con su ardor encienden el fuego y calientan el sol, sus manos son las que sostienen las montañas y mueven acompasadamente las aguas de los mares, a la vez que regulan sabiamente los caminos de los astros y planetas...

Lo que salta a la vista es, evidentemente, el enorme poder, la fuerza infinita que se transmite a todas las cosas y les confiere un dinamismo impresionante.

Miremos por un momento al joven.

Miremos el enorme potencial humano que se esconde en los latidos de su corazón; miremos las energías escondidas de la sangre que circula por sus venas, la vitalidad incontenible capaz de lanzar su espíritu a las más increíbles aventuras... Miremos todo eso y descubramos allí también, fresca, muy fresca, la corriente infinita de vitalidad de Dios creador que se comunica a los hombres.

El joven es un ser humano. El joven es imagen de Dios. El joven es "creador".

No podrá, evidentemente, hacer algo desde la nada, como hace Dios; no podrá sostener la realidad con su voluntad o con su amor, como hace Dios; no podrá decidir quiénes son los nuevos seres que habrán de venir al mundo, como hace Dios. Pero sí podrá hacer siempre cosas nuevas transformando y modificando el curso normal de la naturaleza, respetando sus leyes, para colaborar con la obra creadora de Dios. El joven, como Dios, tiene inteligencia y voluntad; por eso tiene la capacidad de querer, de hecho, realizar cosas que, si su voluntad no hubiera colaborado, no se realizarían, y tiene también la capacidad de configurar y estructurar dichas cosas.

Ya tenemos los elementos necesarios para comprender lo que se quiere decir cuando se afirma que el hombre tiene creatividad. Es muy importante diferenciarla de la creación propiamente dicha: Creador (sacar algo de la nada) es propiamente Dios: sólo Dios, por su omnipotencia puede con su voluntad crear de la nada. La creatividad también es algo creado por Dios. Es la cualidad por la cual comunica al hombre, al dotarlo de inteligencia y voluntad, la capacidad de combinar elementos ya existentes que originan algo que antes no existía. En la creatividad hay una elaboración, una producción a partir de algo. El hombre no es, entonces, capaz de crear al modo de Dios. Ni remotamente. Pero Dios ha dado al hombre la capacidad de poder imitarlo en su actividad creadora. Para ello le ha dado una "chispa" que lo hace semejante a su divinidad: la inteligencia, con la cual escruta y desentraña los aspectos últimos de lo que es; le ha dado memoria, con la cual puede almacenar, como si se tratara de un cofre, las increíbles maravillas de la creación; le ha dado imaginación, para que, a semejanza de Él pueda "crear".

✠   ✠   ✠

La creatividad se puede ejercitar en todos los ámbitos donde el joven se desempeña: en la ciencia, en la técnica, en el arte, en la historia, en la arquitectura, en la medicina, en el uso de los tiempos libres... No se restringe a un solo campo; tampoco a determinadas personas ni a determinados estratos socioculturales. Si una persona –joven o no, rica o no– se dijese a sí misma: "Está muy bien lo de la creatividad, pero yo no soy creativa. No se me ocurre nada", no estaría diciendo la verdad. Cada ser humano, por el hecho de serlo, está en condiciones de realizar –en mayor o en menor medida– un "proceso creativo", el cual le permitirá descubrir sus potencialidades y ponerlas al servicio de los demás.

Cada persona entonces es poseedora de un enorme caudal de potencialidades, que hay que saber descubrir y aprovechar. ¿Cómo hacerlo? Para ello no se necesitan grandes elaboraciones ni elucubraciones. Sólo dejar que la mente explore en dos direcciones: en su interior, y en el mundo exterior. La exploración mental se refiere principalmente a descubrir en el interior lo que se posee, lo que se ha adquirido con la experiencia, lo que ya está almacenado como conocimiento, o como dato de la memoria que debe ser actualizado. La exploración exterior debe dirigirse principalmente a la naturaleza: es sabido que la inmensa mayoría de los inventos, como el avión, el automóvil, los barcos, han surgido como "copias técnicas" de lo que la naturaleza ofrece al hombre. De estas dos direcciones pueden acumularse datos, imágenes, que no necesariamente deben ser utilizados en el momento, sino que pueden ser dejados para cuando el proceso creativo surja en algún momento. Lo que se consiguió con esa "exploración", debe ser ahora procesado: este proceso requiere pasos posteriores: combinación, agregación, elaboración, eliminación, modificación, sustracción, adición; en definitiva, creación (que en términos humanos se llama "creatividad"). Para ello el hombre debe usar de su memoria, de su imaginación, de su inteligencia, de su fantasía. De esa forma, se asocia a quien posee la fantasía más fecunda y hermosa: Dios.

La creatividad en sí, refleja una actividad del espíritu, y como tal, debe ser puesta al servicio de lo noble y de lo bueno. Puede orientarse a fines meramente materiales (como sería por ejemplo el caso de un taller de arquitectura, en el que lo que se crea, lo creado, es vendido), pero se desvirtuaría todo el proceso si la creatividad personal fuese puesta pura y exclusivamente al servicio de lo "rentable". Una dura visión economicista y materialista del proceso creativo terminaría por anular el aspecto que más hace que el hombre se asemeje a Dios cuando crea: la Belleza. Quedaría en este caso vinculado a otros factores, absolutamente extrínsecos, que en nada contribuyen al proceso en sí, y que, condicionándolo desde dentro, provocarían su envilecimiento.

La posibilidad de producir algo nuevo –si bien a partir de lo que ya existe– es un don que proviene de Dios. Esa creatividad tiene que hacerse un estilo de vida. Hay que vivir también la propia vida creativamente. Para eso también hay que mirar hacia adentro y, sobre todo, mirar hacia afuera... ¿a quién? A Jesucristo. En Él la creatividad de Dios llega al punto máximo. Si lo imitamos a Él en nuestra vida, experimentaremos a velas desplegadas lo que significa la frescura de la plenitud de la creatividad y de la plenitud de la juventud de Dios.

Ser joven también puede ser visto como un don. También es un don la energía arrolladora que hace de nuestros espíritus un reflejo de la juventud eterna de Dios.

"Ser joven significa poseer dentro de sí una incesante novedad de espíritu, alimentar en el interior la búsqueda continua del bien y perseverar hasta alcanzar la meta. Siendo verderamente jóvenes en este sentido os prepararéis para vuestro futuro, que consiste en cumplir vuestra vocación como adultos maduros. No intentéis nunca ignorar la fuerza irresistible que os empuja hacia el futuro.

A la Iglesia no le asusta la intensidad de vuestros sentimientos. Son signo de vuestra vitalidad"[253].

¿Hay, acaso, cosa más absurda que un joven aburrido, un joven incapaz de llenar creativamente sus tiempos libres? ¿Por qué no leer a los clásicos de la literatura universal? ¿Por qué no especializarse en conocer alguna escuela de pintura o algún pintor de fama? ¿Por qué no aprender a gustar de la música culta, del **bel canto**, de la ópera, del ballet? ¿Por qué no leer a los grandes traumaturgos del teatro universal? ¿Por qué no aprovechar buenas guías o la W.E.B. por internet para recorrer los grandes museos del mundo? ¿Por qué no hacer obras de caridad concretas con los pobres, los enfermos, los solos, los necesitados? Hay tantas cosas hermosas y edificantes que podrían transformar nuestras vidas, ¿por qué no cambiar?.

---

[253] Discurso de Juan Pablo II en Manila, Filipinas el 22-02-1981, *Caminando con el Papa*, p.38. Ed. Estel-Forja, mayo de 1989, Lérida, España.

La juventud guarda una estrechísima relación con la creatividad; es más, siempre la creatividad es indicio de que detrás de ella hay un alma joven. Si un joven no vive creativamente, si se deja llevar por la masa y las modas, si no sabe más que repetir lo que hacen todos y se deja caer en la pendiente de lo fácil, no será un joven creativo; es decir, no será un joven. Por fuera, tal vez, lo parecerá; pero llevará la vejez en el alma.

El corazón de un joven palpita con una potencia poderosísima que debe ser bien encauzada. Si se la encauza bien, si se la orienta hacia lo nuevo y lo inédito, hacia la superación permanente de las distintas barreras y dificultades que el mundo nos depara, esa fuerza será capaz de transformar al mundo desde dentro y elevarlo, como la levadura escondida en la masa.

"Vuestro dinamismo, vuestra imaginación, vuestra fe, son capaces de transportar montañas"[254].

Queridos jóvenes, vivan su juventud creativamente; sean capaces de jugarse por entero por aquellas cosas que valen la pena; sean capaces de arrojarse siempre a la aventura de lo nuevo, de lo inédito, de lo inimaginado...

Pero para vivir realmente así hace falta siempre recordar que sólo Dios puede sacar cosas de la nada y que el hombre –el joven– sólo puede crear contando con esa corriente inmensa de energía que procede de la mano de Dios. En consecuencia, queridos jóvenes, si quieren ser siempre jóvenes, jamás se opongan al plan de Dios. Al contrario, entréguense con toda su fuerza a los impulsos del Espíritu de Dios. Con su fuerza transformarán el mundo, comunicándole nueva vida.

---

[254] Discurso de Juan Pablo II en Costa de Marfil, *op. cit.* p. 16.

5.

DIOS - ESPERANZA
EL MÁS JOVEN DE TODOS

> *"El hombre es el ser que busca a Dios,*
> *porque busca la felicidad.*
> *Toda la vida del hombre y toda la historia humana*
> *es una gran búsqueda de Jesús".*
> *(Alocución a los jóvenes, 27-12-1978).*

Muchas veces habrán oído decir que los jóvenes de hoy son la esperanza del mañana, que son la esperanza del futuro, o, simplemente, "nuestra esperanza está puesta en la juventud".

¿Por qué se pone al joven en relación tan estrecha con la esperanza? ¿Hay en la esperanza algo que sea particularmente de los jóvenes?

Sí. Sin restricciones.

Así como a los ancianos se los relaciona con la sabiduría o la prudencia, que son fruto de la experiencia de vida cosechada con el transcurso de los años, del mismo modo se relaciona al joven con la esperanza porque, al tener aún toda la vida por delante, su futuro incierto se le ofrece como un verdadero desafío, como una aventura arriesgada, como una lucha a realizar.

En todo lo que sea conquista, en todo lo que sea lucha, en todo lo que sea aventura, se necesitan agallas, se necesitan grandes ansias, se necesita algo que impulse poderosamente a la consecución del objetivo propuesto. Un poco de todo eso es la esperanza. Pero también un poco más.

La juventud, tiempo de tarea

Cuando el Papa Juan Pablo II se preguntaba qué es la juventud, cuál es su sentido, responde:

"No es solamente un período de vida correspondiente a un determinado número de años, sino que es, a la vez, un tiempo dado por la Providencia a cada hombre; un tiempo que se le ha dado como tarea"[255].

Como muchos jóvenes no toman la vida como tarea, como muchos no tienen ideales, como muchos tienen pseudoideales, ideales falsos y pequeños, muchos son los que viven como viejos, aburridos y hastiados, son cada día más los que viven sin saber por qué ni para qué... Viven una vida sin esperanza. Y hay personas que hacen de esto una manera de pensar, es decir, hay "teóricos" de la desesperación, hombres de vida amarga que han querido y quieren amargar la vida a los demás, como, por ejemplo, Schopenhauer, para quien "la vida no es digna de ser vivida". Los jóvenes que, sabiéndolo o no, ponen esas ideas como primer principio de sus acciones, no son jóvenes. No lo son de verdad. Tendrán un cuerpo, un "envase" joven; pero su alma está decrépita.

Por el contrario, vemos muchas veces personas de edad avanzada con un espíritu sumamente juvenil. Personas alegres, emprendedoras, con deseos de hacer cosas y de vivir. Lo cual confirma que la juventud, más que una época, más que una

[255] JUAN PABLO II, *Cruzando el umbral de la esperanza*, Ed. Plaza & Janés, Barcelona 1994, p. 131.

"porción de vida", es un modo de vivir, algo que puede –y debe– invadir toda nuestra vida. ¿Qué papel juega en esto la esperanza? La esperanza mueve al hombre hacia lo que espera. Y cuanto más elevado y noble es lo que se espera, más elevado y noble es el impulso que engendra la esperanza, hace que se trabaje con mayor entrega y energía para conseguirlo. Y si el objeto de las aspiraciones de un joven es lo más grande que hay, lo más alto, lo más excelente, lo más bueno, lo más importante, lo inimaginable..., si es Dios, entonces ese joven ¡será un joven de fuego!

La esperanza es, precisamente, eso. Es fuego. Es ardor. Es un fuego que embiste con su fuerza el corazón del joven y lo transforma, lo vivifica, lo llena de energía. Llena sus ojos de alegría y de entusiasmo.

Un joven sin esperanza, sin grandes esperanzas, sin nobles ideales, será un joven sin fuego, sin ardor, sin alegría. Un joven *light*. Un joven así no puede cambiar el mundo, no puede conquistar nada. Es sal sin sabor; un joven que "no sala". No sirve.

Un joven que realmente quiere respetar su esencia de joven y no traicionar la energía desbordante que Dios puso en su corazón, debe forjarse grandes ideales. Porque los ideales son los que dan la medida de la esperanza, la medida del fuego que enciende un alma joven.

Hacia la conquista del ideal

Dime qué ideales tienes y te diré qué clase de joven eres o, más aún, te diré si eres joven o viejo.

"¿Qué son los jóvenes hoy, qué buscan? Se podría decir que son los de siempre. Hay algo en el hombre que no experimenta cambios... hoy, no menos que ayer, el idealismo es característico de esa edad"[256].

Por eso te pregunto: ¿cuáles son tus ideales?

No hay nada tan defraudante como ver a un joven sin ideales o con ideales falsos, con los que se autoengaña, y que terminan causándole el cansancio de vivir.

Si bien dijimos que la juventud es un modo de vivir, esto no quita que ese modo específico de vivir, ese espíritu, esa "onda", sea más propia de aquellos que hace poco comenzaron a recorrer el camino de la historia personal. En general los viejos no son hombres de esperanza. Porque muchas veces han experimentado fracasos, o por haber conseguido algunas de las metas temporales propuestas, no tienen ese fuego. Y si han hecho de las cosas de la tierra o de lo material su ideal, ciertamente se entristecen y deprimen, porque ven que el paso del tiempo hace poco a poco que lo conseguido se les escurra de las manos como la arena entre los dedos, y descubren que tampoco les queda tiempo para conseguir muchas otras cosas que, tal vez, esperaban conseguir.

Al que recién se asoma al mundo y se propone un proyecto de vida a realizar, en cambio, le queda un amplio camino por recorrer y un enorme horizonte se abre ante su mirada. Está lleno de aspiraciones, de planes y de metas. En su corazón palpita el ansia de aventuras. "La juventud, decía un gran sabio que se llamó Tomás de Aquino, es causa de la esperanza, porque tiene mucho futuro y poco pasado"[257].

La esperanza es tan grande y encendida como aquello que se espera y engendra la alegría. La esperanza hace que se aumente la alegría en la misma medida en que más se acerca la posesión del objeto esperado.

Pero hay más.

---

[256] *Ibid.*, p. 129.
[257] SANTO TOMÁS, *S. Th.* 1-2, 40, 6.

Podemos decir que existen dos clases de esperanza. Una es completamente natural y la tiene todo hombre. Por ejemplo, cuando vamos a emprender un viaje, *esperamos* llegar. No es esa la esperanza que se relaciona con la juventud. La otra es totalmente sobrenatural. Es un regalo que Dios puso en nuestras almas y que, en cierto sentido, es tan grande como Él: es, efectivamente con esa esperanza con la que esperamos alcanzar las promesas de Dios. Una esperanza gigantesca. Una esperanza arrolladora. Una esperanza que nos hace jóvenes como Dios. Y "Dios es el más joven de todos"[258], como dice San Agustín. Una esperanza que, por tanto, nos hace alegres como Dios, llenos de "empuje" como Él. De Fuego. Como Él.

Hay personas mayores que son realmente jóvenes, porque no pusieron su esperanza en las cosas de la tierra. Así, al ver que terminan sus días, no desesperan. Al contrario. Saben que aunque termine su paso por la tierra, no termina su vida.

Por eso es que los santos eran sumamente alegres; porque tenían esperanza... ¿Qué esperaban?

Por eso los mártires entregaban gustosamente su vida a los verdugos... ¿Qué esperaban?

Por eso tantos jóvenes sacerdotes misioneros abandonaron gustosamente su patria, sus seres queridos... ¿Qué esperaban?

Por eso tantos esposos y esposas fueron fieles a pesar de tantas dificultades... ¿Qué esperaban?

El encuentro definitivo con Jesucristo.

¿Te animas a ser JOVEN?

¿Te animas a ser FUEGO?

¿Te animas a ser hombre de ESPERANZA?

---

[258] SAN AGUSTÍN, *De Genesi* VIII, 26, 48; citado por JOSEPH PIEPER en *Las virtudes fundamentales*, p. 387.

6.

MAGNANIMIDAD
VOCACIÓN DE GRANDEZA

"Vivid a Jesucristo
y contagiaréis también al mundo".
(Brescia, Italia, 03-10-1982).

Con gran acierto hablaba en una ocasión Pío XII de lo que llamaba "el cansancio de los buenos".

Pareciera que los buenos hoy estuvieran cansados. Pareciera que se sienten sin garra y sin fuerzas para revertir los desórdenes, los errores, los enormes pecados del mundo actual.

Hoy hacen falta jóvenes de alma grande. Jóvenes cuyas aspiraciones sean tan enormes que en ellas pueda caber todo el universo. Jóvenes con magnanimidad. Jóvenes con vocación de grandeza. Jóvenes que sepan levantar la mirada por encima de lo material y que sean capaces de descubrir que la historia de la humanidad no tiene sentido si no está anclada en la eternidad. Jóvenes que, por eso mismo, busquen con sus vidas ofrecer el testimonio de la primacía de lo trascendente.

Hoy estamos "hartos". "Hartos de todo, llenos de nada". Estamos hartos de pequeñeces. De católicos que se limitan a "cumplir", de personas que no son capaces de jugarse por lo que vale la pena, de los tibios y los mediocres. Dios también está harto de eso: *Porque no eres frío ni caliente, sino tibio, voy a vomitarte de mi boca* (*Apoc* 3,16).

¿Quién es el magnánimo?

Es el hombre de alma grande: de "anima magna". Es el hombre que sueña con cosas grandes y tiene una visión amplia, para nada estrecha. Es aquel que no se ahoga en un charco, que no vive en una burbuja. Que no se satisface con lo que satisface a la mayoría, al común de la gente.

La mayoría de las personas dice: "Yo soy buena: no robo ni mato". Pero ser bueno así es relativamente fácil. El magnánimo, por el contrario, es el que no se queda en lo fácil, sino que tiende con gran vehemencia a lo perfecto, a lo óptimo, a lo mejor. Es el que no sólo quiere ser un buen trabajador, un buen estudiante, un buen padre de familia, una buena madre, un buen sacerdote o una buena religiosa: el magnánimo quiere ser santo. Hace el máximo esfuerzo para alcanzar lo máximo.

Por eso al magnánimo siempre se lo verá alegre y entusiasta. Porque está lleno de esperanza de alcanzar las cosas grandes, y la esperanza engendra alegría. Y el magnánimo sabe que ciertamente alcanzará, si persevera, lo que espera. Lo sabe porque sabe que alcanzar lo máximo –cosa que supera a las fuerzas naturales del hombre– es algo que depende de Jesucristo, que nunca le fallará. Por eso su esperanza está llena de confianza. Y su alegría es gigantesca.

El magnánimo es aquel que no se deja llevar de las narices, sino que en su conducta tiene un estilo inequívoco: el estilo de Jesucristo. Por eso no buscará complacer a la masa, sino que invariablemente tenderá a lo que es objetivamente mejor. Jesucristo, por ejemplo, no hizo un milagro para divertir a Herodes, aun cuando sabía que quizá eso le salvaría la vida. El magnánimo no claudica ante la adversidad. Es imbatible. *No temáis a los que matan al cuerpo, porque no pueden matar al alma* (*Mt* 10,28).

Redimensionar todas las cosas

Cuenta la mitología griega que el Rey Midas tenía un don especial: convertía en oro cuanto tocaba.

Algo semejante ocurre con el joven magnánimo. Como él *es* grande, hace grande todo lo que toca. Engrandece lo que hace. Comunica su ardor y empuje juvenil a todas sus acciones y contagia a los demás.

Si un joven es realmente magnánimo, crece permanentemente y, con él, las cosas que realiza. Todo el mundo adquiere una dimensión nueva ante los ojos del joven magnánimo. Todo se agranda. Todo vale más.

Y tanto para esto como para lo anterior el ejemplo más radical de lo que es un joven magnánimo lo tenemos en Jesucristo. Jesucristo es, por así decirlo, la magnanimidad misma de Dios encarnada. Y los hombres adquieren ante sus ojos tanto valor que se hacen en cierto sentido de valor infinito. No otra cosa significa que el precio de nuestro rescate haya sido la sangre de Dios.

El magnánimo, como Jesús, hace "cosas grandes y en toda virtud" y ni se preocupa por las dificultades.

Las caricaturas del magnánimo

También puede haber una farsa de la magnanimidad, llena de engaño y mentira. Veamos algunos aspectos, que pueden darse separada o simultáneamente.

Está el caso de aquel que orgullosamente se cree que es algo grande, sin reparar en que sólo Dios es grande y en que su grandeza, si la tiene, viene de Dios. No es magnánimo; es agrandado (compadrón). Es un *figuretti*. Son formalistas. Se quedan sólo con lo exterior. Confunde "tender a lo grande" con "sobresalir", con "llamar la atención", y se dedica a sobresalir en infinidad de cosas secundarias, sin hacer el más mínimo sacrificio por lo que realmente vale.

Esto nos muestra el matiz de la vanagloria. El vanidoso se opone al magnánimo porque se la pasa buscando quedar bien ante los demás, se la pasa buscando los aplausos y los honores humanos, amando más la gloria de los hombres que la gloria de Dios. No se anima a hacer cosas grandes o a mostrar firmeza en el cumplimiento de lo que está bien, por temor a la opinión de los demás. Aspira, por tanto, a falsas grandezas. No tiene principios rectos y firmes. No se juega por la verdad.

Otro aspecto, que se mezcla con el orgullo, es el de la presunción. Cuando la persona es tan agrandada que cree con sus propias fuerzas poder alcanzar lo que sólo con la ayuda de Dios se puede alcanzar. La caída del presuntuoso es estrepitosa y lo sume en la tristeza.

Por eso mismo, en el polo opuesto a la magnanimidad se encuentra el vicio de la pusilanimidad, es decir, la pequeñez del alma o mezquindad, que engloba un poco todos estos aspectos. Es lo propio de las almas que, al comprobar su debilidad por los fracasos, o por no animarse de movida a tender a lo grande, se cierran mezquinamente sin desarrollar los talentos que Dios le dio y sin pedir a Dios la ayuda necesaria para conseguir lo que sin su auxilio es inalcanzable. Alma pequeña que lo ve todo desde su "quiosquito", preocupado sólo por los intereses de campanario, sin ser capaz de elevarse por encima de las circunstancias adversas, ni de vivir y morir por lo que corresponde.

No nos cansemos

Por todo eso, querido joven, sé magnánimo.

Sé capaz de jugarte por lo que vale. Sé capaz de tender a lo óptimo. Sé capaz de lo grande. Sé capaz de poner en tu conducta el estilo de Jesucristo. Sé noble. Los nobles son los magnánimos.

Eso se siente y no se dice. Es lo propio de un joven de corazón. Un joven que tiene algo para sí y para los otros. Un joven nacido para ser señor. Capaz de castigarse y castigar. Un joven que no pide una falsa libertad, sino que vive libremente en la verdad y por eso ama y respeta las jerarquías. Un joven que sabe poner leyes y cumplirlas. Un joven que siente el honor como la vida. Un joven dueño de sí mismo, que por poseerse puede darse. Que sabe abstenerse de cosas que nadie prohíbe y de dar cosas que nadie obliga a dar. Que sabe a cada momento las cosas por las cuales se debe estar dispuesto a morir[259].

Joven, no te canses. Decía San Bernardo que de nada vale correr tras Jesucristo si no se logra alcanzarlo. Corré de tal modo que puedas alcanzarlo. No te canses. Y no dejes de correr hasta alcanzarlo.

Oración para pedir la magnanimidad

Oh Cristo, Tú eres mi Rey. Hazme para contigo un noble corazón caballeresco.

Grande en mi vida: escogiendo lo que se eleva y no lo que se arrastra.

Grande en mi trabajo: no viendo la carga que se me impone, sino la misión que me confías.

Grande en mi sufrimiento: soldado verdadero frente a mi cruz y Cireneo para los demás.

Grande con el mundo: perdonando sus pequeñeces, sin ceder nada a sus engaños.

Grande con los hombres: leal con todos, servicial con los necesitados, llevando hacia Ti a aquellos que me aman.

Grande con mis jefes: viendo en su autoridad la belleza de tu rostro fascinante.

Grande conmigo mismo: jamás encerrado en mí, apoyándome siempre en Ti.

---

[259] Cf. LEONARDO CASTELLANI, *El nuevo gobierno de Sancho*.

Grande contigo, oh Cristo: feliz de vivir para servirte, feliz de morir para verte.

Así sea.

(P. Tirso Arellano, S.J.)

7.

PARA SER JÓVENES
DE ALMA GRANDE

"La medida del hombre es Dios.
Por esto el hombre debe siempre retornar
a esta fuente, a esta medida única,
que es Dios encarnado en Jesucristo".
(Alocución, 31-05-1980).

1. Magníficamente sintetizó S.S. Juan Pablo II el objetivo de la educación católica hablando a los jóvenes estudiantes: "*el propósito de la educación católica es comunicaros a Cristo, para que vuestra actitud hacia los demás sea la de Cristo*"[260]. Por tanto, ése es nuestro principal objetivo: formar "otros cristos" que actúen como Cristo.

2. Para ello no basta una sólida formación espiritual, es necesaria, también, una profunda formación de la inteligencia, de la voluntad, de la imaginación creativa y del carácter viril, de la sensibilidad estética y de la agilidad corporal, de la solidaridad social y del compromiso personal, de la responsabilidad y de la cortesía, del diálogo y del servicio, del respeto de los demás y del saber dar razón de lo que se espera, del sentido señorial de la vida, de la libertad inalienable, de la inviolabilidad de la conciencia, de la disciplina que desarrolla los talentos, de la

---

260 *Discurso a los estudiantes en el Madison Square Garden*, OR 03-10-93.

jerarquía de los valores, de la nobleza del alma, del amor preferencial por los pobres, en fin, se trata de lograr jóvenes con **espíritu de príncipes**, o sea, de principios, como pedía el Rey David[261].

3. Un joven debe tener una formación **integral**. Para ello hay que educar según el orden natural que *"es paralelo al orden de las inclinaciones naturales"*[262], a saber, inclinación hacia el bien de su naturaleza –común a todos los seres–; inclinación hacia bienes más particulares según su naturaleza (la generación y educación de la prole, etc.); inclinación al bien correspondiente a su naturaleza racional –inclinación específicamente humana– (tendencia a conocer las verdades divinas y a vivir en sociedad, etc.).

4. Un joven debe saber que su constitución misma personal, su "estructura humana", por así decirlo, es jerárquica. Y que, si quiere realmente ser feliz y vivir la vida en plenitud, debe vivir respetando esa jerarquía, con una escala de valores que se corresponda realmente con su realidad de ser humano, redimido por Jesucristo y que camina hacia el Cielo. Debe, por tanto, saber que somos **algo** para vivir, **vivimos** para sentir, **sentimos** para pensar y **pensamos** para rezar. Dicho con otras palabras que lo que tenemos en común con los minerales debe estar al servicio de lo que tenemos en común con los vegetales, y esto al servicio de lo que tenemos en común con los animales, y esto a lo que tenemos en común con los ángeles, y esto en lo que tenemos en común con Dios. Cada formalidad con sus leyes propias no son diluídas, ni destruídas por la formalidad superior sino elevadas, dignificadas, perfeccionadas y ennoblecidas. Así tenemos **el cuerpo**, "como materia e instrumento del alma", movido por un principio exterior; las operaciones movidas por un principio interior mediante un órgano corpóreo y en virtud de alguna

---

[261] Cf. *SI* 50.
[262] SANTO TOMÁS, *S. Th.* 1-2, 94, 2.

cualidad corpórea: la vida **vegetativa**; la operación mediante un órgano corpóreo sin cualidad alguna corporal: vida **sensitiva**; la operación que sobrepuja la naturaleza corporal que ni siquiera se ejerce mediante órgano corpóreo: la vida **racional**[263] y la gracia santificante que nos hace hijos de Dios: la vida **divina**. Por eso llamaban los griegos al hombre "microcosmos".

5. El vivir así suscitará en los jóvenes multifacéticas respuestas vocacionales que tiendan al desarrollo de todos sus talentos corporales, estéticos, sociales, artesanales, literarios, civiles, intelectuales, en fin, culturales.

6. Resumiendo: consideramos que así se dará un cauce a "*la preocupación social de la Iglesia, orientada al desarrollo auténtico del hombre y de la sociedad, que respeta y promueve en toda su dimensión a la persona humana...*"[264].

Se trata de difundir "*una cultura de la verdad y del bien, que pueda contribuir a una colaboración fecunda entre la ciencia y la fe*" (*Juan Pablo II*).

Se trata de ser jóvenes capaces de vivir la "*firmeza de los principios, con la coherencia de las acciones y la caridad de las relaciones*" (*Juan Pablo II*).

¡Qué hermoso programa de vida para un joven!

1ro Ser firme en los principios;

2do Obrar en coherencia con ellos;

3ro Vivir en caridad con todos.

---

263 Cf. SANTO TOMÁS, *S. Th.*, 1, 78, 1.
264 JUAN PABLO II, *Solicituto rei socialis*, 1.

8.

ALEGRÍA DESBORDANTE... ¡REÍR PARA SIEMPRE!

"Permitidme gritar fuerte: ¡es hora de volver a Dios!
A quien no tiene todavía la alegría de la fe se le pide la valentía
de buscarla con confianza, perseverancia y disponibilidad.
A quien ya tiene la gracia de poseerla se le pide que la aprecie
como el tesoro más valioso de su existencia, viviéndola profundamente
y testimoniándola con pasión.
(...) Sólo Dios puede satisfacer plenamente
las aspiraciones del corazón humano".
(Alocución, 07-03-1993).

Magnanimidad, esperanza, rebeldía, libertad, vida en plenitud... Todo eso es, de alguna manera, causa de la alegría. Si se ve a un joven que no tiene fuerza; que se queda sin respuestas y "sin reservas" ante las dificultades; si se ahoga en un vaso de agua... Si no hay libertad verdadera, esperanza, rebeldía, magnanimidad..., no habrá alegría.

La alegría es el distintivo inequívoco del joven que tiene grandes ideales. Si estás lleno de "depresiones y pesimismos", si no sabes salir de ti mismo, si te bajoneas y no te animas a gozar de la vida de verdad... si no eres realmente alegre, eso significa que no tienes grandes ideales, que no eres libre, que no tienes una verdadera esperanza..., que no sabes vivir tu vida con creatividad, arrojándote a grandes aventuras. En definitiva, que no te animas a hacer tuya la aventura más grande de la historia: seguir a Jesucristo, el gran aventurero.

Alegría y juventud: la aventura de lo nuevo

De la misma manera que todas las virtudes arriba mencionadas se encuentran en una íntima conexión con ese modo de vivir que hemos llamado "juventud", la alegría, que es signo, adorno y "corona" de esas cualidades, es propia del alma joven. Es imposible vivir como joven y no ser alegre. La tristeza es signo inequívoco de decrepitud y decandencia, de derrota y claudicación.

La alegría, como la creatividad, tiene un aspecto siempre novedoso. Se trata de saber apreciar con ojos nuevos lo que recibimos todos los días y que, por hacérsenos tan familiar, suele quedar dejado de lado y tratado como menos importante.

Por eso mismo la alegría tiene siempre algo de niño. Como Dios.

Dice Chesterton que Dios es como un niño, porque los niños tienen la capacidad de alegrarse con las cosas sencillas, que siempre para ellos son nuevas. Dios también. De modo semejante a como un niño pide que los "trucos de magia" se hagan otra vez y otra vez... Dios hace salir el sol una vez, y otra y otra... Es como un gran mago: una de las cosas que más pasión le causa es que los huevos se transformen invariablemente en gallinas y que salgan bolitas rojas de unos pedazos de madera con flecos verdes, que los humanos solemos llamar "manzanos"...

La alegría es creadora. La alegría del joven refleja la alegría de Dios creador. Y hoy el mundo necesita esa alegría:

"Tenemos necesidad del entusiasmo de los jóvenes. Tenemos necesidad de la alegría de vivir que tienen los jóvenes. En ella se refleja algo de la alegría original que Dios tuvo al crear al hombre"[265].

A Dios le encanta repetir las cosas hermosas y se alegra cada vez como si fuera la primera. Algo parecido pasa en la Misa: es Jesucristo el que se ofrece por nosotros como la primera vez; *como la única vez.*

Alegría y gratitud

Es propio de los que viven con alegría el ser agradecidos. Recibir con gratitud cada segundo de vida, cada latido del corazón, el milagro permanente de la vida:

"Das gracias antes de la comida. Muy bien. Pero yo doy gracias antes de un concierto y de la mímica, y doy las gracias antes de abrir un libro, y doy las gracias antes de dibujar, de pintar, nadar, esgrimir, boxear, pasear, jugar, bailar; y doy las gracias antes de mojar la pluma en la tinta"[266].

Desgraciadamente hay gran cantidad de personas que tienen su conciencia eclipsada y no son capaces de valorar el don inestimable de la vida, el más fundamental de los regalos. Hoy se halla muy extendida esa triste sombra de la cultura de la muerte, y amenaza invadir el horizonte que se divisa delante de nuestro andar.

Un mundo que no ama la vida es un mundo viejo. Una "sociedad de poetas muertos", que no es capaz de vivir en apertura a la trascendencia es una sociedad que odia y desprecia la juventud y la alegría. Nuestro mundo es un mundo viejo. Lo testimonian las campañas en favor del aborto, las guerras, la

---

[265] JUAN PABLO II, *Cruzando el umbral de la esperanza,* Ed. Plaza & Janés, 1994, p. 134.
[266] G. K. CHESTERTON, citado por MAISIE WARD, Ed. Poseidón, Buenos Aires 1947.

violencia y la miseria; el desenfreno, la falta de miradas limpias, la deshonestidad, la corrupción...

Precisamente el mundo de hoy necesita la verdadera alegría. No la "chistografía" barata y las sonrisas vacías de las propagandas y programas de televisión. No la superficialidad del que quiere "mostrarse" alegre creyendo que la alegría consiste en estar riendo permanentemente por cualquier imbecilidad. Esas personas huecas no son alegres; tienen tanta alegría como un dibujo animado: le falta vida, le falta creatividad..., obra según la programación que inventó el que lo digita. Muchas de esas personas son las que no saben valorar la vida, las que dejan pasar el tiempo, las que "dejan que el ser sea", las que se la pasan "chupándose el dedo" o "mirándose el ombligo"...

El joven alegre es un joven grande. De alma grande. De alma gigantesca. Sabe "festejar" la vida. Está contento siempre y no se viene abajo porque sabe que Dios existe. Que Jesucristo murió por sus pecados y los pulverizó: es un joven que ha experimentado lo que significa el amor misericordioso de Dios, lo que quiere decir que Dios derramó su sangre por él. Sabe que el bien es invariablemente más fuerte que el mal y que, por así decirlo, los que siguen a Jesucristo han ganado la primera mano y tienen, pase lo que pase, el "as de espadas". Sabe que la persona vale más que las cosas y el espíritu más que la materia. Y, por eso mismo, da el valor que corresponde a las cosas y a lo material, gozando y sirviéndose de ello, sin jamás esclavizarse.

El paradigma máximo de la alegría es Jesucristo.

Los estoicos, antiguos filósofos, decían que los sentimientos eran malos y que debían ser ocultados; no mostraban, por ejemplo, sus lágrimas. Jesucristo sí:

"Él nunca las ocultó, antes las descubrió a plena cara a todas las miradas próximas y a las más distantes de su ciudad natal. Sin embargo, algo ocultaba... Lo digo con reverencia: esa personalidad arrebatadora escondía una especie de timidez. Algo había que escondía a los hombres, cuando iba a rezar a las montañas; algo que Él encubría constantemente con silencios intempestivos o con impetuosos raptos de aislamiento. Y ese algo era algo que, siendo muy grande para Dios, no nos lo mostró durante su viaje por la tierra: a veces se me ocurre que era su alegría"[267].

No veremos la alegría de Jesucristo cara a cara aquí en la tierra. Su sonrisa nos está reservada para el Cielo.

---

[267] G. K. CHESTERTON, *Ortodoxia*, pp. 675-676.

9.

TRABAJO-DEPORTE-ESTUDIO

"La verdadera cultura es la humanización,
mientras que la no-cultura y las falsas culturas
son deshumanizadoras.
En la elección de la cultura el hombre compromete su destino.
(...) La cultura no se refiere únicamente al espíritu
ni únicamente al cuerpo... La reducción ad unum
da lugar siempre a culturas deshumanizadoras".
(Río de Janeiro, Brasil, 01-07-1980).

¿Qué es formar? Dar forma a algo que se encuentra "en bruto". Dar bases y apoyos. Dar bases sobre las cuales edificar.

Un joven debe formarse, es decir, debe buscar asimilar principios de acción que le permitan orientarse correctamente en la vida. Las acciones físicas que ahora podemos realizar, por ejemplo caminar, pueden ser hechas gracias a esos fantásticos sandwiches que, junto con otras cosas, hemos comido y digerido hace quién sabe cuántos años. Los hemos digerido y asimilado; y ahora son parte de nosotros, obramos gracias a ellos... Lo mismo ocurre con los principios: se asimilan, se digieren, se hacen parte de nosotros. Ahora ni nos acordamos de lo que hemos comido hace siete años; muchas veces ni nos acordamos, o no examinamos, cuáles son los principios que tenemos asimilados y nos llevan a obrar de un determinado modo. Y, sin embargo, obramos y tomamos decisiones teniendo como punto de partida esos principios.

Es clave, es esencial, es importantísimo buscar *formarse*, forjarse un arsenal de principios rectos que garanticen la rectitud de nuestro obrar o, en caso de desviarnos, nos permitan recordar el camino de retorno.

Hoy día "formación" es un término, como tantos otros, muy empobrecido. Algunos creen que formar es "dejar hacer, dejar pasar", como si la maduración de la persona fuera sólo una cuestión de tiempo. Así surgen los jóvenes liberales, hippies, light... hombres y mujeres sin Dios, sin patria, sin personalidad, sin grandes ideales. Otros confunden *formar* con *formatear*, o con *informar*, y piensan que formar es un mero "llenar de contenidos", como se carga una computadora de datos, o un cesto de basura de desperdicios. Surgen, entonces, los jóvenes intelectualoides – que a toda especulación "le hacen", menos a la que de verdad importa–; los jóvenes enciclopedistas –que se conocen el libro de los records, pero ignoran el de la vida–. Son los jóvenes "Muy interesante"–; los jóvenes "robots" –la "masa", que hace lo que hacen todos y dice lo que todos dicen–. Por último, muchos forman jóvenes cultivando solamente uno de los aspectos de la persona en desmedro de otros –muchas veces más importantes–, y así vemos deportistas "sin cabeza", sólo dignos de admiración dentro de la cancha; trabajadores "sin corazón", reducidos a un engranaje más de los grandes mecanismos de producción; estudiantes "sin manos", que se la pasan elaborando teorías que no tienen nada que ver con la realidad y son incapaces de mover un dedo para cambiar lo que realmente está mal.

Jóvenes así son los que han asimilado los falsos principios de una cultura intrascendente, que pronto se convierte en la cultura de la muerte, en la cultura incapaz de trascender la cantidad, lo mecánico, lo natural. Es decir, no tienen principios; no tienen una sólida y verdadera formación.

Y aun así, los jóvenes de hoy, a pesar de todos los problemas e inconvenientes, saben reconocer lo valioso cuando se lo presentan y se dan cuenta, por contraste, de que los han estado engañando, de que les estaban dando principios falsos. Por eso creo que vale la pena intentar "presentar" la *formación integral* que ofrece la "Escuela de Jesucristo", que sincroniza en una admirable sintonía, "cabeza, corazón y manos" del joven bajo un único lema: *Magis*, más, más alto, a lo grande.

Además de todo lo que hemos ido presentando a lo largo de este libro-camino, creo que hay algunos factores más que son un poco los "espacios vitales" en que el joven se maneja, aquello con lo que convive cotidianamente, y que, bien encaminados, contribuyen magníficamente a la formación. Se trata del trabajo, el estudio y el deporte.

El valor formativo del trabajo

Hoy son muchos los jóvenes que se encuentran en la necesidad de trabajar; incluso hay algunos para los cuales es precisamente su trabajo lo que les permite continuar sus estudios. Para muchos, el trabajo se funde con la necesidad imperiosa de *sobrevivir*.

Aun así, en estos casos particulares, hay que sacar provecho. El trabajo es siempre, de uno u otro modo, beneficioso para formar el carácter, para crear hábitos fuertes, para configurar la propia personalidad. Para esto conviene tener en cuenta algunas cosas:

1. El trabajo permite que el hombre se desarrolle, que despliegue sus energías para transformar de distintas maneras la naturaleza. Por eso no debe estar el hombre al servicio del trabajo, sino el trabajo al servicio del hombre.

2. El trabajo dignifica al hombre, porque lo hace realizarse, efectivamente, operativamente, como imagen de Dios creador: mediante el trabajo el hombre "colabora" con Dios creador.

3. Jesucristo fue carpintero. La Virgen María, ama de casa. Con cualquier trabajo, aunque sea el más humilde, el hombre hace, por tanto, lo que hizo Dios: en Jesucristo Dios trabajó; hace también lo que hizo la Madre de Dios.

4. El trabajo requiere siempre un cierto esfuerzo, ya sea el trabajo manual como el de oficina o el de despacho. Siempre requiere esfuerzo y paciencia. Y es por eso mismo que sirve para dos cosas muy importantes: como expiación de los pecados, como penitencia, y también como un medio para fortalecer la voluntad mediante la exigencia continua de las diversas barreras que deben ser vencidas.

5. El trabajo permite luchar contra la ociosidad y la pereza y, en consecuencia, ayuda en cierto sentido a quitar las ocasiones de pecado.

Por todo esto se ve que el trabajo humano tiene un gran valor, especialmente para el alma del joven. El trabajo es algo propio de las almas generosas y muestra la valentía de aquellos que no le tienen miedo al sacrificio.

Trabaja, joven, sin cesar trabaja.
La frente honrada que en sudor te moja
Jamás ante otra frente se sonroja;
Ni se rinde servil a quien la ultraja.
Tarde la nieve de los años cuaja
Sobre quien lejos la indolencia arroja
Su cuerpo, al roble, por lo fuerte, enoja,
Su alma, del mundo al lodazal no baja.
El pan que da el trabajo es más sabroso
Que la escondida miel que con empeño
Liba la abeja en el rosal frondoso.
Si comes ese pan serás tu dueño
Mas si del ocio ruedas al abismo,
Todo serlo podrás, menos tú mismo.

El valor formativo del estudio

Uno de los libros más profundos y hermosos de todos los tiempos, la *Metafísica* de Aristóteles, comienza así: *Todos los hombres por naturaleza desean conocer.* Es una gran verdad. Por eso tienen tanto auge los noticieros, pues cuando pasa un hecho asombroso pronto se lo busca ver y escuchar.

Pero puede ocurrir que este tan noble deseo de conocer quede en una mera curiosidad; y la "ciencia del curioseo" no forma, no hace grandes líderes. Einstein no tenía a mano la revista "Muy interesante". Era un gran estudioso.

El estudio es algo necesario. Está, en cierto sentido, inscrito en la naturaleza misma del hombre, y tiene, por eso mismo, un alto valor formativo. El estudio perfecciona a la inteligencia, que es como un libro con las hojas en blanco, dándole a través de la "gimnasia intelectual", los tesoros que se encuentran ocultos en las cosas.

Como todo entrenamiento, como toda actividad perfectiva, el estudio debe tener un orden: hay que ir de las cosas más simples a las más complejas, de lo conocido a lo desconocido: normalmente no se le pueden enseñar a un niño de seis años las proposiciones fundamentales de la física cuántica.

El estudio requiere también esfuerzo. El joven debe esforzarse en adquirir el hábito, la "costumbre" de estudiar. Al principio cuesta, ciertamente, ponerse a estudiar; pero una vez que se hace hábito ya no cuesta, se hace con facilidad e, incluso, con cierto gozo.

Lograr el hábito del estudio vale la pena. Por muchos motivos. Los hay menores y mayores. Hay muchos motivos que todos conocen: "para ser alguien en la vida", "para tener salida laboral", "para no estar atrasado". Hay motivos más profundos.

El joven que no estudia, si puede hacerlo, es un joven fácilmente manipulable. Un joven al cual se lo puede fácilmente engañar. Un joven que no tiene pasión por conocer la verdad y que, por consiguiente, no mostrará tampoco mucho interés cuando se le proponga algo así como "morir por la verdad". Un joven que no estudia es campo abierto para que los medios de comunicación le hagan creer cualquier cosa. Es un joven que no tiene la cabeza "armada" para "leer" la realidad: lo pueden "engatusar"; le pueden dar "gato por liebre".

Es difícil que un joven que, pudiendo estudiar, no estudia sea un joven virtuoso. Generalmente pasa ocioso varias horas o se dedica a perder tiempo frente al televisor, que se convierte en un tirano de la atención.

El joven que tiene la posibilidad de estudiar y la aprovecha, en general, tiene un gran señorío de sí mismo y de su tiempo. Tiene fuerza de voluntad e, incluso, encuentra en el estudio un excelente medio para alejar las tentaciones y evitar las ocasiones de pecado.

¿Qué hay que estudiar?

Los que no tienen impedimento para ir al colegio o para iniciar una determinada carrera, deben estudiar lo que corresponde a esas circunstancias. Pero todos, todos, tienen que estudiar o, al menos, leer algo sobre las cosas referentes a la fe, para conocer lo que se cree, para saber dar razón de lo que se cree a quien se lo pida[268]. Es una delicadeza que el joven debe tener hacia Jesucristo: se estudia o se lee lo que nos interesa.

Hoy son muy pocos los jóvenes que leen, los que estudian en serio. Ciertamente, el ambiente no ayuda. Es más fácil zafar, quedarse mirando televisión, ir a "hacer esquina", salir a "divagar" con los amigos... Dejar que el tiempo se nos escurra entre los dedos. Es más fácil. Pero hay que hacer el esfuerzo. Es una gran responsabilidad. Es tu gran responsabilidad. Si estudias, no se te va a "llover el techo".Tienes que vencerte también en esto: vencer tus distracciones, vencer tus tendencias a lo cómodo, al menor esfuerzo; vencer los distintos obstáculos... La cosecha que consigas en tu futuro depende de la generosidad del esfuerzo con que hayas sembrado.

Es puerta de luz un libro abierto:

---

268 Cf. *1Pe* 3,15.

Entra por ella, niño, y de seguro
Que para tí serán en lo futuro
Dios más visible, su poder más cierto.
El ignorante vive en el desierto
Donde es el agua poca, el aire impuro;
Un grano le detiene el pie inseguro;
Camina tropezando, ¡vive muerto!
En ese de tu edad abril florido,
Recibe el corazón las impresiones,
Como la cera el toque de las manos.
Estudia, y no serás, cuando crecido,
Si el juguete vulgar de las pasiones,
Si el esclavo servil de los tiranos.

El valor formativo del deporte

"La Iglesia (...) admira, aprueba y estimula el deporte, descubriendo en él una gimnasia del cuerpo y del espíritu, un entrenamiento para las relaciones sociales fundadas en el respeto a los otros y a la propia persona, y un elemento de cohesión social que favorece incluso relaciones amistosas en el campo internacional"[269].

El deporte es algo excelente. Tiene un enorme poderío formativo. En él se conjugan el esfuerzo y el placer, el sacrificio y la alegría. Es, a la vez, trabajo y juego. Por eso mismo, es una manera hermosa que el joven tiene de forjarse una voluntad firme, ya que el deporte se hace con gusto. Es un eficaz antídoto contra el desgano y la vida cómoda, pues despierta el sentido del orden y educa para ser dueño de sí, para despreciar el peligro sin miedo ni pusilanimidad.

Pero, a veces, el gusto se hace tan dominante que el deporte deja de ser un medio para cultivar la dignidad y armonía del cuerpo, la salud, el vigor, la agilidad y para distraerse, y se

---

[269] JUAN PABLO II, *OR* n° 38, p. 10, 1979.

convierte en un fin. Es un error muy común. No es muy extraño ver jóvenes que dedican apasionadamente todo su interés y toda su actividad al deporte. Jóvenes que no prestan más que una atención aburrida y distraída a los importantes requerimientos de la familia, del estudio y, eventualmente, del trabajo. Incluso muchas veces el hogar se convierte en un hotel donde están como huéspedes, casi como extraños, y se llega a romper todo diálogo.

El deporte es algo hermoso. Exige una gran entrega y el deseo permanente de quebrar límites y superarse. Exige grandeza de alma. Exige creatividad. Exige garra y fortaleza para vencer todos los obstáculos. Es como un arte, porque en el deporte hay que hacer un ejercicio exterior de modo creativo. Enseña a actuar en equipo.

Los jóvenes tienen que ser artistas. Tienen que ser capaces de transformar el mundo. Por eso tienen que mostrar su grandeza en la dedicación al trabajo, al estudio y al deporte.

10.

MAR ADENTRO
¡DUC IN ALTUM!

"No es éste el momento para indecisiones,
ausencias o faltas de compromiso.
Es la hora de los audaces, de los que tienen esperanza,
de los que aspiran a vivir en plenitud el Evangelio
y de los que quieren realizarlo en el mundo actual
y en la historia que se avecina".
(Lima, Perú, 1985).

Cuenta el Evangelio de San Lucas (5,4) que "en una oportunidad, la multitud se amontonaba alrededor de Jesús para escuchar la palabra de Dios, y Él estaba de pie a la orilla del lago de Genesaret. (...) Jesús subió a la barca de Simón Pedro y le pidió que se apartara un poco de la orilla; después, se sentó y enseñaba a la multitud desde la barca. Cuando terminó de hablar, dijo a Simón: «¡Navega mar adentro!...»".

Palabra profunda, de muy profundo contenido, de hondas resonancias místicas... *¡Duc in altum!...¡Navega mar adentro!*

Palabra especialmente dicha para jóvenes llenos de grandes ideales, que no quieren hacer de su vida una monotonía gris e informe...

Palabra que entienden los jóvenes de acción, de mirada amplia, de corazón decidido y generoso, que por la nobleza de su alma se sonríen con alegría al saber que Jesús mismo les dice: "¡Duc in altum!... ¡Navega mar adentro!".

Palabra que es una invitación a realizar grandes obras, empresas extraordinarias donde hay mucho de aventura, de vértigo, de peligro...

Joven: ¡Navega mar adentro! Donde las olas sacuden la barca, donde el agua salada salpica el rostro, donde la proa va abriéndose paso por vez primera, donde no hay huellas y las referencias sólo son las estrellas, donde la quilla es sacudida por remolinos encontrados, donde las velas desplegadas reciben el furor del viento, donde los mástiles crujen... y el alma se estremece...

¡Mar adentro! Lejos de la orilla y de la tierra firme de los pensamientos meramente humanos, calculadores y fríos... donde el agua bulle, el corazón late a prisa, donde el alma conoce celestiales embriagueces y gozos fascinantes.

Es quemar las naves como Hernán Cortés, con española arrogancia..., "abandonándolo todo...".

Navegar mar adentro es tomar en serio las exigencias del Evangelio: *vé, vende todo lo que tienes...* (*Mt* 19,21).

Es la única aventura...

Es el ansia de poseer al Infinito en nuestro corazón inquieto...

Es lo propio de los pescadores: hombres humildes, laboriosos, no temen los peligros, vigilantes, pacientes en las prolongadas vigilias, constantes en repetir sus salidas al mar, prudentes para sacar los peces..., curtidos por la sal y el sol... Es ser "rebelde por Cristo contra el espíritu del mundo".

¡Duc in altum! A vivir el cristianismo a "full" en una mezcla de bravura y de coraje, que ha de cautivar a los hombres, a los niños, a los jóvenes.

Es no tener miedo de amadrinarse con el peligro, a vivir en la desenfadada intrepidez del amor total, absoluto, irrestricto e indiviso a Dios.

A vivir en un delirio de coraje para vencer día a día y hora a hora, al mundo, al Demonio y a la carne.

A vivir con todo el ímpetu de los santos y de los mártires que lo dieron **todo** por Dios.

A vivir mojándole la oreja al Anticristo. Y si su sucia pezuña nos aplastase, bramar : "¡Viva Cristo Rey!"... y escupir a esa piltrafa humana.

Y para ello hay que romper amarras, pecados, ocasiones, malas amistades...

¡Mar adentro!: en el abismo de la oración insondable con el Abismo.

Es disponerse a morir como el grano de trigo para verlo a Cristo en todas las cosas.

¡Mar adentro!

11.

COMO OTRA HUMANIDAD SUYA

"El hombre —todo hombre, sin excepción alguna—
ha sido redimido por Cristo, porque con el hombre
—cada hombre, sin excepción alguna—
se ha unido Cristo de algún modo,
incluso cuando este hombre no es consciente de ello".

(Redemptor Hominis 14).

Nuestro Señor Jesucristo no es sólo Dios; además, es hombre. De allí que se presente más de 84 veces en los Santos Evangelios como el Hijo del Hombre, el Hombre por antonomasia y, como tal, el modelo para todos los hombres.

El Verbo al asumir una naturaleza humana perfecta e individual, uniéndose a ella en Unidad de Persona, eleva al hombre a la máxima dignidad e insuperable grandeza. Cristo Hombre es, en sí mismo, la cumbre de la humanidad. De modo tal que "el misterio del hombre sólo se esclarece en el misterio del Verbo Encarnado... (Jesucristo) manifiesta plenamente el hombre al propio hombre..."[270]. Más aún, "el Hijo de Dios con su encarnación se ha unido en cierto modo con todo hombre". Por su encarnación se hizo prójimo nuestro.

---

[270] *Gaudium et Spes,* 22.

En el Verbo Encarnado, en Jesucristo, se esclarece el sentido de la vida y del amor, del trabajo y del descanso, del dolor y de la muerte. De allí que recordara el Papa que "ninguna actividad humana es extraña al Evangelio"[271].

Y Cristo quiere como prolongar su "encarnación" en cada hombre.

1. En los cristianos

Por el bautismo el cristiano es "*otro Cristo*". Para expresar esto San Pablo tiene que inventar palabras, así dice que el bautizado: *conmortui* (*2Tim* 2, 11) – "conmuertos" con Cristo; *consepulti* (*Ro* 6,4) – "consepultados"; *conresuscitati* (*Ef* 2,6) – "conresucitados"; *convivificati* (*Ef* 2,5) – "convivificados"; *complantati* (*Ro* 6,5) – "coplantados", plantados en Él; *convivemus* (*2Tim* 2,11) – "covivamos"; *consedere* (*Ef* 2,6) – "consentarse"; ...

Pero más aún. El cristiano debe ser *alter Christus* (otro Cristo) por su empeño en imitar al Señor: *Tened los mismos sentimientos que tuvo Cristo Jesús* (*Flp* 2,5); dice Jesús: *Os he dado ejemplo...* (*Jn* 13,15). Además, por vivir la vida de Cristo, o mejor, que Cristo viva su vida en nosotros: *Ya no vivo yo, es Cristo quien vive en mí* (*Ga* 2, 20). *Para mí vivir es Cristo* (*Flp* 1,21).

De esa manera el cristiano es:

– el *buen olor de Cristo* (*2Co* 2,15);

– *embajador de Cristo* (*2Co* 5,20); *soy embajador (del misterio del Evangelio)* (*Ef* 6,20);

– *carta de Cristo* (*2Co* 3,3);

– *revestido de Cristo* (*Ga* 3,27);

– predestinado *a ser conformes con la imagen de su Hijo* (*Ro* 8,29);

---

[271] OR 595.

– *"a reproducir"* a Cristo, identificándose con el ejemplar;

– a configurarse y asemejarse a Cristo por la práctica de todas las virtudes, *conformándome a Él (Flp* 3,10);

– a reflejar *como en un espejo la gloria del Señor, transformándose en esa imagen cada vez más glorioso (2Co* 3,18).

En palabras de la Beata Isabel de la Trinidad el cristiano es: "Como una nueva encarnación del Verbo, de modo que el Padre no vea en mí más que al Hijo amado". "Como otra humanidad suya".

Por eso Jesús se identifica con los apóstoles: *El que os recibe a vosotros, a mí me recibe (Mt* 10,40), y también con todos los cristianos: *Yo estoy en ellos (Jn* 17,23); *Yo en él (Jn* 15,5), diciéndole a Saulo: *¿Por qué me persigues? (Act* 9,4).

¡San Agustín decía: "Somos Cristo"!

2. En todo hombre

Por razón de haberse encarnado Jesucristo en una naturaleza humana, por haber derramado su sangre por todos y cada uno de los hombres, y por tener todo hombre una vocación a la eternidad, de alguna manera, todo hombre representa a Cristo. Aun el ateo, el pecador... De allí que todo acto de caridad fraterna afecta realmente al mismo Cristo.

El pobre es Cristo: "representan el papel del Hijo de Dios"[272]; a los padres y al esposo hay que obedecerlos: *como al Señor (Ef* 5,22; *Ef* 6,1; *Col* 3,20); los niños: *El que recibe a un niño en mi nombre, a mí me recibe (Mt* 18,5); los peregrinos: "recíbaselos como al mismo Cristo"[273]; los esposos deben amarse... *como Cristo (Ef* 5,25).

---

[272] SAN VICENTE DE PAUL, *Cartas*, XI, 32; *E.S.* XI, 725.
[273] SAN BENITO, *Santa Regla*, lib. III, cap. 1.

Enseña Santo Tomás de Aquino: "...al prójimo se le ama en caridad porque en él está Dios o para que lo esté", o como dice Santa Teresita que veía a "Jesús, oculto en el fondo de su alma" (de una religiosa que le hacía la vida imposible).

En todo hombre y mujer, joven o anciano, incluso deficiente, defectuoso, pobre, deforme, es preciso, por la fe, ver al mismo Cristo y amarlo con las mismas consideraciones, el mismo respeto, la misma ternura, la misma generosidad que experimentaríamos si tuviéramos la felicidad de encontrar a Jesús y el privilegio de poderlo socorrer. Ese privilegio lo tenemos a nuestro alcance: todo hombre –todo prójimo– es místicamente Jesús. En este sentido Juan Pablo II decía: "El hombre, que es Cristo".

Queridos jóvenes:

Debemos amar a todos los hombres. Si odiamos a alguno, no somos cristianos[274].

Sin llegar a comprender el alcance de las palabras, Pilato presentó a Cristo: "Ecce homo", "¡He aquí el Hombre!". Sólo en Cristo se manifiesta la verdad total sobre el hombre, sobre su origen, su misterio, su fin último. ¿Lo conozco? Todo prójimo debe ser para mí CRISTO. ¿Lo vivo? "Al atardecer de la vida seré juzgado en el amor", dice San Juan de la Cruz. ¿Me doy cuenta?

La urgente tarea de la evangelización y la catequesis –que debe comenzar en cada familia– no es otra cosa que preparar la encarnación de Cristo en las almas de cada uno de sus miembros. Ése es el trabajo del apóstol: formar a Cristo "en cada hombre", decía San Pablo a los Gálatas (4,19): *sufro de nuevo dolores de parto hasta ver a Cristo formado en vosotros.*

---

[274] Cf. *Mt* 5,46-47.

¡Que con la ayuda de la Santísima Virgen, por el amor al prójimo, pueda decir cada uno de nosotros: *Sed imitadores míos como yo lo soy de Cristo* (1*Co* 11,1).

12.

LOCURA DE SER CRISTIANO

"Desde que la cruz de Cristo es signo de amor y salvación
no deberíamos sorprendernos de que
todo amor verdadero requiera sacrificio.
No tengáis miedo, por tanto, cuando el amor sea exigente.
No temáis cuando el amor requiera sacrificio.
No tengáis miedo a la cruz de Cristo".
(Auckland, Nueva Zelanda, 30-11-1986).

Los Santos son una extraña clase de hombres, a saber, la clase de todos aquellos que el mundo considera locos: *Este es el que algún tiempo tomamos a risa y fue objeto de escarnio... tuvimos su vida por locura y su fin por deshonra (Sb 5,3-4).*

Si queremos que algún día, no muy lejano, los cristianos que estén en la tierra, al festejar el día de los santos nos festejen a nosotros por estar entre el número de los santos, debemos prepararnos a que el mundo, ahora, nos considere locos. Porque Jesucristo y su doctrina, son "locura" para el mundo y los mundanos. Por tanto, los verdaderos seguidores de Cristo son tenidos por locos.

1. Doctrina de Jesucristo

No existe nada más opuesto al mundo que las bienaventuranzas: "Lo que todo el mundo huye –dice San Juan Crisóstomo–, eso nos presenta el Señor como apetecible".

El mundo reclama riqueza, Cristo reclama pobreza; el mundo premia a los vengativos, Cristo premia a los mansos; el mundo exige placeres carnales, Cristo exige mortificación; el mundo llama "vivos" a los injustos, Cristo a los que tienen hambre y sed de justicia; el mundo considera fuertes a los duros, Cristo a los misericordiosos; el mundo exalta a los lujuriosos, Cristo a los puros; el mundo admira a los violentos, Cristo a los pacíficos; el mundo busca la comodidad y el "pasarla bien", Cristo busca a los que "la pasan mal" y a los que sufren persecución.

Por eso, por vivir exactamente al revés de lo que el mundo quiere, por vivir diametralmente opuesto a sus gustos, pareceres y decires, es que el mundo y los mundanos consideran locos a los católicos y a los religiosos verdaderos.

2. Ejemplo de Jesucristo

Hoy día, muchísimas veces, por vivir una religión ramplona, acomodaticia; por vivir amodorrados; por vivir un cristianismo sin preocupaciones por la extensión del Reino... hemos perdido el fuego de los primeros cristianos, hemos convertido la vida religiosa en algo frío, sin vida, en algo burgués y calculador, en religión de "señoras gordas".

Muy otra es la religión verdadera:

– es fuego: *He venido a traer fuego sobre la tierra* (*Lc* 12,49);
– es viento huracanado, como en Pentecostés;
– es el despertar de la vida,
– es el aire fresco,
– es la salida del sol,
– es un hierro candente que derrama chispas,
– es sal y levadura.

Por vivir de esa manera la religión es que el mundo llamó locos a Cristo y a sus seguidores, los santos.

Cuando Jesús habla de su resurrección, los judíos dicen: *Está loco (Jn* 10,20). Para muchos lo que supera la capacidad de la razón humana es locura.

Cuando Pablo predica la resurrección de Cristo, el pagano Festo le dice: *Tú estás loco, Pablo (Act* 26,24). La fe para el pagano es locura.

Cuando la sirvienta Rode cree en la milagrosa liberación de Pedro en la prisión, le dicen los cristianos incrédulos: *Estás loca (Act* 12,15). Para algunos "cristianos" los milagros son cosa de locura. Como enseña San Pablo, los no iniciados o infieles al ver los carismas milagrosos: *¿no dirían que estáis locos?* (1*Co* 14,23).

Si nosotros viviésemos el auténtico cristianismo y no el que se vive de cabezas huecas, corazones vacíos y panza llena... nos dirían locos.

Los santos deben desear ser tenidos por locos: "deseo más ser estimado por vano y loco por Cristo que primero fue tenido por tal que por sabio ni prudente en este mundo"[275].

¿Seguimos de verdad a Cristo, que nos amó hasta la locura – como le dice Santa Catalina de Siena: "¡Oh, loco de amor!... ¿por qué te has vuelto así de loco? Porque te has enamorado de tu creatura..."– o seguimos al mundo?

3. ¿En qué consiste la locura del cristiano?

Hay que decir en primer lugar que así como la persecución para que sea evangélica debe tener dos condiciones: "que se nos injurie por causa suya (de Cristo) y que sea falso lo que se dice contra nosotros"[276], de manera parecida, para que el ser tenidos y

---

[275] SAN IGNACIO DE LOYOLA, *Tres maneras de humildad, Libro de los Ejercicios,* n° 167.

[276] SAN JUAN CRISÓSTOMO, *In Matt. Hom.,* XV, 5.

estimados por locos sea bueno, debe ser por ser fieles a Jesucristo y que nosotros no demos ninguna ocasión para ello.

La locura cristiana consiste en que debemos vivir en el *más*, en el *por encima*, es decir, donde cesa todo equilibrismo, todo cálculo, todo "te doy para que me des". Lo cristiano comienza sólo allí donde ya no se cuenta, ni se calcula, ni se pesa, ni se mide. ¿Amas sólo al que te ama? ¿Das sólo al que te lo puede devolver? ¿Haces favores sólo a los que te dan las gracias? ¿Qué importancia tiene eso? *¿No hacen eso también los paganos?* (*Mt* 5,47).

La santa locura consiste en vivir las bienaventuranzas. Si no es locura vivir según las bienaventuranzas, es que la locura no existe.

¡Bienaventurados los locos por Cristo! Se los llevará de aquí para allá, se los calumniará de toda forma, se reirán de ellos y los tendrán por torpes, atrasados y débiles mentales. ¡De ellos es el Reino de los Cielos!

¡Bienaventurados...! Porque viven la locura del amor sin límites ni medidas, que pasa aún sobre los lazos de la sangre, si éstos se convierten en obstáculo: *Si alguno viene a mí y no aborrece a su padre, a su madre, a su mujer, a sus hijos, a sus hermanos y aún a su propia vida, no puede ser mi discípulo* (*Lc* 14,26). Es el amor convertido en espada que corta, que separa, que hiere, que estorba a la falsa paz. Eso nos trajo Cristo: *No penséis que he venido a poner paz, sino espada* (*Mt* 10,34).

Es la locura de *bendecir a los que nos maldicen* (cf. *Ro* 12,14), de *no devolver mal por mal* (*Ro* 12,17).

¡Bienaventurados los locos por Cristo!, porque se han despojados de sí mismos hasta los últimos harapos y están ante Dios en toda su candidez.

¡Bienaventurados los locos por Cristo!, porque son más pobres que una rata, porque viven la pobreza triunfal, porque obedecen hasta la muerte, porque viven por María, con María, en María y para María.

¡Bienaventurados los locos por Cristo!, porque ninguna sabiduría del mundo jamás podrá engañarlos. No se dejan infatuar por la vacía charlatanería de los hombres, aun de los constituidos en autoridad. Ellos son la sal de la tierra y la luz del mundo.

Es locura decir después de trabajar todo el día por el Evangelio: *Somos siervos inútiles; lo que teníamos que hacer eso lo hicimos* (*Lc* 17,10); es locura saber que *al que tiene se le dará más y abundará; y al que no tiene aún aquello que tiene le será quitado* (*Mt* 13,12); es locura vivir totalmente colgados de la Providencia Divina: *No toméis nada para el camino, ni báculo, ni alforja, ni pan, ni dinero, ni llevéis dos túnicas* (*Lc* 9,3); buscar los últimos lugares: *muchos primeros serán últimos, y los últimos primeros* (*Mt* 19,30); ser esclavos de todos: *Quien quiera ser el primero sea servidor de todos* (*Mc* 10,43); humillarse: *El que se ensalza será humillado y el que se humilla será ensalzado* (*Lc* 14,11); es la locura del perdón: *Perdónales, porque no saben lo que hacen* (*Lc* 23,34).

Queridísimos jóvenes:

No tengamos miedo a ser tenidos por locos por seguir a Cristo. No traicionemos el Espíritu del Evangelio.

Cuando el mundo nos diga: ¡Mirad a los locos! Se les tiran piedras y ellos besan la mano que las tira. Se ríen y burlan de ellos y ellos ríen también como niños que no comprenden. Se les golpea y martiriza: pero ellos dan gracias a Dios, que los encontró dignos. Cuando el mundo diga eso, señal de que vamos bien.

Miremos a nuestros hermanos, los santos del cielo; el mundo les decía:

– ¡Mirad a los locos! Se los maldice y ellos bendicen.

– ¡Mirad a los locos! Se niegan a sí mismos, toman su cruz cada día, hacen penitencia, son infinitamente alegres, no tienen miedo de llamar a las cosas por su nombre.

– ¡Mirad a los locos! De ellos se dice todo género de disparates y a ellos les importa un rábano. Se les busca sepultar con pesadas losas y ellos creen que pesan lo que una tela de araña. Se confabulan y traman planes contra ellos y para ellos esos planes vanos tienen menos consistencia que una burbuja.

– ¡Santa locura... locura del amor!, pero que la locura de la Cruz hace más sabia que la sabiduría de todos los hombres.

13.

NUESTRO SEÑORÍO

"Cristo os llama a la libertad, a la verdad, al amor.
A la libertad que, a través de la verdad,
se convierte siempre en amor (...)
Os llama a la santidad.
¡No tengáis miedo a esa palabra!".
(Discurso a los jóvenes en Mantua, Italia, 22-06-1991).

Uno de los títulos más hermosos de Jesucristo es el de "Señor". Indica de modo hermoso la libertad característica, la actitud "dominadora" del Espíritu de Jesucristo. En griego, suena dulcísimamente. Se dice: *Kyrios*, Señor. El Señor.

Todos los cristianos, por ser precisamente "cristianos", debemos también ser "señores", a imitación del Señor..., como si fuéramos "otros cristos".

Ya somos, en principio, "Cristo" por el Bautismo; pero es nuestra tarea serlo en plenitud, muriendo y viviendo, como dice San Pablo: *haced de cuenta que estáis muertos al pecado, pero vivos para Dios en Cristo Jesús* (Ro 6,11), y como dice San Pedro: *Llevó nuestros pecados en su cuerpo sobre el madero, para que, muertos al pecado, viviéramos para la justicia...* (1Pe 2,24).

Muriendo:

– Al pecado y a las obras de la carne, ya que en Cristo *tenemos la redención por su sangre, la remisión de los pecados según la riqueza de su*

413

gracia (Ef 1,7), *los que son de Cristo han crucificado la carne con sus pasiones y concupiscencias (Ga* 5,24);

– A la pena del pecado, o sea, al mundo malo: *he vencido al mundo (Jn* 16,33), porque antes *vivíamos en servidumbre bajo los elementos del mundo (Ga* 4,3), y al infierno, porque: *al nombre de Jesús se doble toda rodilla...en el infierno (Flp* 2,10);

– Al miedo a la muerte, ya que el Hijo de Dios se encarnó para *librar a aquellos que por el temor de la muerte estaban toda la vida sujetos a servidumbre (Heb* 2,15);

– Al poder del demonio: *para esto apareció* (se encarnó) *el Hijo de Dios, para destruir las obras del diablo* (1*Jn* 3,8);

– A la esclavitud de la vieja ley: *nos redimió de la maldición de la ley (Ga* 3,13).

Viviendo:

– La vida sacerdotal de la gracia en plenitud, ya que Cristo ha venido en carne para traernos vida y vida en abundancia[277]. Esa vida es la gracia de Dios que nos hace *partícipes de la naturaleza divina* (2*Pe* 1,4). Es la vida sobrenatural de las virtudes teologales, de las morales infusas y de los dones del Espíritu Santo.

– La vida profética, por la que participamos "de la función profética de Cristo"[278], dando testimonio de fe y caridad, ofreciendo a Dios el sacrificio de alabanza, enseñando a tiempo y a destiempo[279] la Palabra, sea en la predicación, en la docencia, escribiendo o investigando, en la evangelización o en la catequesis, etc.

---

[277] Cf. *Jn* 10,10.
[278] CONCILIO VATICANO II, *Constitución Dogmática sobre la Iglesia "Lumen Gentium"*, 12.
[279] Cf. 2*Tim* 4,2.

En última instancia, viviendo realmente la vida del señorío, que connota una cierta razón de dominio.

Una vida de señores

¿Qué significa esto del dominio? ¿Cómo tienes que hacer para ser verdaderamente "señor" o "señora"?

Hay que trabajar para que nuestra voluntad domine cuatro cosas: a uno mismo, a los demás, al mundo y al demonio.

a) Señorío sobre sí mismo: en la medida en que el hombre triunfa sobre el pecado, domina los incentivos de la carne, y gobierna su alma y cuerpo. El joven, en la medida en que somete cumplidamente su alma a Dios, llega a una situación de indiferencia y desapego a las cosas del mundo, lo cual no quiere decir impotencia sino al contrario, una voluntad dominadora y libre, capaz de dedicarse a las cosas sin dejarse dominar por ellas.

b) Señorío sobre los hombres: en la medida en que el joven se entrega generosamente al servicio de Jesucristo, el único Rey que merece ser servido, adquiere una realeza efectiva, aunque espiritual, sobre los hombres, aun sobre los que tienen poder y autoridad, y aun sobre los que abusan de ella. Porque toman sobre sí la carga de sus pecados y sus penas, por un amor humilde y servicial que llega hasta el sacrificio de sí mismo.

c) Señorío sobre el mundo, de dos maneras:

– Una, colaborando con el mundo de la creación por el trabajo y el mundo de la redención por el apostolado. Para que esta realeza sea efectiva será necesario que junto a una dedicación a las cosas, haya al mismo tiempo, un desprendimiento y desapego de las mismas: *Sólo queda que los que tengan mujer vivan como si no la tuvieran; los que lloran como si no llorasen; los que se alegran como si no se alegrasen; los que compran como si no poseyesen, y a los que disfrutan del mundo, como si no disfrutasen, porque pasa la apariencia de este mundo* (1*Co* 7,29-31).

– Otra, rechazando el mundo, ya sea por lealtad al mundo mismo que debe ser tenido como medio y no como fin, ya sea por lealtad hacia Dios, resistiendo a las concupiscencias, tentaciones y pecados del mundo; siendo independientes frente a las máximas, burlas y persecusiones del mundo, sólo dependiendo de nuestra recta conciencia iluminada por la fe; dispuestos al martirio por lealtad a Dios, lo que constituye el rechazo pleno y total del mundo malo.

d) Señorío sobre el demonio: Necesitamos jóvenes convencidos no sólo de que tienen por gracia de Dios poder para resistir al demonio, sino también poder para exorcizarlo, viviendo como resucitados: *buscad las cosas de arriba, donde está Cristo sentado a la diestra de Dios; aspirad a las cosas de arriba, no a las de la tierra (Col* 3,1-2).

Es el cuádruple señorío que nos hace vivir en la **libertad de los hijos de Dios** que no se esclavizan:

* ni bajo *los elementos del mundo*[280];

* ni bajo *la letra que mata*[281];

* **ni bajo *el espíritu del mundo***[282];

porque no debemos sujetarnos al yugo de la servidumbre... (de lo contrario) Cristo no nos aprovecharía de nada[283].

Debemos ser tan dóciles al Espíritu que podamos decir:

*"Mi gloria es vivir tan libre
como pájaro en el cielo;
no hago nido en este suelo..."*[284]

---

[280] *Ga* 4,3.
[281] Cf. *2Co* 3,6.
[282] Cf. *1Co* 2,12.
[283] Cf. *Ga* 5,1-2.
[284] Cf. JOSÉ HERNÁNDEZ, *El gaucho Martín Fierro.*

No debiendo nada a la carne *porque toda carne es como heno y toda su gloria como flor de heno* (1Pe 1,24) y *si vivimos por el Espíritu, obremos según el Espíritu* (Ga 5,25), ya que *lo que nace de la carne, carne es; pero lo que nace del Espíritu, es Espíritu* (Jn 3,6).

Hay que tener, como decía Santa Teresa "una grande y muy determinada determinación de no parar hasta llegar a ella (la santidad), venga lo que viniere, suceda lo que sucediere, trabájese lo que se trabajare, murmure quien murmure, siquiera llegue allá, siquiera se muera en el camino o no tenga corazón para los trabajos que hay en él, siquiera se hunda el mundo..."[285]. Lo que importa es dar un paso, un paso más, siempre es el mismo paso que vuelve a comenzar.

Tienes que seguir a fondo las sendas del señorío, de modo tal que estés firmemente resuelto a alcanzar la santidad. En Jesucristo es posible. De verdad.

---

[285] SANTA TERESA DE JESÚS, *Camino de Perfección*, 335, 2.

14.

AUN EN LO EXTERIOR

"¡Muchachos y muchachas,
tened un gran respeto de vuestro cuerpo
y del cuerpo de los demás!
¡Que vuestro cuerpo esté
al servicio de vuestro «yo» profundo!
¡Que vuestros gestos, vuestras miradas,
sean siempre reflejo de vuestra alma!
¿Adoración del cuerpo? No; jamás.
¿Desprecio del cuerpo? Tampoco.
¿Dominio sobre el cuerpo? ¡Sí!
¿Transfiguración del cuerpo?
¡Mejor todavía!"
(París, Francia, OR. 15-06-1980)

Habéis oído decir que el rostro es el espejo del alma. Esto significa, que el alma –espiritual e invisible– **se manifiesta** a los ojos corporales a través del cuerpo, de sus gestos y de sus expresiones, de sus palabras, de sus actitudes y de sus miradas. Y esto es así porque las disposiciones exteriores son signos de las disposiciones interiores. Por eso el rostro del hombre de Dios y del vicioso reflejan dos mundos opuestos.

Recíprocamente, lo exterior de la persona **influye** en el alma. Toda falta en su porte exterior repercute inmediatamente es su carácter: la vulgaridad de las maneras, la flojedad en la marcha, el vocabulario grosero, la mirada lasciva, la pose impúdica, el vestido sucio y desaliñado, la trivialidad en las conversaciones, la mediocridad en las actitudes, las chabacanerías en el porte, las amistades de mala ley... todo eso rebaja el carácter, todo eso va destruyendo la personalidad y así, poco a poco, el nacido para hoja de sable se convierte en una cortapluma mellada. Esto sucede porque los sentimientos interiores se ponen, enseguida al unísono del lenguaje que se habla como de los hábitos de que se vive. El que habitualmente se viste de granuja termina viviendo como tal; y el que se junta con lobos termina aullando.

Qué triste es ver a un joven –y cúanto más a una joven– que por estar *en onda* con las modas de hoy, con las costumbres que impone el mundo, rebaja su manera de expresarse, su manera de vestirse, su manera de presentarse ante los demás... Por el contrario, qué hermoso es ver un joven ordenado, digno, presentable, a la vez que sencillo. Un joven que sabe presentarse, que es capaz de hablar correctamente, que sabe ser cortés, que es educado. Porque para que haya armonía en lo exterior de cada uno no es necesario vestirse de lujo, basta vestirse decentemente. No desmejora la imagen una prenda zurcida, pero si una prenda sucia. Por eso que hay tantos famosos del Jet Set que a pesar de vestirse con lo último y lo más caro, no pueden encubrir la pobreza y el desorden profundo de sus almas.

¡Y qué hermoso es ver a una joven que sabe vestirse bien! ¡Cómo las almas hermosas de tantas jóvenes saben vestirse femeninamente! ¡Cómo expresan su recato, su simplicidad, su señorío, su distinción, a veces con simples detalles de buen gusto! No necesitan llamar la atención con ropas sofisticadas, vestidos atrevidos o poses chabacanas; saben, por el contrario, tener garbo, gracia y donaire.

Un excelente ejemplo de esta armonía exterior es el beato Pier Giorgio Frassati[286]. Ese joven impetuoso, santo, no era ningún

---

[286] Pier Giorgio Frassati (1901-1925) es un joven laico fallecido a los 24 años a quien el Papa Juan Pablo II, al beatificarlo, puso como modelo para los jóvenes de nuestro tiempo. Para conocer mejor el temple de su espíritu, no dejo de recomendarles la lectura de su vida, y baste ahora un pasaje de una de sus cartas: "*Me preguntas si estoy alegre. ¿Cómo no*

mojigato en sus maneras exteriores. Basta mirar una foto suya para captar, detrás de esa bizarría de su porte, la perfecta armonía entre cuerpo, alma y Dios.

Sea, pues, en ustedes, queridos jóvenes, Dios y alma, alma y cuerpo, todo una perfecta armonía de belleza y honor, para la gloria de Dios y el bien de la patria. *"¡Floreced en belleza, para fructificar en bondad!"* (Pío XI).

---

estarlo mientras la fe me da fuerzas? ¡La tristeza debe ser erradicada del alma del católico! El dolor no es la tristeza, la más detestable de todas las enfermedades. Esta enfermedad es casi siempre producto del ateísmo; pero el fin para el cual hemos sido creados nos señala el camino sembrado, si se quiere, de muchas espinas, pero de ningún modo triste. Es alegre, incluso a través del dolor" (carta del 14/III/1925).

15.

¿PODEMOS?

*"El hombre que quiere comprenderse hasta el fondo a sí mismo
(...) Debe, con su inquietud, incertidumbre e, incluso,
con su debilidad y pecaminosidad, con su vida y con su muerte,
acercarse a Cristo. Debe, por decirlo así, entrar en Él
con todo su ser, debe apropiarse y asimilar
toda la realidad de la Encarnación y de la Redención
para encontrarse a sí mismo".
(Redemptor Hominis, 10a).*

I.

Los hombres suelen definirse, aun a veces sin querer, por medio de alguna palabra o imagen. Tenemos el caso de los Apóstoles Santiago y Juan que no son una excepción, ellos se definen con una palabra: ¡PODEMOS!

Ellos fueron y son, ¡nada menos!: el primer Apóstol mártir y el primer Apóstol virgen. Ellos son aquellos a quienes, por el ímpetu de su espíritu, apodó el Señor; **Boanerges** (*Mc* 3,17), o sea, **"Hijos del Trueno"**.

Por eso me parece que esta palabra **Podemos**[287], es una hermosísima definición de la vida y de la obra de los dos

---

[287] Cf. *Mt* 20,22

hermanos, hijos de Zebedeo y de María Salomé, los **compañeros de Simón** como dice San Lucas (5,10).

II.

Hoy también nos pregunta a nosotros Nuestro Señor Jesucristo: *¿Podéis beber el cáliz que yo tengo que beber? (Mt* 20,22). Pregunta que, a mi modo de ver, encierra todo el magnífico programa que Jesús propone a los jóvenes cuando los llama a su seguimiento más de cerca.

¿Podéis... renunciar a padre, madre, hermanos, amigos...?

¿Podéis... renunciar a todos los bienes materiales, comodidades, confort, proyectos...?

¿Podéis... renunciar a tu patria, a tu idioma, a tus costumbres...?

¿Podéis... renunciar al uso del sexo siendo virgen no sólo en el cuerpo sino, sobre todo, en tu corazón, si Dios te llama a la vida consagrada...?

¿Podéis... comprometerte a ser fiel a tu esposo o a tu esposa por toda la vida...?

¿Podéis... renunciar a tu propio juicio, a tu propia voluntad, a tu propio honor, a tu propio gusto...?

Debemos responder: *"¡Podemos! Con la gracia todo lo podemos!"*

III.

¿Podéis...? También quiere decir: ¿Eres capaz de amarme sobre todas las cosas con todas las fuerzas de tu mente, de tu alma, de tu corazón...?

¿Podéis... eres capaz de gastar tu vida, día a día, como la lámpara del Santísimo a quien pocos, muy pocos, prestan atención...?

¿Podéis... tienes agallas suficientes para soportar todo género de calumnias, maledicencias, chismes, injurias, murmuraciones, menosprecios, persecuciones...?

¿Podéis... tienes "madera" para quemarte, como el incienso, siendo tu sacrificio sólo visto por Dios...?

¿Podéis... estás dispuesto a luchar por vivir en la auténtica libertad de los hijos de Dios, sin dejarte esclavizar por nada...?

¿Podéis... estás dispuesto a no dejar avasallar tu recta conciencia por nada ni por nadie...?

¿Podéis... estás dispuesto a engendrar, espiritualmente, con dolor, muchos hijos para Dios solo...?

Debemos responder: *"¡Podemos! Con la gracia todo lo podemos!"*.

IV.

¿Podéis... ser fieles a la Iglesia a pesar del antitestimonio de muchos de sus miembros...?

¿Podéis... ir *por todo el mundo para predicar el Evangelio*[288], superando toda barrera geográfica, cultural, idiomática ...?

¿Podéis... beber mi cáliz inmolándome en la Misa, siendo auténticos liturgos...?

¿Podéis... formar sólidas y fecundas familias cristianas?

---

[288] f. *Mc* 16, 15.

¿Podéis... ser capaces de enseñorear para Mí toda realidad humana...?

¿Podéis... trabajar por la unidad de todos los cristianos, no obstante los casi insalvables obstáculos humanos...?

¿Podéis... intervenir en el diálogo interreligioso, evangelizar la cultura, promover la familia, el desarrollo de los pueblos, la dignidad del trabajo, la justicia social, en procurar la paz entre los pueblos y las personas...?

¿Podéis... ser santos...?

Debemos responder: *"¡Podemos! Con la gracia todo lo podemos".*

Un pequeño miedo no vencido, puede ser causa de una gran defección.

"¡Podemos! Con la gracia todo lo podemos!". Como dijo Marcelo Javier Morsella[289].

¡Esa debe ser nuestra convicción firmísima!

---

[289] Marcelo Javier Morsella fue un joven seminarista del Instituto del Verbo Encarnado fallecido trágicamente a los 24 años, el 8 de febrero de 1986. Era un joven servicial, enamorado de Dios, muy alegre... Dejó para todos un ejemplo de generosa entrega al Señor, a quien quería servir como sacerdote y como misionero. Se había ofrecido para ir a misionar a El Chad (África). Ante las dificultades, con gran ánimo y confianza, gustaba repetir esa frase de los apóstoles Boanerges: **"¡podemos!"**, añadiendo: **"con la gracia de Dios todo lo podemos"**.

EPÍLOGO

¿...ME AMAS MÁS...?

"...este amor, más que cualquier otro amor, exige correspondencia. Después de su resurrección Jesús hace a Pedro una pregunta fundamental sobre el amor: «Simón de Juan, ¿me amas más que éstos?». Y a la respuesta de Pedro sigue la entrega de la misión: «Apacienta mis corderos» (Jn 21 15). Jesús pregunta a Pedro si lo ama, antes de entregarle su grey. Pero es, en realidad, el amor libre y precedente de Jesús mismo el que origina su pregunta al apóstol y la entrega de «sus» ovejas".

(Pastores Dabo Vobis, 25)

"Era la tercera vez que Jesús resucitado se aparecía a sus discípulos.

"Después de comer, Jesús dijo a Simón Pedro: «Simón, hijo de Juan, ¿me amas más que éstos?». Él le respondió: «Sí, Señor, tú sabes que te amo».

"Jesús le dijo: «Apacienta mis corderos».

"Le volvió a decir por segunda vez: «Simón, hijo de Juan, ¿me amas?».

"Él le respondió: «Sí, Señor, sabes que te amo». Jesús le dijo: «Apacienta mis ovejas».

"Le preguntó por tercera vez: «Simón, hijo de Juan, ¿me amas?».

"Pedro se entristeció de que por tercera vez le preguntara: «¿Me amas?»,

"y le dijo: «Señor, tú lo sabes todo; sabes que te amo».

"Jesús le dijo: «Apacienta mis ovejas»".

(Evangelio de San Juan, cap. 21, vv. 14-17)

Querido joven, hoy Jesús te dirige la misma pregunta que hizo una vez a Pedro ...¿*amas?*...

1. ¿...*amas*...?

Sabido es que hoy no se forma a los jóvenes para el amor verdadero. No se les "enseña" a amar. La falta de amor en los jóvenes obedece a diversas causas:

–A veces, un falso rigor, por el cual confunden la virilidad con la falta de sentimientos y con la ausencia de una voluntad ardiente.

–A veces porque no les dan ejemplo de amar de verdad.

–El arrastre de problemas familiares, sobre todo el fracaso en el amor, el no saberse amado, etc.

De ahí la razón de la pregunta de Jesucristo: ...¿*amas?*...

Que a su vez provoca otra pregunta: ¿qué es amar? Amar implica una volición intensa y vehemente. Cicerón dice: *"amar no consiste en otra cosa que en tener dilección de aquél que amas, sin buscar en ello ninguna utilidad, la que sin embargo, brota de la misma amistad cuanto menos tú la buscas"*[290].

El amor humano se puede tomar en dos sentidos:

a- en sentido propio en cuanto pasión del apetito sensitivo, si tiende a la forma de bien apetecido sensiblemente, y,

---

[290] CICERÓN, *De amicitia,* cap. 27.

b- en sentido análogo en cuanto acto del apetito racional, si tiende a la forma de bien apetecido racionalmente.

Tres cosas debemos considerar en este tender al objeto amado:

1°- La salida del término *a quo* hacia el *ad quem* (o sea, desde el punto de partida hacia el de llegada). A esto responde en el apetito, *el amor o la simple volición.*

–¿No terminas de salir, con intensidad y vehemencia, de la desidia ... de la pereza ... de la falta de generosidad ... de la pusilanimidad ... de los miedos y cobardías ... de la poca servicialidad ... de la falta de solidaridad...?

Si no terminas de salir de la tibieza y de la mediocridad es señal de que no amas bien.

–¿No te decides a salir de tus carnalidades, de tus comodidades, de tu amor propio...?

Si no terminas de salir de tus desórdenes, te falta crecer en el amor.

2°- El movimiento o tránsito efectivo del término *a quo* al *ad quem.* A esto responde en el apetito *el deseo o la intención.*

–¿Buscas intensa y vehementemente la santidad... la virtud... la sabiduría... la oración... las almas para Cristo...?

Si no buscas intensa y vehementemente mejorar, es señal de que no amas bien.

–¿Buscas eficazmente el bien de los demás?

Si no pones todo tu empeño en salir de ti mismo, te falta crecer en el amor.

3°- La consecución del movimiento o llegada al término *ad quem,* al cual responde en el apetito *la delectación o quietud o fruición.*

–¿Gozas, intensa y vehementemente, al mortificarte... al sacrificarte... al imitar a Jesucristo... al crucificarte... al alcanzar con esfuerzo —en el estudio, en el deporte, en el trato con los demás, en la oración— grandes objetivos?

—¿Tiendes, con fuerza, a buscar la gloria de Dios, la salvación de las almas, la extensión del Reino de Dios y su justicia, el honor de la Santa Iglesia, la santidad?

—¿Sabes reposar, alcanzas quietud en el objeto amado?

Mucho temo que, si esto no haces, no sepas todavía lo que es amar.

Hay jóvenes que parecieran no tener sangre en las venas o tener sangre de horchata (se dice del calmoso que no se altera por nada, que no vibra por nada noble, que no se entusiasma por nada, para quien todo es igual).

Desmayarse, atreverse, estar furioso,
Áspero, tierno, liberal, esquivo,
Alentado, mortal, difunto, vivo,
Leal, traidor, cobarde y animoso!
No hallar fuera del bien centro y reposo,
Mostrarse alegre, triste, humilde, altivo,
Enojado, valiente, fugitivo,
Satisfecho, ofendido, receloso;
Huir el rostro al claro desengaño
Beber veneno por licor suave,
Olvidar el provecho, amar el daño;
Creer que el cielo en un infierno cabe,
Dar la vida y el alma a un desengaño:
Esto es amor; quién lo probó lo sabe.
(Lope de Vega)

¿Has probado lo que es el amor verdadero?

2. ¿...amas más...?

Veámoslo en cuanto a los efectos del amor:

1° La unión simple: Es la unidad del objeto amado con el amante, como perteneciente a su bienestar.

–¿Te sabes unido de esta manera con tus familiares, con tus amigos?

–¿Entiendes que el bien de ellos es **tu bien?** Cuando uno ama *"quiere el bien para quien ama como lo quiere para sí mismo ... por eso percibe al que ama* –pobre, pecador, enemigo– *como otro yo"*[291], como *"la mitad de su alma"*[292].

Si todavía no te mueves a desear y buscar a las personas que debes amar, como convenientes y pertenecientes a ti mismo... todavía no *amas más...*

2° La mutua inhesión: Todo amante está en el amado, y todo amado está en el amante. **Os llevo en el corazón,** decía San Pablo (*Flp* 1,7), porque el que ama de verdad *"no se contenta con un conocimiento superficial del amado, sino que se esfuerza en profundizar en cada una de las cosas que a éste pertenecen, y así penetra hasta su interior"*[293], como el Espíritu Santo, que es el amor de Dios, que **todo lo escudriña, hasta las profundidades de Dios**(1*Co* 2,10). Además, están mutuamente presentes *"por la sola complacencia interior en el ser amado"*, deleitándose en él o en sus bienes, uniéndose perfectamente a él penetrando hasta su interior, juzgando como suyos los bienes o males del que ama y la voluntad de éste como suya, de tal modo, que parece sufrir los mismos males y poseer los mismos bienes de aquél a quien ama. Hay aún más. Por vía de reciprocidad, en cuanto mutuamente se aman, mutuamente se quieren, y mutuamente se hacen el bien.

¿Amas así, hasta el interior profundo? ¿O te contentas con un conocimiento superficial, epidérmico?

---

[291] SANTO TOMÁS, *S.Th.* 1-2, 28, 1.
[292] SAN AGUSTÍN, *Confesiones,* lib. 4; ARISTÓTELES, *Ethic,* 9, cap. 4, n° 5; SANTO TOMÁS, *In Io.* lect. 4. 10.
[293] *Ibid., op. cit.,* 1-2, 28, 2.

3° El éxtasis: Dice el Pseudo Dionisio: *"El amor ... produce éxtasis"*, o sea, lo pone a uno fuera de sí, porque lo eleva a comprender lo que excede el sentido y la razón, y porque al orientarse a otro, sale en cierto modo fuera de sí. De ahí que enseñe el Concilio Vaticano II que el hombre: *"no puede encontrar su propia plenitud si no es en la entrega sincera de sí mismo a los demás"*[294]. El amor hace meditar intensamente sobre el objeto amado, dejando en olvido las otras cosas, y porque quiere y hace eficazmente el bien a las personas amadas, introduciéndose en los cuidados, problemas, necesidades de las personas amadas, nos hace salir de nosotros mismos.

–¿Sales de verdad de ti, entregándote con sinceridad a Dios y al prójimo por Dios?

–¿Todavía no te sabes negar a ti mismo? Si el grano de trigo no muere... ¡no ama!

4° El celo: **Yo soy Yahvé, tu Dios, soy un Dios celoso...**(Ex 20,5), **Yahvé se llama celoso, es un Dios celoso** (Ex 34,14) ... *"a causa del mucho amor que tiene a lo que existe"* dice el Pseudo Dionisio[295]. El celo ordenado proviene de la intensidad del amor. Celo significa ebullición, ardor, fervor, intensidad y vehemencia en el amor. *"El que intensamente ama, nada soporta que repugne a su amor"*[296]. Por eso el celo perfecto se dirige contra aquellas cosas que de algún modo se oponen al bien de las personas amadas, de ahí que cuando uno rechaza según su poder aquellas cosas que son contra el honor o voluntad de Dios se dice: **El celo de tu casa me consume** (Jn 2,17).

Se debería poder decir de nosotros **Ardo en celo por Yahveh, Dios de los ejércitos...** (1Rey 19,14).

---

[294] CONCILIO VATICANO II, *Constitución pastoral sobre la Iglesia en el mundo actual "Gaudium et spes"*,24; cf. *Lc* 17, 33.

[295] *De los nombres divinos,* cap. 4, § 13.

[296] ANTO TOMÁS, *In Io*, cap. 2, lect. 2.

—¿Consume tu vida el celo de Dios? ¿O, por el co consumes por el celo de la envidia?

5° a- La herida o vulneración. El que ama se conmueve herido por cierta simpatía con el amado, de allí que se diga: **Vulneraste mi corazón, hermana mía, novia, vulneraste mi corazón con una mirada tuya...** (*Ct* 4,9). El amor hiere el corazón como una saeta.

— ¿Amas hasta sentir herido el corazón? ¿Al sentirte herido amas más?

b- Ardor. **Saetas de fuego, sus saetas, una llama de Yahveh** (*Ct* 8,6). "Para que hierva, bulla fuera de sí y salga"[297]. En lo más profundo provoca un incendio, de allí que sólo puede prorrumpir en palabras inflamadas. Por eso los santos no aburren, y por eso convencen.

c- Ablandamiento —o licuefacción— del corazón para que en él entre el amado, contra la congelación o dureza de corazón. **Mi alma se derritió cuando habló mi amado**(*Ct* 5,6).

d- La languidez. Por lo que hay que buscar la fortaleza. **Confortadme con pasteles de pasas, con manzanas reanimadme, que defallezco de amor** (*Ct* 2,5). Por la ausencia del amado sufre cierta tristeza: **Yo os conjuro, hijas de Jerusalén, si encontráis a mi amado, decidle que desfallezco de amor** (*Ct* 5,8).

e- Fruición. Cuando el objeto amado está presente y se le posee, causa delectación. Se sienten los efectos precedentes y el amor se resuelve en una cierta dulce embriaguez: **He comido mi miel con mi panal, he bebido mi vino con mi leche. ¡Comed, amigos, bebed, oh queridos, embriagaos!** (*Ct* 5,1).

6° Es mi peso.

---

[297] SANTO TOMÁS, *In Sent.* 3 d. 27 q. 1 a. 1 ad 4.

Finalmente, el amor es causa de todo lo que hace el que ama. Por eso decía San Agustín: *"Mi peso es mi amor; el me lleva dondequiera soy llevado"*[298]. Y en otra parte: *"... las almas tienden a aquellas cosas que aman, cabalmente para llegar a ellas y descansar"*[299].

3. ¿...me amas más...?

Pero no responderíamos a la pregunta de Jesús si no reparásemos en que la pregunta por *el amor* se refiere al mismo Jesús. Ni advertiríamos el significado profundo de las palabras de San Pablo: *vivo en la fe del Hijo de Dios, que me amó ...* (*Ga* 2,20)... *¿Quién nos separará del amor de Cristo? ...vencemos por Aquél que nos amó* (*Ro* 8,35.37).

4. Resumiendo

* ¿Me voy "transformando" en Jesús, "de algún modo me voy convirtiendo"[300] en Él? ¿Puedo decir: *ya no vivo yo, es Cristo quien vive en mí* (*Ga* 2,20)? ¿Busco hacerlo eficazmente?

* ¿Vivo yo en Él, y Él vive en mí? *Dios es amor, y el que vive en el amor permanece en Dios, y Dios en él* (1*Jn* 4,16). ¿O me contento con un conocimiento superficial del Amado?

* ¿Tiendo a Él por ese "exceso de la mente que se llama éxtasis", de tal "modo que las cosas inferiores son limpiadas de la memoria" como dice San Agustín[301]? ¿Lo hago con intensidad y vehemencia?

* ¿Me devora el celo por el honor de su Nombre? ¿Ardo en su amor?

[298] SAN AGUSTÍN, *Confesiones*, lib. 13, cap. 9, n° 10.
[299] SAN AGUSTÍN, *Epist. 55*.
[300] Cf. SANTO TOMÁS, *In Sent.*3, d. 27, q. 1, a.1, ad 2.
[301] SAN AGUSTÍN, *Enarratio 2 in Ps. 30*, serm. 2, n° 2.

* Con Él, *¿goza, desfallece* y se *endulza* mi corazón para dejarlo penetrar a Él, y por el *incendio* que produce, sufro la *vulneración* o *transfusión?* ¿Encuentro en Él quietud imperturbable?

* ¿Puedo decir en verdad que *Él es mi peso que me lleva dondequiera soy llevado?* ¿Llevo a los demás, con entusiasmo, a Quien me lleva?

Querido joven:

¿ ...amas... ?

¿ ...amas más... ?

¿ ...me amas más... ?

Que estas preguntas y su respuestas, **el amor de Cristo,** sea el gran regalo que te deje este libro. Que con la fuerza arrolladora del amor de Jesucristo seas capaz de vivir creativamente tu juventud caminando por los senderos del Señor y transformando para Él el mundo que debes construir y reedificar.

APÉNDICE

CARTA A UN HIJO ESPIRITUAL DEL AÑO 10.000

Por una necesidad del corazón debo dirigirte esta carta. No sé si llegará a haber tantos plurales en los años del mundo. Ni tampoco sé si habrá más. En todo caso me dirijo a ti, seas del siglo XX, del L, del C o del M. ¿Por qué a tí? Porque a través de mis cruces, de la oración, de la predicación, del celo apostólico de algún escrito mío, de la fundación de la Congregación "Del Verbo Encarnado" o de las "Servidoras del Señor y de la Virgen de Matará" o de la Tercera Orden, a través de alguno de sus miembros, ha llegado a ti la vida que trajo Jesucristo al mundo. Tampoco sé el camino concreto y particular de la gracia de Dios en tu caso, que te ponen en relación conmigo, como de hijo a padre. No sé si estás en América, Asia, en Europa, África, Oceanía, o en algún otro planeta.

Tampoco conozco tu nombre, tu edad, tu historia, tu cultura o tu familia. No conozco tu sexo, el color de tu piel, tu rostro. Pero eso poco importa, basta con saberte mi hijo. Y por ello, mi gloria y mi corona. Dios que me dio la gracia, en la tierra, de poder mirar a muchos jóvenes en sus ojos y amarlos, confío que me ha de dar, en el cielo que espero, por su gracia que no por méritos míos, la felicidad de poder conocer y amar en Él a todos aquellos que en el transcurso del tiempo se consideren hijos míos. Creo que aun en este caso he de confiar más en ti que en mí, como me ocurre ahora estando todavía en este mundo.

Creo que al verte cada vez he de sentir ese alegre cosquilleo de ver la prolongación, en el tiempo y en el espacio, de uno mismo. Del gozo inefable de engendrar y criar hijos. De saber que somos de la misma carne y de la misma sangre, de la misma familia espiritual.

No pienses que es soberbia de mi parte el atribuirme, indebidamente, una paternidad que no me corresponde. De hecho, el único Padre por esencia es Dios, y de Él *procede toda paternidad*[302] por participación.

Además, el verdadero sacerdote que busca auténticamente la gloria de Dios, por eso mismo es muy fecundo, sobrenaturalmente fecundo, engendra vida y vida en abundancia, y ello es así porque "la gloria de Dios consiste en que el hombre viva", como decía San Ireneo[303]. Quien busca la gloria de Dios, por lo mismo transmite vida al hombre.

Por eso, permíteme decirte que **te quiero** y te quiero entrañablemente. Que **confío en ti**, a pesar de tus limitaciones y pecados; ¿cómo no hacerlo?, si Dios confía en mí, a pesar de tener muchos más pecados que los tuyos, ¿cómo no voy a confiar en ti? Que estoy convencido de que **serás mucho mejor** que yo, y que **harás cosas más grandes**, para la gloria de Dios. Que sólo **me avergüenzo de mí**, y que Dios me dio la gracia –por lo menos hasta ahora– de que nunca tuviera que avergonzarme de un auténtico hijo. Que no te quiero menos por tus pecados y fracasos, sino que **te quiero aún más**.

No puedo ni imaginarme cómo serán las ciudades en tu siglo, los transportes, las comunicaciones, lo que habrá avanzado la medicina, la computación, la energía, cuáles serán los deportes preferidos, la organización escolar, las nuevas naciones que habrán en el mundo y cómo se repartirá el poder, los nuevos idiomas (¡seguro que te reirás del mío!, pero lo mismo harán más

---

[302] Cf. *Ef* 3,15.
[303] *Adversus haereses*, lib. 4, cap. 20, n° 7.

adelante del tuyo), qué nuevas técnicas pastorales se usarán... pero la fe católica será la misma y el mismo amor será el amor verdadero: *el amor no morirá jamás* (1*Co* 13,8). Pues bien, yo aspiro a amarte con ese amor.

Si llegan a haber tantos años y si este escrito llega hasta ellos, ciertamente, será una pieza arqueológica, pero la fe y la caridad serán siempre, junto a la esperanza, lo más actual, lo más joven, lo más nuevo. Pasa el mundo y sus concupiscencias, Dios permanece. ¿Qué son 10.000 años en comparación con la eternidad? ¡Apenas un instante! Y qué tonto es, por atarse a un instante, perder una eternidad. El Cielo es lo más importante, y para alcanzarlo hay que ordenar la tierra según Cristo.

¿Qué es lo que vale la pena en todo el arco de los siglos que durará el mundo? ¿Qué es aquello por lo que vale la pena vivir y valdría la pena morir, llegado el caso?

En primer lugar, una recta concepción de **Dios**, Ser infinitamente perfecto, "Ipsum Esse subsistens", que es Uno en tres Personas distintas: el Padre, el Hijo y el Espíritu Santo. Que gobierna con su Providencia el Cielo y la tierra y todo lo que contienen el Cielo y la tierra, haciendo que *todo suceda para bien de los que aman a Dios* (*Ro* 8,28).

En segundo lugar, fe en **Jesucristo**, nuestro Señor, que es el Cristo, *el Hijo de Dios vivo* (*Mt* 16,16), nuestro único Redentor y Salvador, *que fue entregado por nuestros pecados y resucitado para nuestra justificación* (*Ro* 4,25), el único que tiene *palabras de vida eterna* (*Jn* 6,68). Más aún, es la única absoluta novedad, sin que los siglos transcurridos desde el momento de su Encarnación redentora le agreguen ni siquiera una brizna de la más mínima antigüedad: "Al darse a Sí mismo, ha dado novedad a todas las cosas"[304]. Ser su discípulo no es otra cosa que llegar a imitarlo hasta el punto de poder decir *ya no vivo yo, es Cristo quien vive en mí* (*Ga.* 2,20), y tratar

---

[304] *Ibid.*, lib. 4, cap. 34, n° 1.

siempre de buscar *primero el Reino de Dios y su justicia que todo lo demás vendrá por añadidura*[305].

En tercer lugar, Jesucristo se prolonga y perpetúa en la **Iglesia Católica**, fundada por Él, a quien dejó en herencia el tesoro de su Cuerpo y Sangre y la perpetuación de su único Sacrificio en la Eucaristía *hasta que Él venga* (1 *Co* 11,26), a quien dejó como Madre a su Madre, la Santísima Virgen María[306], poniendo como cabeza visible a Pedro presente en sus sucesores, los Papas, Obispos de Roma. En la doctrina hay que seguir al Papa –no puede equivocarse– y en la vida hay que seguir a los santos –no se han equivocado–. Sólo la Iglesia fundada sobre la roca que es Pedro *prevalecerá contra las puertas del Infierno*[307]. En la colina Vaticana de Roma está enterrado el primer Papa, Pedro, el Pescador. ¿Existe todavía la columnata de Bernini, con el obelisco egipcio en el medio, la fachada de la Basílica de Màderno y la cúpula de Miguel Ángel? Muchas veces celebré allí la Santa Misa y, también, recé por ti.

En fin, al desearte que tengas la fe verdadera, te deseo todo lo mejor ya que la fe "es principio de la vida espiritual", es el camino que lleva a Jesucristo, por un contacto verdadero, real y psicológico, a pesar del tiempo y las distancias. Sólo Él es *el Camino, la Verdad y la Vida* (*Jn* 14,6). Comentando este texto un clásico de todos los tiempos dice:

"Sin camino no se anda,
sin verdad no se conoce,
sin vida no se vive.
Yo soy el camino que debes seguir,
la verdad que debes creer,
la vida que debes esperar.
Yo soy el camino inviolable,
la verdad infalible,

---

[305] Cf. *Mt* 6, 33.
[306] Cf. *Jn* 19, 27.
[307] Cf. *Mt* 16, 18.

la vida interminable.
Yo soy el camino rectísimo,
la verdad suprema,
la vida verdadera, vida feliz, vida increada.
Si permanecieres en mi camino conocerás la verdad;
y la verdad te hará libre, y alcanzarás la vida eterna"[308].

Asimismo, te deseo que crezcas siempre en la esperanza, aun *contra toda esperanza (Ro* 4,18), conociendo cada vez mejor *cuál es la esperanza a la que has sido llamado (Ef* 1,18).

Por sobre todo, te recomiendo, vehementemente, vivas la caridad de Cristo, reina de todas las virtudes, que *cubre la multitud de pecados* (1*Pe* 4,8), que es *vínculo de perfección (Col* 3,14), de donde penden *toda la Ley y los profetas (Mt* 22,40). Al hablar de ti deberían poder decir tus contemporáneos: Fulano "es paciente, es servicial; no es envidioso, no es jactancioso, no se engríe, no es descortés, no busca su interés, no se irrita, no toma en cuenta el mal; no se alegra de la injusticia"; Fulano *se alegra de la verdad, todo lo excusa, todo lo cree, todo lo espera, todo lo tolera*[309]. De manera especial, ama a los pecadores, a los pobres y a los enemigos.

Dedícate a la propagación del Evangelio, de tal manera que pueda decirse de ti: "Fue predicador de la verdad y apóstol de la libertad"[310]. Mantén pura la fe y limpia la conciencia. Que nada de lo humano te sea ajeno para poder elevarlo en Cristo. La Sagrada Escritura sea siempre tu alimento. Tu gran amor: la Eucaristía. Trabaja por el aumento y santificación de las vocaciones a la vida consagrada. Siente en tu alma el viento de Pentecostés que te impulsa y te recuerda: *Id por todo el mundo y predicad el Evangelio a todas las creaturas (Mc* 16, 15). No te olvides que somos instrumentos vivos de Jesucristo, pero deficientes, y necesitamos absolutamente de su gracia: *Sin mí nada podéis hacer (Jn* 15,5), y que la obra buena es de Él y los yerros sólo nuestros.

---

[308] TOMÁS DE KEMPIS, *Imitación de Cristo*, lib. 3, cap. 56.
[309] Cf. *1Co* 13, 4-7.
[310] Cf. SAN IRENEO, *Adversus haereses*, lib. 3, cap. 15, n° 3.

Te estrecho fuertemente contra mi corazón, sabiendo que así como estábamos unidos en el siglo XXI en la mente de Dios que *todo lo dispone según número, peso y medida* (*Sb* 11,20), lo estaremos mucho más en tu siglo por la gracia y muchísimo más en la gloria, que esperamos. ¡Adelante, siempre adelante! ¡Ave María y adelante! ¡Démonos la mano y un gran abrazo! ¡Y adelante, siempre adelante! ¡Hasta el Cielo! Estoy orgulloso de ti.

IVE Press
New York – 2006